武汉大学区域经济研究中心系列成果

中国城市服务业
经济研究

RESEARCH ON THE ECONOMY OF
URBAN SERVICE INDUSTRY
IN CHINA

陈曦　龚晨　吴传清　著

社会科学文献出版社
SOCIAL SCIENCES ACADEMIC PRESS (CHINA)

目 录

下篇　中国城市服务业升级研究

中国特大城市产业结构服务化研究

上篇

第一章 产业结构服务化相关
理论问题研究

本章侧重研究"产业结构服务化"概念内涵和特征以及产业结构服务化相关研究文献述评、理论基础、影响因素和动力机制。

第一节 "产业结构服务化"概念内涵与特征

一 "产业结构服务化"概念界定

《现代汉语词典》对"化"字的释义之一是:"加在名词或形容词之后构成动词,表示转变成某种性质或状态。"所谓"服务化"即指向服务性转变或转变成以服务为主的状态。以产业结构演进规律为依据,国内外学者们开始用"服务化"来表述产业结构演进过程。

国外学者采用"Servitization"、"Servicizing"和"Tertiarization"描述"服务化",其中,Vandermerwe(1988)、Robinson(2002)使用"Servitization"表述产品服务化的性质;White等(1999)、Makower(2001)强调服务化(Servicizing)是一种动态变化过程,是企业服务化的过程;"Tertiarization"内涵相对丰富,欧洲生活与工作条件改善基金会则将其定义为第三产业相对于第一、第二产业更快发展及其就业占比的不断提高,即产业结构服务化。

国内学者则采用"产业结构软化""产业服务化""经济服务化""产业结构服务化"等描述"服务化"过程。马云泽(2006)认为产业结构软化有两层含义：一是在产业结构演进过程中出现"经济服务化"趋势，第三产业比例不断上升；二是随着技术进步，对"软要素"的依赖程度加深。厉无畏、王慧敏（2005）则认为产业服务化包含产业结构服务化、产业活动服务化、产业组织服务化的含义：产业结构服务化是在三次产业构成中服务业增加值和从业人数占据主导地位，成为地区经济增长主导产业；产业活动服务化是在农业、制造业发展过程中信息、技术和金融等服务功能地位上升，不只是在生产服务中相关业务包括管理、研发、财务、营销、售后等比重不断增加；产业组织服务化是服务型跨国公司的全球性扩张和垄断经营格局的形成。关于经济服务化，杨治（1985）认为第三产业在整个经济活动中占主导地位，即为经济服务化。李立勋（1997）认为，经济服务化为服务业迅速发展引致三次产业结构变化，服务业在经济中地位不断上升并超过工业，成为产业结构主导，可称之为产业结构服务化；或为非服务性产业内部服务性活动发展与功能上升，从而改变其单纯生产特点，形成生产—服务体系，反映服务活动在经济领域的广泛渗透，可称之为非服务性产业服务化；经济服务化最终形成以服务活动为主导的服务型经济（Service Economy）。高传胜等（2008）则认为经济服务化过程是指服务业占国民经济比重不断上升的过程，而经济服务化阶段是指服务业在国民经济中占主导性地位的阶段，是三次产业演化规律的特征，也是三次产业演化规律的结果。关于产业结构服务化，崔亮（2008）认为产业结构服务化是生产过程中带有服务属性的资源投入上升，产业内部结构服务化导致服务业迅速发展且比重不断上升，即在产业内部对人才、信息、技术等服务属性资源重要性上升和在产业结构中服务业增加值比重上升。郑克强等（2008）认为，产业结构服务化是经济服务化的主要表现，产业结构服务化拐点是产业结构由工业经济向服务经济演进的临界点和关键点，是工业化中后期社会经济发展的重要转折点。胡春林（2012）则对产业结构服务化进行全面解释：动态产业结构服务化即产业结构服务化规律，是产业结构从以农业主导，向以工业主导到以服务业主导的演进规律；静态产业结构服务化是产业结构以服务业（第三产业）为主导的性质或状态，即服务业成为经济主导，服务业增加值与从业人数占比处于优势地位，技术与知识在投入要素中占据主导地位。而邵骏和张捷（2014）则认为服务业在经济结构中比例上升是实现产业结构服务化的过程和基础，产业结构服务化是服务业在经济结构中比例上升的结果和表现形式，并未对相关概念进行严格的区分。

综上所述，学者们在研究中主要采用"服务化"概念来描述产业结构演进理论、服务经济理论和产业结构软化理论中关于产业结构变动过程和方向的规律。具体而言，产业结构服务化包括狭义和广义两个层面的含义。狭义的产业结构服务化是对产业结构演进理论、服务经济理论和产业结构软化理论中三次产业结构变动规律的具体描述，即第三产业相对于第一、第二产业发展更快而且产值比例和就业比例不断上升的状态。广义的产业结构服务化则包含对第三产业（服务业）向经济社会发展主导转变过程的一切具体描述，包括整体产业结构的服务化和产业内部结构服务化两个层面。具体而言，广义的产业结构服务化除与经济服务化基本范畴一致外，还涵盖了产业结构软化理论、产业结构优化理论、产业结构转型理论相关内容。本书研究主要聚焦于狭义的产业结构服务化。

二　"产业结构服务化"相关概念辨析

产业结构优化主要包括产业结构高级化和产业结构合理化两个方面。具体来说，产业结构高级化包括三种情况：一是产业结构按其演进规律发展，即按三次产业顺序转换；二是产业结构按要素等级顺序转换，即按劳动密集型—资本密集型—技术密集型顺序转换；三是按价值链位置高低顺序转换，即按初级产品—中间产品—最终产品—服务产品顺序转换。产业结构合理化也包括三种情况：一是产业结构水平与经济发展水平一致，符合"标准产业结构"；二是产业结构与外部需求结构、要素结构一致，满足可持续发展要求；三是产业结构中产业比例协调、产业关联紧密，生产效率不断提升。作为产业结构优化过程中的两个基点，产业结构高级化和产业结构合理化相辅相成，缺一不可。狭义的产业结构服务化是产业结构优化的一种形式，而广义的产业结构服务化则可视为产业结构优化理论更为具体的论述。

"产业结构转型"是指外部环境发生较大变化，使得资源要素配置不合理，导致产业发展遇到多重约束，经济发展遇到瓶颈，从而通过从根本上转换整体产业结构，改变产业内部结构，重新配置资源要素，转变生产方式类型，满足可持续发展需要的战略实施过程。产业结构转型理论基本涵盖了产业结构优化理论的基本范畴，但是与产业结构优化不同，产业结构转型必须具备一定的宏观背景条件。产业结构服务化与产业结构转型一样都是在经济社会条件发生重大改变时产业结构变化的过程，但产业结构服务化只代表了产业结构转型其中的一个主要方向。

"经济服务化"是从产品型经济向服务型经济的转变过程，主要表现为服务产业的大规模发展以及服务活动在非服务产业内部的广泛渗透，服务活动成为经济活动的主导类型。从动态的角度来看，经济服务化表现为一个动态过程，其具体表现是服务业占国民经济的比重不断上升。从产业的角度来看，经济服务化体现为工业内部服务性活动的发展，形成生产—服务体系，反映了服务活动在经济领域的广泛渗透。从生产的角度来看，经济服务化表现为设备、能源、原材料等要素在生产中的地位相对弱化，而信息、技术、人才等要素在生产中的地位不断强化。在某些文献里，经济服务化又被称为第三产业化（Tertiarization），涵盖了产业结构服务化、产业服务化、企业服务化等理论范畴。因此，在某种程度上，广义产业结构服务化与经济服务化内涵是相同的。

三 产业结构服务化的基本特征

1. 产业结构服务化的三次产业结构特征

一般认为，地区产值结构和就业结构中第三产业比重均超过50%即可视为地区实现产业结构服务化。但现实中，学者们更倾向于将地区产值结构和就业结构中第三产业比重均超过60%作为判断产业结构服务化完成的标准。经济合作与发展组织（OECD）、国际货币基金组织（IMF）、欧洲中央银行（ECB）都是以服务业增加值占比超过60%或服务业从业人数占比超过 60% 为标准来判断产业结构服务化进程。

2. 产业结构服务化的产业内部结构特征

一是第三产业中生产性服务业比重较高或占据主导地位。二是制造业服务化趋势明显，制造业生产流程从重视制造转向重视研发设计、生产管理、营销管理、财务管理、运输管理、售后管理等服务功能，并且逐渐从产业中分离；制造业生产的主要方向由生产产品转向重视围绕产品提供服务。

3. 产业结构服务化的投入产出特征

一是投入要素中能源、原材料、设备、基础设施等要素的重要性逐渐下降，技术、资本、人才、信息等要素的重要性不断上升。二是产出中的经济增长在产业结构服务化进程中不断加速，并且随着产业结构服务化进程加快，自然资源利用效率不断提高、使用比例不断下降、环境得到持续改善。

第二节　相关研究文献述评

一　产业结构服务化规律研究

自 20 世纪 30 年代以来，国内外众多学者关注地区经济发展过程中的产业结构服务化问题，从实证出发形成了一系列关于产业结构服务化规律的理论和实证研究成果。

以国家为研究对象，英国经济学家配第、克拉克从就业结构出发，美国经济学家库兹涅茨、钱纳里和塞尔昆从产值结构和就业结构出发，分别对不同时期不同国家产业结构演变进行了实证研究，总结出配第 - 克拉克定理、库兹涅茨定律和"标准产业结构"等经济发展不断向以服务业为主产业结构演进的经典理论。而 Rostow（1960）和 Bell（1974）则分别从历史和未来出发，对人类经济社会发展阶段进行划分，通过归纳和演绎均得出人类经济社会发展沿着形成以服务业为主产业结构这一路径的理论推论。

Noyelle 和 Stanback（1984）以城市就业结构为研究对象对美国 140 个最大城市标准统计区进行实证研究发现，城市内部服务业飞速发展，城市产业专业化程度不断地提高；生产性服务业主要集聚在多元化和专业化城市内部。Drennan（1992）通过对美国纽约、芝加哥、旧金山和洛杉矶 4 个大城市的实证研究发现，随着经济发展，城市生产性服务业的产业专业化程度不断上升。Townroe（1996）详细研究了英国谢菲尔德的城市发展过程，发现谢菲尔德与纽约、伦敦类似，同样经历就业人口下降、制造业就业比重下降以及服务业比重上升的过程，但是城市不再是传统区域中心。Hutton（2004）对亚太地区和大西洋地区的城市和服务业发展的过程和特点进行了详细深入的比较分析，由此发现了亚太地区与大西洋地区城市发展过程中的相同点——生产性服务业在大城市的集聚化发展态势。陈丽红（2003）根据统计资料和历史文献指出，美国大都市区中心城市自 20 世纪 20 年代起开始产业结构服务化进程，这是大都市区中心城市经济向后工业化转型的明显特征，同时各中心城市产业结构服务化在进程、产业和空间上有较大差异。张颖熙（2010）根据世界城市服务经济发展的一般规律和共同特征指出，自 20 世纪下半叶开始，发达国家以及部分新兴市场国家大都市都出现制造业比重下降，服务业增速加快且超过 GDP 增速，在产业结构中比重不断上升的过程。此外，Daniels（1991，1993）、Goe（1994）、Sassen 和 Portes（1993）、Sassen（2001）均通过实证发现发达国家大都市在发展过程中，制造业的大幅衰退与服务业的快速增长同时进行，以金融业、高技术服务业为主的生产性服务业在这些城市中出现了显著的增长，甚至是唯一的增长，而全球城市的出现与生产性服务业的发展密切相关。

但是，很多学者也认为产业结构服务化规律并非金科玉律。黄少军（2000）从美英法"名义产业结构"和"实际产业结构"的巨大差异中发现，部分发达国家在工业化早期的服务业比重已接近 50%，部分发展中国家在收入水平较低时服务业比重也高于工业，表明服务业发展早于工业，在地区经济发展中占主导地位也是存在的。李江帆（2009）通过对世界 64 个国家的数据对"标准产业结构"进行验证发现，发达国家产值结构服务化进程快于标准产业结构，而发展中国家产值结构服务化进程普遍慢于标准产业结构，就业结构偏差并不明显。Hutton（2004）将亚太地区和大西洋地区大都市产业结构服务化进程进行对比发现，亚太地区大都市（旧金山、洛杉矶、东京、首尔、新加坡、香港、吉隆坡、上海、台北、悉尼、曼谷）在服务业已占主导地位的背景下，仍坚持工业化的发展路径，制造业仍占重要地位。

二　产业结构服务化影响因素研究

国外经济学家们主要从技术进步和偏好变化两方面解释产业结构服务化演进。

从技术进步角度分析，鲍莫尔（Baumol，1967）和富克斯（Fuchs，1987）分别通过实证研究认为技术进步导致工业生产率一直高于服务业，劳动力不断向服务部门转移，整体经济为保持均衡将陷入停滞。Ngai 和 Pissarides（2007）通过建立理论模型发现：工业技术进步会造成产品相对价格下降和劳动边际产出提高；经济发展初期劳动力边际产出提高较大，劳动力转向工业；经济发展后期产品相对价格下降较大，劳动力流出工业；经济发展后期劳动力向服务业流入趋势尤为明显，导致服务业比重上升。值得注意的是，在开放经济条件下，上述解释仍然成立。

从偏好角度分析，一部分学者根据恩格尔定理，从需求弹性出发，认为随着收入水平的上升，人们对消费收入弹性比较高的产品需求较大。服务产品收入弹性远高于农产品和工业产品，因此，随着收入水平上升，服务产品在消费结构中比例上升。Kongsamut 等（2001）认为，工业化导致收入水平提高，服务产品收入弹性逐渐上升而工业产品收入弹性不变；大量工业产品在收入提高后成为必备品，收入开始投向服务产品；此时，服务业开始大量吸纳劳动力，形成服务业比重提升、工业比重下降的趋势。另一部分学者则从需求结构出发。库兹涅茨（Kuznets，1971）认为新产品和新产业大量出现彻底改变人们的需求结构和生活方式，导致产业部门间产出水平和资源配置结构剧烈变化，最终引致产业结构服务化。另外，随着工业化进程加快和分工深化，制造业对生产性服务业的中间需求迅速上升促使服务"外包"进程加快，研发设计、管理营销、金融财务、物流运输、信息通信等生产性服务业迅速崛起，推动产业结构服务化进程。

然而，对于鲍尔莫（1967）和富克斯（1968）关于服务业生产率低导致产业结构服务化的结论，学术界展开了激烈的讨论，形成一批修正性的成果。Griliches（1994）认为，服务存在不可测度性，现有关于服务业产出和生产率的测度方法使得结果低于实际值。尤其是20世纪七八十年代美国服务业固定资产投入飞速发展导致服务业技术进步，服务业生产率应是不断上升，而按传统方法测算的结果不升反降。此后，很多学者支持此观点，指出服务难以量化计算是由服务业生产消费过程中非实物化特征所决定的，测算中低估其创新水平导致服务业生产率测算结果偏低，而且服务业缺乏合理的价格指数使得生产率的提高被低估。同时，很多学者认为用劳动生产率来度量服务业生产率时，未考虑服务质量和服务产出效率相关性，因此服务业产出与劳动投入数据容易获取但两者之间未必有必然联系，同时质量相关数据也无法统计；服务产出也未考虑服务产品的附加价值，且劳动投入也很难被区分是中间投入还是最终投入。因此，学者们在度量服务业生产率时已主要采用全要素生产率。

另外，部分国外学者从区域差异角度比较分析了不同地区产业结构服务化的动因。Hutton（2004）对亚太地区和大西洋地区的城市和服务业发展的过程和特点进行了详细深入的比较分析，发现生产性服务业在大城市地区的集聚化发展态势相同，但大西洋地区城市和服务业发展是一种自发过程，亚太地区城市和服务业发展则受到政策干预的强烈影响。由于亚太地区不同城市发展的动力机制和发展目标取向也不同，特别是政策干预方向和领域的巨大差异，亚太地区应该采用综合考虑经济、社会、生态环境、收入分配、城市空间等一系列因素的积极政策来发展生产性服务业以推进城市发展。

国内学者主要侧重于从不同角度对产业结构服务化影响因素进行分析。崔亮（2008）认为新疆产业结构服务化水平落后的原因在于技术效率较低，而技术效率主要受到城市化水平、环境效率、生产性服务业比重和信息化水平影响。庞春（2010）用一个新兴古典的佣金中间商模型分析发现，制度效率和服务交易效率改进将提高人均真实收入，当制度效率比服务交易效率的改进程度大或当服务业的劳动生产率提高时，从生产部门向交易部门的劳动力迁移将增加，而制度效率改进也将扩大产品和服务需求，最终引致经济以服务业发展为导向的增长。王立国（2011）指出，不同产业利润率、产业扩散能力与转移速度、居民收入水平和消费能力、社会管理创新程度、城市环境承载能力对推动特大城市形成以服务经济为主的产业结构有重要影响。王丹丹（2012）通过聚类分析法、个体固定效应模型检验实证分析了 59 个特大城市服务经济形成的影响因素，结果显示人均地区生产总值、第三产业劳动生产率、第三产业集聚度和地区对外贸易依存度是主要因素，城市服务经济是在规模经济效应、集聚经济效应、产业结构优化效应、市场供求机制和政府政策引导效应等动力因素的相互作用下逐步实现的。胡春林（2012）则认为产业结构服务化进程主要受到社会需求（消费需求、投资需求、出口需求）、资源供给（自然资源、人力资源、资本）、技术进步、制度安排的影响。邵骏（2014）通过 27 个新兴工业化国家 2001～2010 年产业结构服务化进程的制度影响因素进行实证研究发现，法制建设推动了新兴工业化国家的服务化进程，政府对经济的过度干预不利于各国的产业结构服务化，经济制度安排的自由度越高，越能促进产业结构向服务化演进；从地区和行业两个维度对中国服务业增长的制度影响因素进行实证检验发现，政府主导的资源配置体系构成国内服务业增长的阻碍，非国有经济发展和城市化进程形成对服务产品的有效需求显著促进了国内服务业的增长，高质量的知识产权保护体系和充分的市场竞争有利于国内服务业的快速增长，而糟糕的产权保护和市场竞争环境则产生显著的负效应。

三　中国产业结构服务化的实证研究

在产业结构演进方面，部分学者从中国实际出发对规律进行了验证。

高传胜等（2008）基于WDI数据的现代实证分析指出经济服务化趋势在发达国家和发展中国家均客观存在，除中国外，经济服务化阶段在发达国家和发展中国家也基本存在，由此形成经济服务化中国悖论现象，其原因包括统计原因、服务内部化严重而外部化发展不足、加工贸易模式等。程大中（2008）采用投入产出法对中国和13个OECD经济体的生产性服务业发展水平、部门结构及其影响进行比较，发现中国国民经济及其三次产业中的物质性投入消耗相对较大而服务性投入消耗相对较小，表明中国尚未进入后工业化社会，服务业增长不仅不能对国民经济产生应有的带动作用，而且其本身受其他部门的需求拉动作用也不大，这不仅是由经济发展阶段决定的，还缘于社会诚信、体制机制和政策规制的约束。同时，程大中（2008）从服务业产出、就业、消费和贸易视角分析发现，中国及多数地区以名义增加值、就业和居民服务消费支出衡量，经济服务化趋势明显提高；以实际增加值衡量，经济服务化趋势并未明显变化；以服务进出口相对比重衡量，经济服务化趋势则出现"逆服务化"倾向。李勇坚和夏杰长（2009）从人均GDP视角将中国产业结构服务化进程与发达国家进行比较发现，中国工业仍将在国民经济中占据主导地位，尚处于工业化中期阶段，服务业虽成长空间巨大，但中国尚未进入"服务化"阶段，服务业增长来源于所谓的"补偿性增长"和由分工推动的生产性服务业的快速增长；同时中国服务业发展水平并不低，服务业比重在21世纪发展缓慢也并不是"停滞不前"；服务业比重上升的趋势是存在的，但速度并不会与发达国家一样。顾乃华和夏杰长（2010）则以人均地区生产总值作为门槛变量，基于面板门槛回归模型发现，中国各地区人均地区生产总值均与服务业就业比重正相关且随着经济发展更为显著；而基于SFA模型的实证结果显示，中国各地区发展服务业均能通过吸纳就业和提高关联产业效率而促进国民经济效率提高，且经济越发达服务业提升国民经济效率的功能越突出。陈继勇和姚博明（2012）从中国产业结构服务化总体特征出发，判断中国服务经济发展落后于发达国家或地区，中国三次产业结构也不合理，主要是中国非政府组织发展水平较低制约了服务经济的发展，应该基于政府与市场两种机制在服务经济结构演进中的作用，充分发挥政府、市场的机制优势和非政府组织的补充作用，实现政府与市场机制的优势互补，推进产业结构服务化战略。

在中国产业结构服务化是否存在"成本病"问题上，程大中（2004）基于中国服务业发展的实际，系统地检验了鲍莫尔-富克斯假说，发现中国存在"成本病"趋势，中国产业结构服务化进程将呈现不同变化。随后，程大中（2008）基于鲍莫尔两部门非均衡增长模型，通过实证研究发现中国多数地区在服务业方面已经显露出"成本病"问题；中国服务贸易逆差不断增长，表明国内服务供给相对短缺；服务相对价格指数上升说明居民服务支出比重上升，也说明服务业实际增加值比重并不明显；服务业劳动生产率增长缓慢和服务需求缺乏价格弹性是服务业就业比重快速上升的原因。

在区域产业结构服务化水平测度方面，程大中（2003）从产值结构、就业结构、相对劳动生产率出发，对中国服务业增长的地区特征进行了实证分析，发现中国服务业存在增加值比重偏低、就业比重偏低和人均增加值偏低现象；基于产值比重、就业比重、年人均产值、职工工资水平和工资产值比对中国服务业增长细分行业特征进行实证分析发现，服务业各细分行业发展以及地区差异较大；经济发展水平和城市化发展水平是导致上述现象的主要原因。随后，程大中（2009）从"成本病"理论出发，发现上海作为特大城市显露出"成本病"问题，但服务业竞争力较强且供给潜力巨大。王丹丹（2012）以特大城市为研究对象，以服务业增加值和从业人员占比 60% 为标准，指出北京、上海、广州和乌鲁木齐已形成以服务经济为主的产业结构；同时她还基于产业结构演进理论，以人均地区生产总值 1500 美元和 5000 美元为标准对中国所有特大城市经济发展阶段进行划分，发现天津、大同、沈阳、青岛和广州服务业的发展与其经济发展阶段相适应，北京、太原、呼和浩特、哈尔滨、上海、南京、厦门、济南、武汉、东莞、贵阳、南宁、西安和乌鲁木齐服务业的发展超前于其经济发展阶段，而其余城市服务业的发展均滞后于其经济发展所处阶段。

在服务业全要素生产率水平测度方面，顾乃华做出诸多贡献。顾乃华（2006）借助随机前沿生产函数模型和面板数据分析 1992～2002 年中国服务业经济效率特征发现，中国服务业的发展未发挥资源和技术的潜力，技术效率低；服务业增长主要依靠要素投入推动，全要素生产率的贡献微弱。随后，顾乃华（2006）又使用随机前沿生产函数模型比较 1992～2002 年中国工业和服务业的经济效率，发现中国服务业的技术进步速度慢于工业，技术效率下降速度高于工业，但服务业对工业的外溢效应要比工业对服务业的外溢效应强。顾乃华和李江帆（2006）也通过随机前沿生产函数模型使用面板数据对技术效率区域差异假说和其影响因素进行经验检验，发现东部、中部、西部服务业技术效率存在的显著差异是造成中国服务业生产率区域失衡现象的重要原因，而市场化进程和劳动力素质的差别是中国服务业技术效率区域差异的重要因素，因此，在吸引资本向中部、西部流动的同时要注重缩小区域技术效率差距。随后，顾乃华（2008）开始使用数据包络分析（DEA）方法分析中国服务业效率特征，基于理论和实证分析发现中国服务业发展效率较低，未能充分挖掘资源和技术的潜力，区域间效率差距明显并不断扩大，全要素生产率（TFP）变化主要受经济基础、就业人员教育水平、市场化进程以及资本密集度影响。

在产业内部结构服务化水平方面，顾乃华（2008）通过分析典型国家的数据发现，生产性服务业的增加值和就业比重均在不断上升且前者上升幅度大于后者，技术、知识最密集的商务服务业增加值比重在所考察国家中均上升最快，批发和零售业、交通运输业等传统的生产性服务部门增加值比重上升不明显，增加值比重提高幅度同行业技术含量之间存在正相关关系，其原因是生产性服务业相对劳动生产率也在不断提高；通过实证分析还发现，生产性服务业不断发展壮大是源于其强大的产业关联效应，而且生产性服务业的感应度系数要远远大于其影响力系数，因此产业融合发展才是中国产业结构服务化的未来方向。顾乃华（2010）利用投入产出表数据和多层线性模型探讨了工业投入服务化的形成机制、经济效应以及其受区域特征变量的调节效果，发现工业投入服务化程度提高能显著提升工业的增加值率和全要素生产率水平，区域改革开放能够增加行业资本有机构成对投入服务化的影响，也能够增加行业投入服务化程度对全要素生产率的影响，因此必须推动工业产业结构软化进程，形成工业和服务化互动发展的格局。

综上所述，产业结构服务化相关问题是经济学界研究的热点，已经形成一系列重要的理论和实证成果。在理论研究方面，虽然产业结构服务化与区域发展的关联规律已成为共识，但发展中国家和地区的产业结构服务化进程与发达国家和地区存在较大差异，这是不容忽视的现象。如金斯敦、波哥大、墨西哥城、圣保罗、布宜诺斯艾利斯、孟买、吉隆坡、首尔和台北的服务业比重，尤其是生产性服务业比重，上升到一定程度就呈现长期停滞状态，无法达到发达国家和地区产业结构高度服务化的状态。对于产业结构服务化规律是否能够指导发展中国家和地区的产业结构服务化进程，仍然存在一定争议。从国内外学者的研究成果来看，服务化相关定义并不明确，产业结构服务化的基本范畴到底应该如何界定？仍未得到有力解答。在产业结构服务化成因方面，"成本病"问题是否必然存在，仍然有较大争议。但从国内外学者研究成果来看，产业结构服务化进程的影响因素主要集中于技术进步、需求结构、要素结构、贸易条件和制度安排等方面。在中国产业结构服务化实证研究方面，国内学者的研究成果十分丰富，从不同视角对中国产业结构服务化进程的特征和水平进行了经验总结，但研究范围多集中于省级以上区域，且综合的实证研究相对不足；研究方法多采用流行的产业结构评价方法，并未将环境因素纳入分析框架。

第三节　产业结构服务化研究的理论基础

一　产业结构演进理论

产业结构演进与经济发展紧密相连，对产业结构演进规律的探讨也与经济学发展几乎同步。产业结构演进理论是揭示经济发展阶段与产业结构演进关联规律一系列著名理论的总称。

1. 配第－克拉克法则

英国经济学家威廉·配第从荷兰与英国产业发展的实证研究出发，

首次发现产业结构差异是地区国民收入水平差异和经济发展阶段不同的关键之处。在 1690 年出版的《政治算术》一书中，配第描述了劳动力从第一产业向第二、第三产业转移的现象，而"工业比农业收入多，商业又比工业收入多，即工业比农业、商业比工业的附加值高"是产生这一现象的原因所在，其结果是地区收益增加、成本降低和消费水平的提高。这一发现明确了产业劳动生产率不断提高并且劳动力不断从低生产率产业向高生产率产业转移的经济发展规律。

在此基础之上，英国经济学家科林·克拉克从 20 世纪三四十年代世界主要国家劳动力在三次产业之间分布结构变化的统计数据出发，首次对三次产业结构演进趋势和特征进行实证考察，发现不同经济发展水平与劳动力部门结构分布模式之间有密切的相关性。在 1940 年出版的《经济进步的条件》一书中，克拉克通过对 40 多个国家不同时期三次产业劳动和产出的系统分析和研究，认为随着全社会人均国民收入水平不断提高，劳动力从第一产业向第二产业再向第三产业转移的现象，这是所有地区经济进步过程中最具一般性的规律。同时克拉克认为，由于需求的收入弹性作用，农产品需求收入弹性是下降的，小于第二产业产品和第三产业服务的收入弹性，难以随着收入增加而同步增加，所以农产品的相对需求不断下降，工业产品需求先上升后下降，最后服务产品需求占据主导，国民收入和劳动力分布也逐渐以第三产业为主导。不同产业的劳动生产率不同，较高生产率导致产业就业比例的下降，在工业化开始后第二产业劳动生产率和产品需求增长速度比第三产业快导致第二产业就业比重持续上升。随着经济增长水平提升第二产业的产品需求将放缓，但劳动生产率持续提升导致第二产业就业比重呈下降趋势，同时第三产业的需求增长明显加快且大大超过劳动生产率增长速度，这导致第三产业就业比重上升趋势明显。

虽然克拉克对这一规律贡献颇大，但他也承认他的研究是对配第观点的验证，因此，此规律被称为"配第－克拉克法则"。这是经济增长与产业结构关系最权威的经验性法则，也是产业结构理论的重要基石之一。

2. 库兹涅茨定律

美国经济学家西蒙·库兹涅茨是经济计量研究的奠基者，他从 57 个国家（地区）的横截面数据和 16 个国家的时间节点数据出发，在重新对农业、工业、服务业分类的基础上（运输和通信业属于工业），系统分析了不同人均 GDP 水平下产值结构和就业结构差异及其演变态势。在 1985 年出版的《各国的经济增长：总产值和生产结构》一书中，库兹涅茨系统论述了经济增长过程中产业结构演变规律，主要结论如下。

从横截面分析结果来看，农业产值份额与人均 GDP 高度负相关，工业产值份额与人均 GDP 高度正相关，服务业产值份额与人均 GDP 弱正相关，工业、服务业就业份额和人均 GDP 的关系与产值份额基本一致。其中，农业就业份额稍高于产值份额，工业就业份额与产值份额十分接近，服务业就业份额明显高于产值份额。另外，农业流出劳动力转移至工业、服务业的比例十分接近。从时间节点分析结果来看，随着人均 GDP 增长，农业产值份额大幅下降至 1961 年的 10%，工业产值份额持续上升为 40% ~ 50%，服务业产值份额总体呈上升趋势，但在不同地区差距较大且不具有持续性。另外，农业就业份额急剧下降，服务业就业份额显著上升，工业就业份额上升幅度低于服务业。

由于产业分类标准不同，库兹涅茨的结论必然会导致高估第二产业产值、低估第三产业产值，但其详细描述和论证了三次产业结构的演变特征和规律，因此被称为"库兹涅茨定律"。

3. 钱纳里－塞尔昆的"标准产业结构"模型

美国经济学家霍利斯·钱纳里在库兹涅茨研究的基础上，从 51 个国家 1950 ~ 1970 年的统计数据出发，计算出经济发展不同阶段产业结构的标准数值，对产业结构变动趋势进行了更为深入的探讨。钱纳里和塞尔昆在《发展的形式：1950—1970》一书中将产业分为农业（包括采矿）、制造业、公共服务业（包括建筑业，电力、燃气、供水业和交通运输业）和一般服务业四类，运用统计归纳法，将产业结构转换作为因变量，人均 GDP 和人口作为自变量，建立回归方程归纳出"标准产业结构"模型。他根据"标准产业结构"指出，产业结构变化 75% ~ 85% 发生在人均 GDP 为 100 ~ 1000 美元时（1970 年），在经济发展的不同阶段，存在不同的经济结构与之对应，如果无法对应，表明该地区产业结构存在偏差。

1986 年，钱纳里、鲁滨逊和塞尔昆在《工业化和经济增长的比较研究》中依靠联合国国别统计数据，从二十多个国家（地区）统计数据出发，按照人均 GDP 变化把经济增长过程分为三个阶段和六个时期（见表 1-1），建立了九个国家（地区）的多国分析模型，提出了工业化和经济增长过程中的标准解。他们所提出的标准解是以不同人均 GDP 水平阶段产值结构和就业结构所表示的（见表 1-2），主要反映产业结构变迁规律。在工业化过程中，从产值结构来看，随着人均 GDP 的上升，初级产品生产在地区生产总值中所占比重持续显著下降，工业产品生产在地区生产总值中所占的比重持续显著提高，公共服务业和一般服务业比重呈上升态势，但上升幅度不明显；从就业结构来看，随着人均 GDP 的上升，初级产品生产就业比重持续大幅下降，制造业、公共服务业和一般服务业就业比重呈上升态势，其中一般服务业比重上升幅度最大。在前面研究的基础上，钱纳里等人还将上述九个样本国家（地区）经济发展过程中产值结构实际演变与标准解进行对比分析，提出了经济发展过程中产业结构转变的三个阶段及其主要特征，即在初级产品生产阶段，初级产品生产增长速度落后于制造业，但仍是 GDP 的主要来源；在工业化阶段，制造业取代初级产品生产成为经济比重最大的部门，此时人均 GDP 为 400 美元（1970 年）；在发达经济阶段，通常制造业在 GDP 中的比重会持续下降。

表 1-1　经济增长的三个阶段和六个时期

经济增长阶段	经济增长时期	人均 GDP（当年价，美元）	
		1964 年	1970 年
初级产品生产	1	100 ~ 200	140 ~ 280
工业化	2	200 ~ 400	280 ~ 560
	3	400 ~ 800	560 ~ 1120
	4	800 ~ 1500	1120 ~ 2100
	5	1500 ~ 2400	2100 ~ 3360
发达经济	6	2400 ~ 3600	3360 ~ 5040

资料来源：Chenery 等（1986）。

表 1-2 标准产值结构和标准就业结构

人均 GDP (1980 年价，美元)	产值结构（%）			就业结构（%）		
	第一产业	第二产业	第三产业	第一产业	第二产业	第三产业
100	48.0	21.0	31.0	81.0	7.0	12.0
300	39.4	28.2	32.4	74.9	9.2	15.9
500	31.7	33.4	34.6	65.1	13.2	21.7
1000	22.8	39.2	37.9	1.7	19.2	29.1
2000	15.4	43.4	41.2	38.1	25.6	36.3
4000	9.7	45.6	44.7	24.2	32.6	43.2

资料来源：Syeqquin 和 Chenery（1989）。

4. 罗斯托的经济成长阶段论

美国经济学家沃尔特·罗斯托以经济史料为基础，根据科学技术和生产力发展水平，从经济发展史的角度总结了世界经济和历史普遍的经济成长与发展一般模式——经济成长阶段论。1960 年，罗斯托在《经济成长的阶段》一书中，将经济社会发展过程划分为五个阶段：传统社会阶段、准备起飞阶段、起飞阶段、走向成熟阶段、高额大众消费阶段。1971 年，罗斯托在《政治和成长阶段》一书中对经济成长阶段论进行补充，增加了第六个阶段——超越大众消费阶段（见表 1-3）。罗斯托认为经济成长每个阶段都有起主导作用的产业部门，经济社会成长阶段的变化就是以主导产业交替变更为主要标志的。

5. 贝尔的后工业化社会理论

美国社会学家丹尼尔·贝尔 1974 年在他著名的《后工业化社会的来临》一书中将人类社会发展划分为三个阶段，即前工业社会阶段、工业社会阶段和后工业化社会阶段（见表 1-4），并且宣称："在今后三十至五十年，我们将看到我称为'后工业化社会'的出现。"贝尔认为后工业化社会经济将"从产品生产转变为服务经济"，"后工业化社会第一个、最简单的特点，是大多数劳动力不再从事农业或制造业，而是从事服务业，如贸易、金融、运输、保健、娱乐、研究、教育和管理等"。同时他还指出，工业社会向后工业化社会发展过程中，服务业发展重心将沿个人服务和家庭服务—交通通信及公共设施—商业、房地产和金融—休闲服务业—知识密集型服务业这一路径不断变化。

表 1 - 3　经济成长阶段的划分

经济成长阶段	特征
传统社会阶段	传统社会阶段的科技水平与生产力水平极低，社会经济处于封闭孤立的状态，生产活动主要目的是生存，主导产业为农业
准备起飞阶段	准备起飞阶段是从贫穷落后走向繁荣富强的阶段，近代科学技术开始运用于农业和工业生产之中，劳动力逐渐由农业转移到工业、交通运输和商业等部门，主导产业一般为第一产业或劳动密集型第二产业
起飞阶段	起飞阶段是从贫穷落后走向繁荣富强的过渡阶段，由于科技水平的大幅提升，大量的劳动力从第一产业转移到第二产业，外部资金流入明显增加，部分区域某些产业发展速度较快，劳动密集型第二产业取代第一产业成为主导产业，劳动密集型产品出口大量增加
走向成熟阶段	走向成熟阶段是现代化技术充分运用到几乎各类产业部门的时期，资本密集型产业开始取代劳动密集型产业成为主导产业，产品出口多元化、高端化，交通和通信设施显著改善，经济社会发展以追求技术进步为主要目标
高额大众消费阶段	高额大众消费阶段是工业高度发达、消费水平不断升级的时期，主导产业从制造业转向服务业，生产和消费大多采用高科技成果，人民在休闲娱乐、教育、医疗保健、社会保障等方面的消费开始增加
超越大众消费阶段	超越大众消费阶段是以提高生活质量为主要目标的时期，主导产业部门不再是耐用消费品工业，而是以提高生活质量为目的的服务业部门，旅游、娱乐、文化、教育、医疗、健康等产业迅速发展

资料来源：Rostow（1960，1971）。

表 1 - 4　经济成长阶段的划分

社会发展阶段		人均收入水平 （1974 年价，美元）	特征
前工业社会阶段		50 ~ 200	以简单工具为基础的传统农业社会，人类发展受自然资源约束，生产目的是满足生存需要，服务业以个人服务和家庭服务为主
工业 社会阶段	早期工业化	200 ~ 600	以机器生产为基础的商品经济社会，以与商品生产有关的服务业——商业为主
	工业化	600 ~ 1500	
	发达工业化	1500 ~ 4000	
后工业化社会阶段		4000 ~ 20000	服务经济社会，从商品生产为基础转向以提供服务为基础，知识与技术成为生产的主要方式，信息与服务成为财富的来源

资料来源：Bell（1974）。

二　鲍莫尔－富克斯假说

1. 鲍莫尔倡导的两部门非均衡增长模型

美国经济学家威廉·鲍莫尔从服务业的生产率和需求弹性出发，解释了经济增长与服务业增长之间的关系。1967 年，鲍莫尔在《美国经济评论》上发表的《非均衡增长的宏观经济学：城市病的剖析》一文中，通过构建服务业与制造业两部门非均衡增长模型，解释了经济均衡发展条件下两部门实际产出比例保持不变的必要性，并且认为这种必要性将导致劳动力不断转移至服务业从而阻碍经济的增长。这就是著名的"成本病"理论。

两部门非均衡增长模型的具体内容包括假设有两个部门，即停滞部门（Stagnant Sector）和进步部门（Progressive Sector），停滞部门（主要是服务业）劳动生产率不变，进步部门（主要是制造业）劳动生产率上升且速度不变；劳动力是唯一要素投入；制造业中劳动力起到初级作用，而技术创新能提升该部门产品的质量并使得生产中对劳动力的需求减少；服务业最终产品是劳动，劳动力投入量与该部门产品质量相关；两个部门名义工资相同，同时名义工资增速与平均劳动生产率增速相同。当进步部门的劳动生产率提高时，两个部门名义工资同时上升，进步部门劳动生产率提高同时产出增加，名义工资上升导致成本上升因而并不明显，而停滞部门劳动生产率不变，名义工资上升导致成本上升。如果停滞部门产品需求具有价格弹性，消费量会下降，最终导致停滞部门产出为零；如果停滞部门产品需求缺乏价格弹性，工资上升将引起停滞部门产品需求逐渐增加，劳动力将逐渐转移到停滞部门，进步部门劳动力将为零。因此，保持经济均衡发展要求两部门实际产出比例不变，劳动力必须不断转移到停滞部门，经济增长速度将逐渐下降趋于停滞。总体而言，服务业相对较低的生产率将导致经济增长逐渐停滞。

2. 鲍莫尔倡导的三部门非均衡增长模型

此后，鲍莫尔在 1985 年《美国经济评论》上发表的《非均衡增长研究：渐近停滞和新的证据》一文中，他在之前研究的基础上，将模型扩展为三部门非均衡增长模型。除了进步部门、停滞部门之外，还存在渐进停滞部门。其主要原因是把服务业整体作为停滞部门十分片面，服务业中仍然存在进步部门。渐进停滞部门劳动生产率早期快速上升，成本迅速下降，但后期逐渐接近停滞部门。鲍莫尔还采用美国1947～1976年数据对模型进行实证检验发现，进步部门和停滞部门的产出比例十分稳定，随着相对价格的上升，停滞部门（服务业）支出和劳动力所占比例迅速上升，但是价格上升速度与进步部门劳动生产率上升速度相同。同时，实证研究结果还表明三部门的均衡增长使得劳动力将逐渐转移到停滞部门和渐进停滞部门中趋于停滞的部门，因此两个部门就业比例不断上升，成本也不断上升。

3. 富克斯的服务经济理论

1968年，美国经济学家维克托·富克斯出版了世界上第一部全面专题研究服务经济理论的著作《服务经济学》，首次提出"服务经济"这一概念，并指出服务经济的判断标准。他认为1967年美国服务业就业人数在全国总就业人数中所占份额超过一半（55%），并且1965年按现值美元计算的服务部门占国民生产总值的份额超过一半（50.5%），美国也因此成了世界上第一个"服务经济"国家。同时，他运用大量的统计方法对服务经济进行实证检验，开创了服务经济的实证研究时代。

在著作中，富克斯基于美国1929～1965年统计数据，运用大量的统计方法从实证角度探讨了服务业就业增长与经济发展的关系，最终需求增长、服务业专业化水平的提高以及服务业生产率增长缓慢是服务业就业比例上升的主要原因。富克斯认为工资水平上升导致居民对服务产品需求上升，从而导致服务业消费比例上升，最终促进服务业就业上升；服务业专业化水平提高导致服务产品质量改善和平均成本下降，进而导致制造业与服务业供求增加；服务业劳动生产率上升缓慢也会促进就业上升。同时他还指出，服务业人均工作时间较短导致人均产出低于制造业，制造业劳动力质量高于服务业导致制造业劳动生产率上升快于服务业，制造业资本密集度高于服务业，服务业就业率增长主要原因是服务业劳动生产率的相对滞后。

由于富克斯的结论与鲍莫尔的观点基本相同，所以他们的研究成果被称为鲍莫尔－富克斯假说。

三　产业结构软化理论

1981年，日本教授田地龙一郎指出，产业结构软化是历史潮流的重要组成部分。国内外学术界对于产业结构软化基本持有两种代表观点：一是从生产要素的角度来界定产业结构软化，认为产业结构软化是指产业发展中有形产品和物质资源等硬生产要素的作用不断下降，而知识、技术、服务和信息等软生产要素的作用不断上升，同时各种软要素在产业中投入量迅速增大；二是从生产要素投入比例或者消耗比例角度界定产业结构软化，认为产业结构软化是指围绕知识的生产、分配和使用，在社会生产和再生产过程中体力劳动和物质资源的投入比例逐渐下降，脑力劳动和知识、技术的投入比例相对上升。总体而言，产业结构软化是建立在知识与技术基础之上的产业结构变革的过程。

从产业结构软化方向看，分为前向软化和后向软化。前向软化即产业结构服务化，在整个国民经济中，软产业（服务业）比重上升，硬产业（制造业）比重下降。后向软化即产业服务化，产业通过内外部调整，实现投入和产出的服务化。后向软化又可分为外延式软化和内涵式软化：外延式软化是指产业内部生产方向的调整，产品服务特性增强的过程；内涵式软化是指产业中机器设备、能源材料、基础设施等硬要素作用下降，而信息、研发、人才、管理等软要素作用上升的过程。关于软化测度方式，可以分为产业软化度测度和产业结构软化度测度。产业软化度＝（软投入＋技术型劳动力）/总投入；产业结构软化度＝软产业总产值（从业人数）/地区生产总值（从业总人数）。关于产业结构软化的根本原因，可以认为是技术进步，其影响因素还包括发展模式、需求结构和要素结构。关于产业结构软化类型，可分为渐进式软化、跨越式软化和渗透式软化。

四　新结构经济学理论

中国经济学家林毅夫从回顾经济发展思潮演变出发，提出了一个使发展中国家实现可持续增长、消除贫困并缩小与发达国家收入差距的理论框架——新结构经济学。在 2012 年出版的《新结构经济学——反思经济发展与政策的理论框架》一书中，林毅夫描述了这一理论框架的基本要点，如下所示。

一是经济体的要素禀赋结构会随着发展阶段变化。因此，经济体的产业结构也会随着发展阶段变化。不同产业结构需要相应基础设施维持运行和交易。经济发展阶段从低收入农业经济逐渐发展到高收入后工业化经济的连续过程。因此，发展中国家产业升级和基础设施改善目标不一定是发达国家产业结构和基础设施的现状。在经济发展的不同阶段必然存在以产业升级和基础设施改善为主要内容的产业结构调整过程。这一过程需要内在协调机制实现，虽然市场是资源有效配置的基本机制，但在市场机制之外，政府需要发挥积极作用。

二是要素禀赋结构决定产业结构，而产业结构又依赖于与特定发展阶段相适应的金融结构的支撑。高效的金融结构必定反映经济发展需求。具体来说，每一个经济发展阶段都有其特定的要素禀赋结构。要素禀赋结构决定要素价格，要素价格进而决定最佳产业结构、风险性质和企业规模。由于不同行业企业在风险、规模、资本需求等方面有巨大差异，经济在某一发展阶段对金融服务需求也会与经济在其他发展阶段有根本性的差别。当金融结构特征与地区产业结构特征相适应时，必然促进经济持续高效发展。

第四节　产业结构服务化的影响因素和动力机制

一　影响因素

1. 技术进步

根据产业结构服务化相关理论，技术进步是产业结构服务化最根本的原因，但技术进步并不直接作用于产业结构的服务化过程，而是通过影响供求结构间接影响产业结构服务化进程。技术进步从以下四个方面影响供求结构。

一是技术进步催生新的生产领域、新的生产方式、新的生产工具和新的产品，导致分工的不断细化和专业化。新的产业和产品不断出现，影响供给结构不断改变。二是技术进步所带来的生产力的提升，还可以通过满足经济社会发展过程中人们日益增长的物质文化需要，不断改变人们的消费习惯与消费方式，实现需求结构的升级。三是"成本病"理论认为技术进步带来的生产率提高是非均衡的，这种生产率的差异导致要素的重新配置，进而影响供给结构的变化。四是技术进步能够提高要素利用效率，拓展生产可能性边界。随着产品成本的下降，市场不断扩大，需求结构可能随之发生改变。

2. 供求结构

人的欲望是无限和多样的，但是人的需求总是与一定的收入水平相适应。当生产力水平较低，收入水平也较低时，人的需求集中于解决生存问题。随着经济社会的发展，生产力水平不断提高，收入水平也不断提高，增加的收入被用来满足人类更高层次的需求。因此，贝尔的后工业化社会理论明确地指出需求结构是随着收入水平的提高而不断变化的，产业结构变动则与需求结构变化密切相关。另外，由于需求价格弹性的存在，需求结构也间接影响着供给结构，从而影响产业结构的变动。具体而言，当某产业产品需求价格弹性较小时，技术进步导致产出大量增加，产业收益反而下降，生产要素流向其他产业，导致产业生产规模的缩小和其他产业生产规模的扩大，进而导致产业结构的变化；当某产业产品需求价格弹性较大时，技术进步导致产出大量增加，产业收益将提高，生产要素流入该产业，导致产业生产规模的扩大和其他产业生产规模的缩小，进而导致产业结构的变化。

3. 要素结构

要素结构包括自然资源（能源与原材料）、劳动力、物质资本、人力资本以及相应的硬、软环境。产业结构和技术进步内生于要素结构。自然资源丰裕的地区往往形成以资源开发与综合利用为特征的产业结构，劳动力和货币资本丰裕的地区往往容易形成以劳动密集型产业和资本密集型产业为主的产业结构，而充裕的人力资本和货币资本则有利于形成以知识密集型为主的产业结构。要素结构通过要素价格的传递效应影响技术进步与供求结构，进而影响产业结构转化。良好的要素结构有利于产业结构持续改善，反之则会导致产业结构僵化、经济体系崩溃。根据新结构经济学理论，在不同的发展阶段，地区要素结构也会不同，因而最优的产业结构也是不同的，产业结构需要与地区要素结构相匹配。当地区产业结构和要素结构相匹配时，地区要素结构将加速改善，进而促进产业结构升级。

4. 金融结构

金融结构是指金融工具和金融机构的比例结构，一般用金融机构发展规模相对金融工具规模的比率来反映。经济发展处于特定阶段的地区存在一个特定最优金融结构，这一最优金融结构安排的组合方式及其相对权重能够将金融资源最高效率地配置于最优产业结构（由要素禀赋结构决定）中的竞争性部门的企业中。随着技术的进步以及物质资本和人力资本的积累，要素禀赋结构会发生巨大变化，内生于产业结构的最优金融结构也会随之发生变化，通过高效地配置金融资源推动产业结构转变为最优产业结构。

5. 对外开放

对外开放水平越高，要素流动阻碍越低，地区可以通过对外贸易在更大范围配置自然资源、物质资本和人力资本，从而改善要素结构加速产业结构转化进程。对外开放水平越高，受外部供求结构影响越大，外部供求结构可以通过影响内部供求结构间接作用于产业结构转化进程。对外开放水平越高，受到先进技术影响越大，甚至能够直接加速技术进步，进而影响产业结构转化进程。大量的实证研究证明，服务贸易的蓬勃发展和服务业外商直接投资的迅速增加，对中国尤其是中国经济发达地区的服务业发展和产业结构服务化进程有巨大的推动作用。

6. 制度安排

制度安排主要是指产业政策。产业政策是政府主导的产业结构转化过程中用于指导产业发展和产业结构调整方向的基本依据。根据地区经济发展战略和目标，政府通过制定产业发展战略和政策，影响价格形成机制，改变要素结构和供求结构，引导企业产业选择，实现产业结构跨越式转换。具体而言，在产业结构服务化过程中，政府可以通过立法、管制等行政手段和政府投资、改变税率等经济手段，改善要素结构，协调供求结构，促进技术进步，加速产业结构服务化进程。

二　动力机制

纵观世界各地区经济发展历程，产业结构的演变主要由两种机制所主导。一种是以市场为主导的调节机制，一种是以政府为主导的引导机制。因此，中国特大城市产业结构服务化可分为市场主导型产业结构服务化和政府主导型产业结构服务化两种类型。

1. 以市场为主导的调节机制

在经济发展的任何阶段，市场都是资源有效配置的基本机制，其核心是价格形成机制。

一方面，市场机制倾向于按照真实的要素禀赋结构决定要素价格。新结构经济学理论认为要素禀赋结构决定最优产业结构，在经济发展每一个阶段，产业结构必须与要素禀赋结构相匹配，进而加速要素结构改善，促进产业结构升级，形成良性循环。然而，企业才是决定产业结构的微观主体，通过对产业、技术选择影响产业结构。同时，企业的目标是利润最大化，并不一定会理性选择与要素禀赋结构相匹配的产业和技术。只有在要素相对价格真实反映地区要素结构的条件下，企业才会选择与要素禀赋结构相匹配的产业和技术，进而形成最优产业结构。

另一方面，市场机制通过商品市场价格信号反映真实供求结构。企业追求利润最大化应根据真实供求结构选择产业和技术进行生产，进而影响产业结构变迁。市场主导的产业结构调节机制，倾向于按照循序渐进的方式实现产业结构转化，产业结构演变周期较长。

2. 以政府为主导的引导机制

新结构经济学理论认为产业结构的转换依赖于要素禀赋结构的改善。在市场机制调节下，要素禀赋结构的改善是一个自然而缓慢的过程。尤其是基础设施等硬环境的改善，由于其巨大的外部性，往往无法由单个企业实现。另外，在产业结构转换初期，企业的产业多元化选择由于与要素结构和供求结构并不完全一致，面临失败的风险。这会阻碍企业的产业多元化选择，进而影响产业结构转化过程。因此，以政府为主导的引导机制也能在要素结构改善和企业产业多元化选择过程中起到积极的推动作用。政府通过一系列产业政策影响价格形成机制，扭曲真实要素结构和供求结构，引导企业的产业和技术的选择过程，实现产业结构的跳跃式转换。政府主导的产业结构引导机制，倾向于根据不同的发展战略和目标，推动产业结构定向跨越式发展。

总体而言，市场主导的产业结构转换和政府主导的产业结构转换本质上都依赖产业结构的决策主体——企业和政府的行为选择，因而存在"失灵"的风险。但是，在产业结构服务化过程中，对于要素禀赋结构改善要求较高，市场失灵的风险逐渐增大。以政府为主导的引导机制从提高社会整体福利的目的出发，更有利于实现产业结构的服务化。

第二章　中国特大城市产业结构服务化特征的整体考察

根据产业结构演进理论，产业结构服务化进程的判断主要是以经济发展水平（总量特征和人均特征）与增加值结构、就业结构的对应关系，产业内部结构特征为标准。因此，本书拟通过对经济总量、从业人数、增加值结构、就业结构、产业内部结构、人均地区生产总值、人均收入特征及其关联关系进行考察，判断中国特大城市产业结构服务化进程并对产业结构演进理论进行验证。

第一节　特大城市的界定

本书所探讨的"特大城市"专指中国语境下的"特大城市"，但并未包括港澳台地区的"特大城市"。

一　中国城市等级划分标准的变迁

城市人口统计范围的大小直接影响城市规模界定的科学性和合理性。中国统计年鉴、统计公报中对于城市人口的统计范围经常使用行政区划、全市、市域、市辖区、城区、市区、主城区、中心城区等不同概念。其中，行政区划、全市、市域基本属于同一范围，市辖区、市区、城区基本属于同一范围，主城区、中心城区基本属于同一范围。这一方面是中国城市的二元化结构特征所造成的，另一方面是中国城镇化过程中行政区划及其功能的不断调整所造成的。因此，在不同口径下统计出来的人口数据经常有很大出入。比如，周口、南阳、保定、临沂和阜阳在 2012 年末全市总人口均超过 1000 万人，但是市辖区年末总人口分别为 59 万、194 万、108 万、249 万和 214 万人。这与北京、上海、重庆这些全市和市辖区年末总人口均超过 1000 万人的城市明显有巨大区别。因此，相对于行政区划，市辖区概念更为科学。与市辖区比较，主城区是指本级城市人民政府驻地建成区及其相连的集体建设用地区域，而市辖区范围内包括没有与主城区相连接的农村。虽然主城区人口可能会更准确地反映城市人口的精确规模，但由于城市主城区边界很难明确以及目前并不存在相关统计口径，很难推广将其作为城市划分标准。

中国城市的划分标准自中华人民共和国成立以来也历经多次变化（见表 2 - 1）。国家建设委员会于 1955 年在《关于当前城市建设工作的情况和几个问题的报告》中将城市划分为大城市（50 万人口以上）、中等城市（50 万人口以下、20 万人口以上）和小城市（20 万人口以下），首次确立城市规模划分标准。1980 年，国家建设委员会在城市规模划分标准中增加了"特大城市"（100 万人口以上）。1984 年，国务院在《城市规划条例》中又明确城市是"国家行政区域划分设立的直辖市、市、镇，以及未设镇的县城"，城市人口为"市区和郊区的非农业人口"。1989 年，《中华人民共和国城市规划法》正式实施，其中明确指出城市是"国家按行政建制设立的直辖市、市、镇"，关于"城市等级""人口规模""人口界定"则仍然沿用 1984 年《城市规划条例》标准。2008 年，《中华人民共和国城乡规划法》正式实施，《中华人民共和国城市规划法》自动废止。由于《中华人民共和国城乡规划法》中并无关于城市等级规模的划分标准，因此之后中国没有明确可依的城市等级划分标准。

直至 2014 年 10 月 29 日，《国务院关于调整城市规模划分标准的通知》以《中国城市统计年鉴》中相关统计数据作为支撑，明确提出：以城区常住人口为统计口径，将城市划分为五类七档。其中，城区是指"在市辖区和不设区的市，区、市政府驻地的实际建设连接到的居民委员会所辖区域和其他区域"。

表 2 - 1 中国城市等级划分标准

年份	0～20万人	20万～50万人	50万～100万人	100万～300万人	300万～500万人	500万～1000万人	1000万人	人口统计范围
1955	小城市	中等城市	大城市					
1980	小城市	中等城市	大城市	特大城市				
1984	小城市	中等城市	大城市					市区和郊区的非农业人口
1989	小城市	中等城市	大城市					市区和郊区的非农业人口
2008								无城市分类标准
2014	Ⅱ型小城市	Ⅰ型小城市	中等城市	Ⅱ型大城市	Ⅰ型大城市	特大城市	超大城市	城区常住人口

资料来源：根据相关资料整理。

二 中国特大城市的界定标准与名单筛选

中国城市人口统计中以"户籍人口"和"常住人口"为统计对象。户籍人口是指公民依《中华人民共和国户口登记条例》已在其经常居住地的公安户籍管理机关登记常住户口的人。这类人口不管其是否外出，也不管外出时间长短，只要在某地注册有常住户口，则为该地区的户籍人口。然而，虽然中国城市户籍制度较为严格，但是户籍人口并未统计人口流入和流出数量，因此会对城市真实人口数量造成扭曲。比如，郑州市 2012 年年末市辖区户籍人口为 587.2 万人，而 2012 年年平均市辖区户籍人口为 313 万人，表明出现大量人口户籍转入。在《国务院关于调整城市规模划分标准的通知》中明确"常住人口包括：居住在本乡镇街道，且户口在本乡镇街道或户口待定的人；居住在本乡镇街道，且离开户口登记地所在的乡镇街道半年以上的人；户口在本乡镇街道，且外出不满半年或在境外工作学习的人"。与户籍人口比较，常住人口考虑了人口的流动性，因而更能反映城市人口真实数量。因此，将常住人口作为中国城市人口统计对象更为科学。

目前，在中国统计年鉴中对于人口的统计主要采用的是户籍人口。虽然许多地区统计年鉴也有常住人口统计数据，但多是抽样调查数据，可能准确但并不严谨。因此，中国目前能够准确反映城区常住人口的最新数据只有 2010 年全国第六次人口普查数据。实际上，2014 年 3 月 16 日国务院公布的《国家新型城镇化规划（2014—2020 年）》对城市最新分类标准进行了梳理，但并未列出相关城市的名单（见表 2 - 2）。通过对 2010 年全国第六次人口普查数据可整理出中国特大城市名单，包括上海、北京、重庆、天津、广州、深圳、武汉、东莞、成都、佛山、南京、西安、杭州、哈尔滨、汕头和沈阳（见表 2 - 3）。本书所指的特大城市包括特大城市和超大城市。

表 2 - 2　中国城市（镇）数量和规模变化情况

	1978 年	2010 年
城市总数	193	658
1000 万人口以上城市	0	6
500 万 ~ 1000 万人口城市	2	10
300 万 ~ 500 万人口城市	2	21
100 万 ~ 300 万人口城市	25	103
50 万 ~ 100 万人口城市	35	138
50 万人口以下城市	129	380
建制镇	2173	19410

注：2010 年数据采自第六次全国人口普查数据。

资料来源：根据《国家新型城镇化规划（2014—2020 年）》整理。

表 2 - 3　中国特大城市名单

单位：万人

城市	城区常住人口	市辖区户籍人口
上海	2232	1358
北京	1883	1227
重庆	1569	1779
天津	1109	813
广州	1107	678
深圳	1036	278
武汉	979	513

续表

城市	城区常住人口	市辖区户籍人口
东莞	822	186
成都	768	554
佛山	720	376
南京	717	553
西安	650	573
杭州	624	445
哈尔滨	588	471
汕头	533	525
沈阳	811（全市）	522
郑州	363	587

注：郑州按常住标准还不是特大城市，所以文字叙述中没有郑州。但是很多人有疑问，所以列在表中。

资料来源：根据全国第六次人口普查数据和《中国城市统计年鉴（2013）》相关数据整理。

第二节　中国特大城市产业结构服务化进程研判

一　经济总量与增加值结构

1. 经济总量

产业结构作为经济结构的重要组成部分，发展水平往往由地区经济总量的高低决定。本书将依据 2003～2012 年中国 16 个特大城市市辖区地区生产总值（见表 2-4），对 2003 年、2008 年和 2012 年三个时间节点的中国特大城市经济总量及其变化趋势进行分析。

表 2-4　2003 年、2008 年和 2012 年中国特大城市市辖区地区生产总值

城市	地区生产总值（亿元）			排序			年均增长（%）
	2003 年	2008 年	2012 年	2003 年	2008 年	2012 年	
上海	6180.74	13560.44	19945.37	1	1	1	13.90
北京	3557.26	10325.15	17617.00	2	2	2	19.45
深圳	2895.41	7806.54	12950.06	4	3	3	18.11

城市	地区生产总值（亿元）			排序			年均增长（%）
	2003 年	2008 年	2012 年	2003 年	2008 年	2012 年	
广州	3187.65	7560.67	12454.93	3	4	4	16.35
天津	2172.04	5909.57	11906.78	5	5	5	20.81
重庆	1160.61	3638.16	8760.08	11	9	6	25.18
佛山	1381.60	4333.30	6613.02	10	6	7	19.00
武汉	1662.18	3392.50	6484.95	6	11	8	16.33
南京	1453.05	3447.16	6466.92	8	10	9	18.04
杭州	1617.77	3788.92	6213.25	7	7	10	16.13
成都	1144.29	2738.39	5731.73	12	13	11	19.61
沈阳	1390.72	3385.75	5266.88	9	12	12	15.95
东莞	947.97	3702.53	5010.17	13	8	13	20.32
西安	858.52	1935.51	3659.47	14	15	14	17.48
哈尔滨	821.27	2061.26	3005.33	15	14	15	15.50
汕头	520.45	967.67	1412.67	16	16	16	11.73

资料来源：根据《中国城市统计年鉴》相关数据整理。

2003 年，按地区生产总值进行划分，中国特大城市明显分为三个梯度。其中，上海、北京、广州、深圳、天津 5 个城市地区生产总值均超过 2000 亿元，排名居特大城市前五位；武汉、杭州、南京、沈阳、佛山、重庆、成都 7 个城市地区生产总值为 1100 亿~1700 亿元，排名居特大城市第 6~12 位；东莞、西安、哈尔滨、汕头 4 个城市地区生产总值均未超过 1000 亿元，排名居特大城市最后四位。

2008 年，按地区生产总值进行划分，中国特大城市仍然明显分为三个梯度，但三个梯度间的差距明显扩大。其中，上海、北京、深圳、广州、天津 5 个城市地区生产总值均超过 5900 亿元，排名仍然居特大城市前五位；佛山、杭州、东莞、南京、重庆、沈阳、武汉、成都 8 个城市地区生产总值为 2700 亿~4500 亿元，排名居特大城市第 6~13 位，哈尔滨、西安、汕头 3 个城市地区生产总值为 900 亿~2100 亿元，排名居特大城市最后三位。另外，东莞地区生产总值由 2003 年第 13 位上升为

2008 年第 8 位，佛山地区生产总值由 2003 年第 10 位上升为 2008 年第 6 位，均呈快速发展态势；武汉地区生产总值由 2003 年第 6 位下降为 2008 年第 11 位，发展速度滞后。

2012 年，按地区生产总值进行划分，中国特大城市仍然明显分为三个梯度，三个梯度间的差距略有扩大，但各梯度内部差距并未继续扩大。其中，上海、北京、深圳、广州、天津 5 个城市地区生产总值均超过 11000 亿元，排名仍然居特大城市前五位；重庆、佛山、武汉、南京、杭州、成都、沈阳、东莞 8 个城市地区生产总值为 5000 亿 ~ 9000 亿元，排名居特大城市第 6 ~ 13 位；西安、哈尔滨、汕头 3 个城市地区生产总值均未超过 3700 亿元，排名仍然居特大城市最后三位。另外，重庆地区生产总值由 2008 年第 9 位上升为 2012 年第 6 位，武汉地区生产总值由 2008 年第 11 位上升为 2012 年第 8 位，均呈现快速上升趋势；东莞地区生产总值由 2008 年第 8 位下降为 2012 年第 13 位，发展速度滞后。

从 2003 ~ 2012 年中国特大城市市辖区地区生产总值的年均增速来看，天津、重庆、东莞地区生产总值的年均增速均超过 20%，北京、佛山、成都地区生产总值的年均增速接近 20%，其他特大城市地区生产总值的年均增速为 11% ~ 18%。

从 2003 ~ 2012 年中国特大城市市辖区地区生产总值变化趋势来看（见图 2 - 1），第一梯度的上海、北京、深圳、广州、天津 5 个城市地区生产总值上升趋势明显，与其他 11 个特大城市差距不断扩大；第二梯度的重庆、佛山、武汉、南京、杭州、成都、沈阳、东莞地区生产总值与第三梯度的西安、哈尔滨、汕头差距也在缓慢扩大。在第一梯度的 5 个城市之间，上海、北京地区生产总值与深圳、广州、天津差距不断扩大。在第二梯度的 8 个城市中，从 2008 年开始，重庆地区生产总值增长开始提速，上升趋势十分明显，高于同梯度其他 7 个城市，与第一梯度的 5 个城市的差距开始缩小。其他各城市地区生产总值差距呈缓慢扩大趋势。

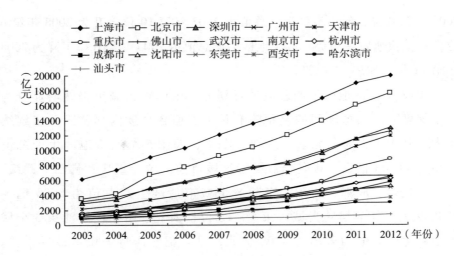

图 2-1 中国特大城市市辖区地区生产总值变化趋势

资料来源：根据《中国城市统计年鉴》相关数据整理绘制。

2. 增加值结构

产业结构是国民经济各产业部门之间以及各产业部门内部的构成。增加值结构是反映产业结构最常用、最直观的方式。本书将依据 2003 ~ 2012 年中国 16 个特大城市第二、第三产业增加值占地区生产总值的比重对其增加值结构特征进行分析（见表 2-5）。

表 2-5 中国特大城市市辖区地区生产总值中第二、第三产业增加值比重

单位：%

城市	产业	2003 年	2004 年	2005 年	2006 年	2007 年	2008 年	2009 年	2010 年	2011 年	2012 年
北京	第三产业	62.19	60.55	69.52	71.29	72.43	73.60	75.94	75.51	76.48	76.86
	第二产业	35.56	37.47	29.30	27.69	26.68	25.53	23.27	23.77	22.84	22.45
广州	第三产业	56.41	55.61	59.54	59.37	60.45	61.32	63.25	63.26	63.23	65.98
	第二产业	41.14	42.24	38.56	38.82	37.97	37.16	35.34	35.44	35.56	32.86
上海	第三产业	48.54	47.97	50.62	50.73	52.73	53.82	59.64	57.55	58.33	60.72
	第二产业	50.19	50.92	48.67	48.52	46.56	45.48	39.71	41.89	41.12	38.75
哈尔滨	第三产业	55.72	51.65	54.21	53.69	53.12	52.99	54.20	54.33	54.40	58.68
	第二产业	39.09	41.10	38.57	39.02	39.56	40.04	40.42	42.36	43.42	39.04
深圳	第三产业	39.90	37.99	46.61	47.42	49.84	51.04	53.25	52.72	53.50	55.65
	第二产业	59.53	61.59	53.19	52.46	50.06	48.88	46.66	47.21	46.44	44.31

续表

城市	产业	2003 年	2004 年	2005 年	2006 年	2007 年	2008 年	2009 年	2010 年	2011 年	2012 年
南京	第三产业	45.54	44.66	47.95	49.25	49.92	51.78	53.12	52.91	54.64	55.45
	第二产业	51.08	52.58	49.55	48.56	48.13	46.35	44.30	44.96	43.35	42.61
杭州	第三产业	45.38	44.37	47.41	48.88	49.92	50.55	53.33	52.76	53.42	55.15
	第二产业	50.51	51.93	49.46	48.41	47.71	47.28	44.52	45.25	44.70	43.03
西安	第三产业	51.78	50.87	54.55	54.46	47.16	53.34	55.56	54.11	53.77	55.00
	第二产业	44.77	45.67	41.94	42.38	49.25	43.57	41.65	42.98	43.37	42.26
成都	第三产业	50.69	50.22	55.35	52.99	54.22	51.58	54.52	54.71	53.81	54.15
	第二产业	45.26	45.96	41.62	44.51	43.00	46.02	43.38	43.51	44.55	44.45
武汉	第三产业	49.64	48.57	49.57	52.13	53.07	53.55	53.05	54.97	53.33	52.81
	第二产业	44.63	46.17	45.53	46.68	45.95	45.61	46.22	44.34	46.10	45.85
东莞	第三产业	43.00	42.15	42.43	41.40	42.80	46.89	51.17	48.72	49.65	52.21
	第二产业	54.04	55.45	56.67	58.15	56.82	52.78	48.44	50.89	49.97	47.42
沈阳	第三产业	48.76	46.87	54.14	51.74	49.30	48.41	49.18	48.87	48.55	49.28
	第二产业	49.04	50.37	42.86	46.24	48.71	49.77	48.95	49.64	49.64	49.01
天津	第三产业	46.55	43.93	42.11	40.86	40.81	38.15	45.34	46.50	46.59	47.75
	第二产业	51.05	53.63	56.09	57.36	57.66	60.49	53.58	52.47	52.50	51.41
汕头	第三产业	41.98	39.72	42.22	41.44	41.62	40.33	39.59	38.62	43.42	42.54
	第二产业	49.40	50.64	51.21	52.77	53.05	54.46	55.13	56.25	51.00	52.02
重庆	第三产业	40.14	39.44	47.43	47.58	45.18	43.46	47.11	38.13	37.95	41.57
	第二产业	52.08	52.80	46.15	44.48	47.29	49.29	47.21	56.53	56.35	52.83
佛山	第三产业	39.03	37.21	36.42	34.50	33.15	32.20	35.00	35.45	34.58	35.83
	第二产业	55.35	57.82	60.40	62.92	64.57	65.60	63.01	62.68	63.62	62.20

资料来源：根据《中国城市统计年鉴》相关数据整理。

2012 年，在中国 16 个特大城市中，仅有北京第三产业增加值占地区生产总值比重超过 70%，广州、上海第三产业增加值占地区生产总值比重为 60% ~ 70%，哈尔滨、南京、杭州、西安、成都、武汉、东莞第三产业增加值占地区生产总值比重为 50% ~ 60%，沈阳、天津、汕头、重庆第三产业增加值占地区生产总值比重为 40% ~ 50%，佛山第三产业增加值占地区生产总值比重尚未超过 40%。

2003 ~ 2012 年，在中国 16 个特大城市中，北京、广州、武汉、成都、西安、哈尔滨第三产业增加值总体上高于第二产业；上海、南京、杭州、深圳第三产业增加值分别自 2005 年、2006 年、2006 年、2008 年起超过第二产业；天津、汕头、佛山、东莞、重庆第三产业增加值基本低于第二产业；沈阳第三产业增加值与第二产业基本相同。总体而言，中国特大城市中只有 11 个城市第三产业增加值比重超过 50%。

从第三产业增加值比重变化趋势看（见图 2－2），2003～2012 年，北京、广州、上海、南京、杭州、深圳、东莞第三产业增加值比重提升 10 个至 15 个百分点，上升趋势较为明显；武汉、成都、西安、哈尔滨第三产业增加值比重提升约 3 个百分点，上升趋势不明显；沈阳、汕头第三产业增加值比重基本无变化；天津、重庆第三产业增加值比重呈小幅波动状态；佛山第三产业增加值比重总体上呈下降趋势。

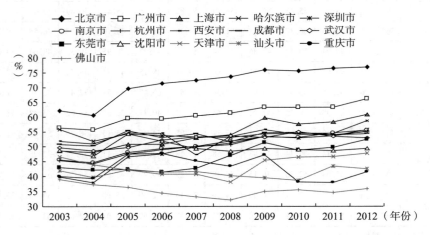

图 2－2 中国特大城市市辖区第三产业增加值占比变化趋势

资料来源：根据《中国城市统计年鉴》相关数据整理绘制。

从第二产业增加值比重变化趋势看（见图 2－3），2003～2012 年，佛山、汕头第二产业增加值比重总体呈缓慢上升趋势，但近三年来开始下降；重庆、天津、沈阳、武汉、成都、西安、哈尔滨第二产业增加值比重基本稳定，变化幅度在 3 个百分点以内；北京、广州、上海、深圳、南京、杭州、东莞第二产业增加值比重下降趋势比较明显，变化幅度为 7 个至 15 个百分点。

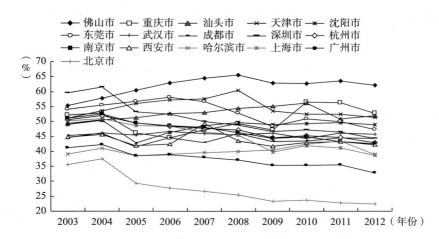

图 2 - 3 中国特大城市市辖区第二产业增加值占比变化趋势

资料来源：根据《中国城市统计年鉴》相关数据整理绘制。

3. 经济总量与增加值结构的关联特征

按照产业结构演进理论，经济发展水平与产业结构之间存在密切的关联。本书将依据 2003～2012 年中国 16 个特大城市相关统计数据，分析经济总量与三次产业增加值规模之间的关联。

根据中国特大城市经济总量与第一产业增加值规模关联散点可以看出（见图 2 - 4），中国特大城市第一产业增加值基本在 150 亿元以下，增长缓慢。中国特大城市地区生产总值与第一产业增加值没有可靠的拟

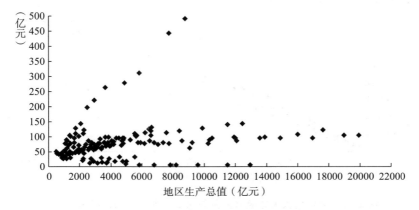

图 2 - 4 中国特大城市经济总量与第一产业增加值规模关联散点

资料来源：根据《中国城市统计年鉴》相关数据整理绘制。

合关系，但两者之间的关联仍有以下规律：当地区生产总值在 2000 亿元
以下时，中国特大城市第一产业增加值随地区生产总值增长呈发散状态；
当地区生产总值为 2000 亿~6000 亿元时，中国特大城市第一产业增加
值随地区生产总值增长呈局部收敛态势，部分城市第一产业增加值增长
出现停滞，部分城市第一产业增加值呈明显下降态势；当地区生产总值
超过 6000 亿元时，各城市第一产业增加值增长基本停滞。

　　根据中国特大城市经济总量与第二产业增加值规模关联散点可以看
出（见图 2-5），中国特大城市地区生产总值与第二产业增加值关联度
较高，第二产业增加值随地区生产总值的增加成幂指增长趋势，且幂指
拟合曲线的拟合度高达 0.9417，但第二产业增加值随地区生产总值的增
加增速不断放缓，所占比重不断降低。按照拟合曲线估算，当地区生产
总值在 5000 亿元时，第二产业增加值为 2237.44 亿元，占地区生产总值
比重为 44.75%；当地区生产总值在 8000 亿元时，第二产业增加值为
3444.07 亿元，占地区生产总值比重为 43.05%；当地区生产总值在
10000 亿元时，第二产业增加值为 4226.75 亿元，占地区生产总值比重为
42.27%；当地区生产总值在 12000 亿元时，第二产业增加值为 4996.56
亿元，占地区生产总值比重为 41.64%；当地区生产总值在 15000 亿元
时，第二产业增加值为 6132.05 亿元，占地区生产总值比重为 40.88%。

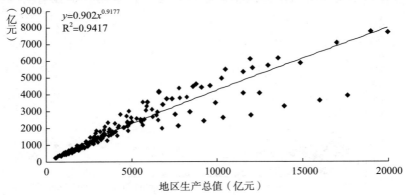

图 2-5　中国特大城市经济总量与第二产业增加值规模关联散点

资料来源：根据《中国城市统计年鉴》相关数据整理绘制。

根据中国特大城市经济总量与第三产业增加值规模关联散点可以看出（见图 2－6），中国特大城市地区生产总值与第三产业增加值关联度较高，第三产业增加值随地区生产总值的增加成幂指增长趋势，且幂指拟合曲线的拟合度高达 0.9696。同时，第三产业增加值随地区生产总值的增加增速不断加快，所占比重不断上升。按照拟合曲线估算，当地区生产总值在 5000 亿元时，第三产业增加值为 2566.11 亿元，占地区生产总值比重为 51.32%；当地区生产总值在 8000 亿元时，第三产业增加值为 4280.76 亿元，占地区生产总值比重为 53.51%；当地区生产总值在 10000 亿元时，第三产业增加值为 5458.04 亿元，占地区生产总值比重为 54.58%；当地区生产总值在 12000 亿元时，第三产业增加值为 6656.55 亿元，占地区生产总值比重为 55.47%；当地区生产总值在 15000 亿元时，第三产业增加值为 8487.21 亿元，占地区生产总值比重为 56.58%。

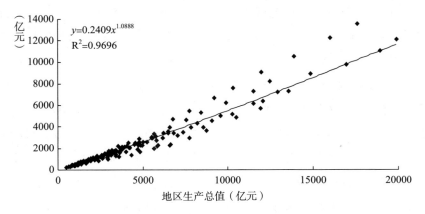

图 2－6　中国特大城市经济总量与第三产业增加值规模关联散点

资料来源：根据《中国城市统计年鉴》相关数据整理绘制。

二　人均地区生产总值和人均收入

人均地区生产总值和人均收入是反映地区经济发展水平和产业结构水平的重要指标，与产业结构变动有规律性的关联，因此也是产业结构演进理论中用来划分产业结构转变阶段的主要特征指标。

1. 人均地区生产总值

本书将依据 2003～2012 年中国 16 个特大城市市辖区人均地区生产

总值，对 2003 年、2008 年和 2012 年三个时间节点的人均地区生产总值特征及其变化趋势进行分析（见表 2－6）。

2003 年，按人均地区生产总值进行划分，中国特大城市明显分为三个梯度。其中，东莞、广州、深圳 3 个城市人均地区生产总值均超过 54000 元，排名居特大城市前三位；上海、杭州、佛山 3 个城市人均地区生产总值为 40000～49000 元，排名居特大城市第 4～6 位；北京、南京、天津、沈阳、哈尔滨、成都、武汉、西安、重庆、汕头 10 个城市人均地区生产总值在 32000 元以下，排名居特大城市第 7～16 位。

2008 年，按人均地区生产总值进行划分，中国特大城市仍然明显分为三个梯度，但三个梯度间的差距明显扩大，进入第二梯度的城市明显增加。其中，深圳、杭州、广州 3 个城市人均地区生产总值均超过 85000 元，排名居特大城市前三位；上海、佛山、沈阳、北京、南京、天津、武汉、东莞 7 个城市人均地区生产总值为 53000～75000 元，排名居特大城市第 4～11 位；哈尔滨、成都、西安、重庆、汕头 5 个城市人均地区生产总值在 44000 元以下，排名居特大城市最后五位。杭州人均地区生产总值由 2003 年第 5 位上升为 2008 年第 2 位，沈阳人均地区生产总值由 2003 年第 10 位上升为 2008 年第 6 位，均呈快速发展态势；东莞人均地区生产总值由 2003 年第 1 位下降为 2008 年第 11 位，发展速度滞后。

2012 年，按人均地区生产总值进行划分，中国特大城市仍然明显分为三个梯度，但三个梯度间的差距以及梯度内部的相对差距明显缩小。其中，深圳、广州两个城市人均地区生产总值均超过 110000 元，排名居特大城市前两位；杭州、武汉、天津、佛山、北京、南京、上海、沈阳 8 个城市人均地区生产总值为 82000～100000 元，排名居特大城市第 3～10 位；成都、西安、哈尔滨、东莞、重庆、汕头 6 个城市人均地区生产总值均未超过 75000 元，排名居特大城市最后六位。天津人均地区生产总值由 2008 年第 9 位上升为 2012 年第 5 位，武汉人均地区生产总值由 2008 年第 10 位上升为 2012 年第 4 位，均呈现快速上升趋势；上海人均地区生产总值由 2008 年第 4 位下降为 2012 年第 9 位，沈阳人均地区生产总值由 2008 年第 6 位下降为 2013 年第 10 位，发展较为滞后。

从 2003～2012 年中国特大城市市辖区人均地区生产总值年均增速来看，武汉、重庆人均地区生产总值的年均增速均接近 18%；西安、天津、南京、沈阳、成都、北京、哈尔滨、杭州人均地区生产总值的年均增速为 10%～15%；深圳、广州、佛山、上海、东莞、汕头人均地区生产总值的年均增速低于 10%，其中，东莞人均地区生产总值的年均增速是负值，呈现明显下降趋势。

表 2－6　2003 年、2008 年和 2012 年中国特大城市市辖区人均地区生产总值

城市	人均地区生产总值（元）			排序			年均增长（%）
	2003 年	2008 年	2012 年	2003 年	2008 年	2012 年	
深圳	54545	89814	123247	2	1	1	9.48
广州	54391	85854	111704	3	3	2	8.32
杭州	41471	89805	98697	5	2	3	10.11
武汉	21457	55469	94474	13	10	4	17.90
天津	28625	59448	93173	9	9	5	14.01
佛山	40444	72975	91259	6	5	6	9.46
北京	31892	64936	89659	7	7	7	12.17
南京	29381	64096	88525	8	8	8	13.04
上海	48506	75053	86995	4	4	9	6.71
沈阳	28443	66515	82878	10	6	10	12.62
成都	25646	40821	74167	12	13	11	12.52
哈尔滨	26198	43351	63747	11	12	12	10.39
东莞	60158	53285	58804	1	11	13	-0.25
西安	17040	30064	56203	14	14	14	14.18
重庆	11403	24516	49486	15	15	15	17.71
汕头	11191	19516	26297	16	16	16	9.96

资料来源：根据《中国城市统计年鉴》相关数据整理。

从 2003～2012 年中国特大城市市辖区人均地区生产总值变化趋势来看，16 个特大城市人均地区生产总值基本呈上升趋势（见图 2－7）。其中，第一梯度深圳、广州两个城市人均地区生产总值上升趋势明显，虽与其他 14 个特大城市的绝对差距在扩大，但相对差距在缩小；第二梯度

杭州、武汉、天津、佛山、北京、南京、上海、沈阳人均地区生产总值与第三梯度成都、哈尔滨、东莞、西安、重庆、汕头的绝对差距也在缓慢扩大，但相对差距正在缩小。在第二梯度的 8 个城市中，相互之间的绝对差距和相对差距都在缩小。在第三梯度的城市中，东莞人均地区生产总值波动剧烈；西安、重庆自 2007 年开始人均地区生产总值开始加速上升。

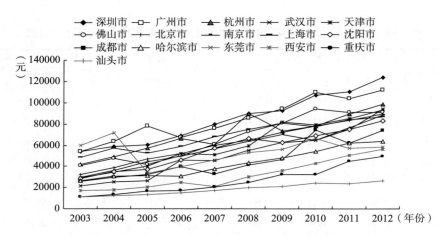

图 2-7 中国特大城市市辖区人均地区生产总值变化趋势

资料来源：根据《中国城市统计年鉴》相关数据整理绘制。

2. 钱纳里"标准产业结构"的验证

如前所述，钱纳里"标准产业结构"理论通过人均地区生产总值对产业结构转变进行阶段性划分，并将产业结构转变阶段与产值结构和就业结构一一对应。本书将依据 2003~2012 年中国 16 个特大城市市辖区人均地区生产总值、产值结构和就业结构对钱纳里"标准产业结构"进行验证。

按照 1970 年美元购买力平价换算的中国特大城市人均地区生产总值（见表 2-7），根据钱纳里"标准产业结构"理论中工业化阶段划分标准，除哈尔滨、东莞、西安、重庆、汕头目前仍处于工业化末期外，其他 11 个特大城市均已进入发达经济阶段（见表 2-8）。但由于钱纳里"标准产业结构"理论是从国家层面对工业化阶段进行划分的，其设定标准可能低于经济发达程度相对较高的特大城市，另外受到统计数据的可靠性和币值换算的合理性的影响，这一判断有被高估的可能。

表 2 - 7　按 1970 年美元购买力平价换算的市辖区人均地区生产总值

单位：美元

城市	2003 年	2004 年	2005 年	2006 年	2007 年	2008 年	2009 年	2010 年	2011 年	2012 年
深圳	3491	3651	3678	4139	4532	4823	5019	5601	5488	5969
广州	3481	3931	4745	4017	4341	4610	5095	5734	5157	5410
杭州	2654	3022	3494	3962	3469	4823	3965	4091	4440	4780
武汉	1373	1538	1587	2714	2580	2979	3395	3410	3741	4575
天津	1832	2105	2402	3100	2915	3192	4441	4169	4235	4512
佛山	2588	2926	2497	2994	3482	3919	4365	4925	4533	4420
北京	2041	2360	2836	3102	3417	3487	3924	4090	4164	4342
南京	1880	2185	2666	2939	3241	3442	3807	3407	3813	4287
上海	3104	3537	3200	3535	3881	4030	4382	4067	4184	4213
沈阳	1820	2116	2225	2731	3257	3572	3384	3624	3723	4014
成都	1641	1815	1944	2341	1862	2192	2496	3903	3092	3592
哈尔滨	1677	1881	1852	1794	2108	2328	2589	2859	3102	3087
东莞	3850	4435	2012	2352	2619	2861	3062	3477	2856	2848
西安	1091	1080	1211	1474	1185	1614	1937	2231	2509	2722
重庆	730	822	1011	1018	1140	1317	1730	1676	2218	2397
汕头	716	767	804	893	977	1048	1110	1244	1175	1274

注：数据根据经济合作与发展组织（OECD）基于 2011 年数据的国际比较项目（ICP）购买力平价（PPP）3.506 人民币 = 1 美元、1970～2012 年美元通货膨胀率（CPI）以及 2003～2012 年人民币通货膨胀率（CPI）计算整理（用消费者物价指数 CPI 衡量通货膨胀率，下同）。

资料来源：根据《中国城市统计年鉴》相关数据计算整理。

表 2 - 8　中国特大城市工业化阶段的判断

城市	工业化阶段（第 4 阶段）	工业化阶段（第 5 阶段）	发达经济阶段
深圳	—	—	2003～2012 年
广州	—	—	2003～2012 年
杭州	—	—	2003～2012 年
武汉	2003～2005 年	2003～2009 年	2010～2012 年
天津	2003 年	2004～2008 年	2009～2012 年

续表

城市	工业化阶段（第4阶段）	工业化阶段（第5阶段）	发达经济阶段
佛山	—	2003～2006 年	2007～2012 年
北京	—	2003～2006 年	2007～2012 年
南京	2003 年	2004～2007 年	2008～2012 年
上海	—	—	2003～2012 年
沈阳	2003 年	2004～2007 年	2008～2012 年
成都	2003～2005 年	2006～2009 年	2010～2012 年
哈尔滨	2003～2006 年	2007～2012 年	—
东莞	—	2005～2012 年	2003～2004 年
西安	2003～2009 年	2010～2012 年	—
重庆	2007～2010 年	2011～2012 年	—
汕头	2010～2012 年	—	—

资料来源：根据《中国城市统计年鉴》相关数据整理。

　　钱纳里"标准产业结构"理论具体论述了人均地区生产总值和地区产值结构、就业结构的对应关系。为便于对理论进行进一步验证，本书采用第三产业与第二产业产值的比值作为验证指标。按照 1980 年美元购买力平价换算的中国特大城市人均地区生产总值如表 2-9 所示。从表 2-10 中可以看出：广州、北京、上海、沈阳的产值结构、就业结构符合钱纳里"标准产业结构"规律，深圳、天津、佛山、重庆、汕头的产值结构、就业结构均不符合钱纳里"标准产业结构"规律，其他特大城市的产值结构和就业结构中均只有一个符合钱纳里"标准产业结构"规律。其中，中国特大城市就业结构与"标准产业结构"的背离比较明显。

　　总体而言，钱纳里"标准产业结构"是在不同时空背景下对不同国家而不是城市产业结构演进规律的总结，但是空间异质性导致产业结构服务化动力机制和影响因素具有差异，因此并不存在真正的"标准产业结构"。这是本书研究的出发点之一。

表 2－9　按 1980 年美元购买力平价换算的市辖区人均地区生产总值

单位：美元

城市	2003 年	2004 年	2005 年	2006 年	2007 年	2008 年	2009 年	2010 年	2011 年	2012 年
深圳	2954	3207	3098	3630	4329	5019	5369	6402	6526	7294
广州	2946	3453	3997	3523	4147	4798	5450	6554	6132	6611
杭州	2246	2654	2943	3474	3315	5019	4242	4676	5280	5841
武汉	1162	1351	1337	2380	2464	3100	3632	3898	4448	5591
天津	1550	1849	2023	2718	2785	3322	4751	4765	5036	5514
佛山	2190	2570	2103	2625	3327	4078	4670	5629	5390	5401
北京	1727	2073	2389	2720	3264	3629	4198	4675	4951	5306
南京	1591	1919	2245	2577	3096	3582	4073	3894	4534	5239
上海	2627	3107	2695	3099	3707	4194	4688	4649	4975	5149
沈阳	1540	1858	1874	2395	3111	3717	3621	4143	4427	4905
成都	1389	1594	1637	2053	1779	2281	2671	4461	3677	4389
哈尔滨	1419	1652	1560	1574	2014	2423	2769	3268	3689	3773
东莞	3258	3896	1695	2063	2502	2978	3276	3974	3397	3480
西安	923	948	1020	1293	1132	1680	2072	2550	2984	3326
重庆	618	722	852	893	1089	1370	1851	1916	2638	2929
汕头	606	674	677	783	933	1091	1187	1422	1398	1556

注：数据根据经济合作与发展组织（OECD）基于 2011 年数据的国际比较项目（ICP）购买力平价（PPP）3.506 人民币 = 1 美元、1970～2012 年美元通货膨胀率（CPI）以及 2003～2012 年人民币通货膨胀率（CPI）计算整理。

资料来源：根据《中国城市统计年鉴》相关数据计算整理。

表 2－10　中国特大城市产业结构与"标准产业结构"的对比

城市	产业结构	人均地区生产总值 >500 美元	人均地区生产总值 >1000 美元	人均地区生产总值 >2000 美元	人均地区生产总值 >4000 美元
深圳	产值结构			0.76 < 0.95	1.11 > 0.98
	就业结构			0.84 < 1.42	0.88 < 1.33
广州	产值结构			1.44 > 0.95	1.76 > 0.98
	就业结构			1.3 < 1.42	1.31 > 1.33
杭州	产值结构			0.95 = 0.95	1.18 > 0.98
	就业结构			1.23 < 1.42	0.84 < 1.33
武汉	产值结构		1.08 > 0.97	1.17 > 0.95	1.15 > 0.98
	就业结构		1.23 < 1.52	1.28 < 1.42	1.1 < 1.33

城市	产业结构	人均地区生产总值 > 500 美元	人均地区生产总值 > 1000 美元	人均地区生产总值 > 2000 美元	人均地区生产总值 > 4000 美元
天津	产值结构		0.86 < 0.97	0.7 < 0.95	0.89 < 0.98
	就业结构		0.94 < 1.52	0.99 < 1.42	0.88 < 1.33
佛山	产值结构			0.6 < 0.95	0.55 < 0.98
	就业结构			0.87 < 1.42	0.83 < 1.33
北京	产值结构		1.75 > 0.97	2.39 > 0.95	3.3 > 0.98
	就业结构		1.87 > 1.52	2.62 > 1.42	3.28 > 1.33
南京	产值结构		0.87 < 0.97	1.03 > 0.95	1.23 > 0.98
	就业结构		1.28 < 1.52	1.25 < 1.42	1.13 < 1.33
上海	产值结构			1.02 > 0.95	1.4 > 0.98
	就业结构			1.39 < 1.42	1.27 < 1.33
沈阳	产值结构		1.05 > 0.97	1.03 > 0.95	0.99 > 0.98
	就业结构		1.36 < 1.52	1.46 > 1.42	1.57 > 1.33
成都	产值结构		1.2 > 0.97	1.19 > 0.95	1.24 > 0.98
	就业结构		1.06 < 1.52	0.96 < 1.42	0.86 < 1.33
哈尔滨	产值结构			1.36 > 0.95	1.34 > 0.98
	就业结构			0.82 < 1.42	1.25 < 1.33
东莞	产值结构			0.75 > 0.95	0.88 < 0.98
	就业结构			1.41 < 1.42	1.58 > 1.33
西安	产值结构		1.14 > 0.97	1.18 > 0.95	1.28 > 0.98
	就业结构		1.12 < 1.52	1.14 < 1.42	1.37 > 1.33
重庆	产值结构		0.89 < 0.97	0.87 < 0.95	0.73 < 0.98
	就业结构		0.93 < 1.52	0.96 < 1.42	0.79 < 1.33
汕头	产值结构	0.81 < 1.04	0.76 < 0.97		
	就业结构	1.56 < 1.64	1.16 < 1.52		

注：表中数据采用第三产业与第二产业产值和从业人数的比值作为对比指标。其中，中国特大城市第三产业与第二产业产值的比值为 2003～2012 年的几何平均数。

资料来源：根据《中国城市统计年鉴》相关数据计算整理。

3. 人均收入

地区人均收入是反映地区经济发展水平和产业结构质量的重要指标，在产业结构演进理论中是用来判断地区经济发展阶段的重要标准。本书将依据 2003～2012 年中国 16 个特大城市市辖区职工平均工资（见表 2－11），对 2003 年、2008 年和 2012 年三个时间节点的人均收入及其变化趋势进行分析。

表 2 - 11　2003 年、2008 年和 2012 年中国特大城市市辖区职工平均工资

城市	职工平均工资（元）			排序			年均增长（%）
	2003 年	2008 年	2012 年	2003 年	2008 年	2012 年	
北京	25697.95	57025.81	86163.41	4	1	1	14.39
上海	27393.60	56606.70	80404.89	3	2	2	12.71
广州	29778.54	47044.75	69464.67	2	3	3	9.87
天津	19011.88	41646.40	66360.16	8	5	4	14.90
南京	22565.96	40474.63	64935.48	7	7	5	12.46
东莞	22598.69	39506.98	59408.99	6	8	6	11.34
深圳	31052.58	43731.49	59009.51	1	4	7	7.39
杭州	25532.39	41501.38	57547.25	5	6	8	9.45
成都	16447.75	32959.17	51214.99	10	10	9	13.45
武汉	13729.79	28436.62	51064.44	13	13	10	15.71
沈阳	15512.57	34262.58	50743.89	11	9	11	14.07
西安	13825.53	30635.37	48048.31	12	12	12	14.84
重庆	13706.81	28363.63	46327.81	14	14	13	14.49
佛山	17641.59	31044.06	46205.20	9	11	14	11.29
哈尔滨	13204.96	27427.16	45117.41	15	15	15	14.63
汕头	12084.58	23201.79	37777.44	16	16	16	13.50

资料来源：根据《中国城市统计年鉴》相关数据整理。

2003 年，按职工平均工资进行划分，中国特大城市可分为三个梯度。其中，深圳、广州、上海、北京、杭州 5 个城市职工平均工资均超过 25000 元，排名居特大城市前五位；东莞、南京、天津 3 个城市职工平均工资为 19000 ~ 23000 元，排名居特大城市第 6 ~ 8 位；佛山、成都、沈阳、西安、武汉、重庆、哈尔滨、汕头 8 个城市职工平均工资在 18000 元以下，排名居特大城市第 9 ~ 16 位。

2008 年，按职工平均工资进行划分，中国特大城市仍然明显分为三个梯度，但三个梯度间的差距明显扩大。其中，北京、上海、广州 3 个城市职工平均工资均超过 47000 元，排名居特大城市前三位；深圳、天津、杭

州、南京、东莞5个城市职工平均工资为 39000～44000 元，排名居特大城市第 4～8 位；沈阳、西安、佛山、成都、武汉、重庆、哈尔滨、汕头8个城市职工平均工资在 35000 元以下，排名居特大城市最后八位。北京职工平均工资由 2003 年第 4 位上升为 2008 年第 1 位，天津职工平均工资由 2003 年第 8 位上升为 2008 年第 5 位，均呈快速发展态势；深圳职工平均工资由 2003 年第 1 位下降为 2008 年第 4 位，发展速度滞后。

2012 年，按职工平均工资进行划分，中国特大城市仍然明显分为三个梯度，但三个梯度间的差距明显扩大。其中，北京、上海两个城市职工平均工资均超过 80000 元，排名居特大城市前两位；广州、天津、南京、东莞、深圳、杭州6个城市职工平均工资为 57000～70000 元，排名居特大城市第 3～8 位；成都、武汉、沈阳、西安、重庆、佛山、哈尔滨、汕头8个城市职工平均工资均未超过 52000 元，排名居特大城市最后八位。

从 2003～2012 年中国特大城市市辖区职工平均工资的年均增速来看，所有特大城市职工平均工资的年均增速基本为 10%～15%，差距较小。其中，深圳职工平均工资的年均增速最低，为 7.4%，武汉职工平均工资的年均增速最高，为 15.7%。

从 2003～2012 年中国特大城市市辖区职工平均工资变化趋势来看（见图 2－8），16 个特大城市职工平均工资总体呈上升趋势。其中，第一

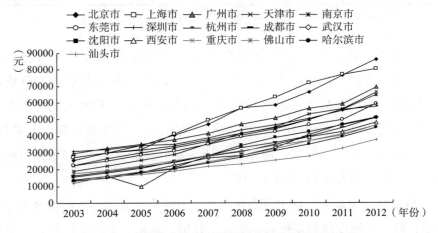

图 2－8　中国特大城市市辖区职工平均工资变化趋势

资料来源：根据《中国城市统计年鉴》相关数据整理绘制。

梯度北京、上海两个城市职工平均工资上升趋势明显，与其他 14 个特大城市的绝对差距不断扩大；其他城市间职工平均工资差距并未出现明显扩大。总体而言，中国特大城市人均收入具有很强的刚性特征，满足"成本病"理论假设。

4. 贝尔"后工业化社会"理论的验证

如前所述，贝尔的"后工业化社会"理论基于人均收入水平对人类社会发展进行了阶段性划分，并描述了各阶段服务业发展状况。本书将依据 2003～2012 年中国 16 个特大城市市辖区职工平均工资对贝尔"后工业化社会"理论进行检验。

根据贝尔"后工业化社会"理论关于社会发展阶段的划分标准和服务业发展思路，按照 1974 年美元购买力平价换算的中国特大城市市辖区职工平均工资，从表 2－12 中可以得出以下结论：北京、上海分别自2010 年、2009 年进入后工业化社会阶段，其他城市基本处于发达工业化社会阶段。总体而言，中国特大城市经济社会发展现状基本符合贝尔"后工业化社会"理论判断。

表 2－12　按 1974 年美元购买力平价换算的市辖区职工平均工资

单位：美元

城市	2003 年	2004 年	2005 年	2006 年	2007 年	2008 年	2009 年	2010 年	2011 年	2012 年
北京	2089	2349	2655	3076	3403	3889	4040	4420	4835	5298
上海	2227	2346	2455	3128	3569	3861	4366	4783	4868	4944
广州	2421	2551	2707	2862	3013	3208	3491	3774	3735	4271
天津	1546	1744	1969	2197	2553	2840	3109	3537	3547	4080
南京	1835	2079	2293	2494	2648	2760	3045	3305	3527	3993
东莞	1837	1981	2210	2357	2547	2694	2926	3098	3149	3653
深圳	2525	2497	2633	2658	2801	2982	3209	3355	3479	3628
杭州	2076	2340	2423	2571	2743	2830	3102	3321	3531	3538
成都	1337	1478	1659	1838	2054	2248	2473	2662	2834	3149
武汉	1116	1249	1421	1698	1940	1939	2261	2714	2970	3140
沈阳	1261	1406	1595	1849	2050	2337	2695	2836	2938	3120
西安	1124	1245	765	1602	2016	2089	2417	2626	2681	2954

续表

城市	2003 年	2004 年	2005 年	2006 年	2007 年	2008 年	2009 年	2010 年	2011 年	2012 年
重庆	1114	1241	1436	1562	1767	1934	2231	2480	2595	2849
佛山	1434	1530	1699	1907	2046	2117	2374	2466	2566	2841
哈尔滨	1074	1183	1378	1549	1726	1871	2165	2329	2491	2774
汕头	982	1247	1317	1444	1567	1582	1751	1851	2074	2323

注：数据根据经济合作与发展组织（OECD）基于 2011 年数据的国际比较项目（ICP）购买力平价（PPP）3.506 人民币 = 1 美元、1970 ~ 2012 年美元通货膨胀率（CPI）以及 2003 ~ 2012 年人民币通货膨胀率（CPI）计算整理。

资料来源：根据《中国城市统计年鉴》相关数据计算整理。

三　从业人数与就业结构

1. 从业人数

地区从业人数总数大小也反映地区经济发展水平的高低。本书将依据 2003 ~ 2012 年中国 16 个特大城市市辖区从业人数，对 2003 年、2008 年和 2012 年三个时间节点中国特大城市从业总人数及其变化趋势进行分析（见表 2 - 13）。

表 2 - 13　2003 年、2008 年和 2012 年中国特大城市市辖区从业人数

城市	从业人数（万人）			排序			年均增长（%）
	2003 年	2008 年	2012 年	2003 年	2008 年	2012 年	
北京	476.73	556.84	700.50	1	1	1	4.37
上海	335.15	373.53	548.10	2	2	2	5.62
广州	174.11	209.76	302.90	4	3	3	6.35
深圳	109.17	200.40	280.00	8	4	4	11.03
天津	179.08	191.12	269.60	3	5	5	4.65
杭州	67.53	158.41	245.90	13	7	6	15.44
重庆	131.86	184.17	243.63	7	6	7	7.06
成都	91.34	112.38	158.50	11	11	8	6.32
武汉	140.14	131.81	152.60	6	8	9	0.95
西安	109.04	121.75	151.20	9	9	10	3.70
南京	86.52	98.48	134.40	12	12	11	5.02

城市	从业人数（万人）			排序			年均增长（%）
	2003 年	2008 年	2012 年	2003 年	2008 年	2012 年	
沈阳	93.60	97.27	114.90	10	13	12	2.30
哈尔滨	159.52	120.11	110.70	5	10	13	-3.98
佛山	46.98	55.10	65.00	14	14	14	3.67
汕头	28.72	31.14	52.50	15	15	15	6.93
东莞	17.41	21.24	25.30	16	16	16	4.24

资料来源：根据《中国城市统计年鉴》相关数据整理。

2003 年，按市辖区从业人数总数进行划分，中国特大城市可分为三个梯度。第一梯度北京、上海从业人数总数超过 300 万人，排名居前两位；第二梯度天津、广州、哈尔滨、武汉、重庆、深圳、西安从业人数为 100 万～180 万人，排名居第 3～9 位；第三梯度沈阳、成都、南京、杭州、佛山、汕头、东莞从业人数在 100 万人以下，排名居第 10～16 位。

2008 年，按市辖区从业人数总数进行划分，中国特大城市仍可分为三个梯度。第一梯度北京、上海从业人数总数超过 350 万人，排名居前两位；第二梯度广州、深圳、天津、重庆、杭州从业人数为 150 万～210 万人，排名居第 3～7 位；第三梯度武汉、西安、哈尔滨、成都、南京、沈阳、佛山、汕头、东莞从业人数在 140 万人以下，排名居第 8～16 位。其中，从 2003 年至 2008 年，深圳、杭州从业人数增长约 100 万人，排名分别从第 8 位上升到第 4 位、第 13 位上升到第 7 位，成为第一梯度城市，上升趋势十分明显；哈尔滨从业人数减少约 40 万人，排名从第 5 位下降到第 10 位，成为第三梯度城市，下降趋势十分明显。

2012 年，按市辖区从业人数总数进行划分，中国特大城市仍可分为三个梯度。第一梯度北京、上海从业人数总数超过 500 万人，排名居前两位；第二梯度广州、深圳、天津、杭州、重庆从业人数为 240 万～310 万人，排名居第 3～7 位；第三梯度成都、武汉、西安、南京、沈阳、哈尔滨、佛山、汕头、东莞从业人数在 160 万人以下，排名居第 8～

16 位。其中,从 2008 年至 2012 年,哈尔滨从业人数减少约 10 万人,排名从第 10 位下降到第 13 位,下降趋势十分明显。

从 2003～2012 年中国特大城市市辖区从业人数的年均增速来看,杭州、深圳从业人数的年均增速均超过 10%,杭州从业人数的年均增速甚至高达 15%;北京、上海、广州、天津、重庆、成都、西安、南京、佛山、汕头、东莞从业人数年均增速为 3%～7%;武汉、沈阳从业人数的年均增速低于 3%;哈尔滨从业人数的年均增速为负数。

从 2003～2012 年中国特大城市市辖区从业总人数变化趋势来看(见图 2－9),第一梯度上海、北京两个城市从业人数上升趋势明显,与其他 14 个特大城市差距有扩大趋势;第二梯度广州、深圳、天津、杭州、重庆自 2008 年开始与第三梯度成都、武汉、西安、南京、沈阳、哈尔滨、佛山、汕头、东莞的差距也在缓慢扩大;第三梯度城市从业人数基本无变化。在第一梯度城市中,上海从 2010 年开始从业人数上升趋势比较明显。在第二梯度城市中,深圳、杭州从业人数一直处于上升趋势,增长速度高于其他城市。在第三梯度城市中,哈尔滨从业人数呈现明显的下降趋势,是中国特大城市中唯一从业人数出现下降的城市。

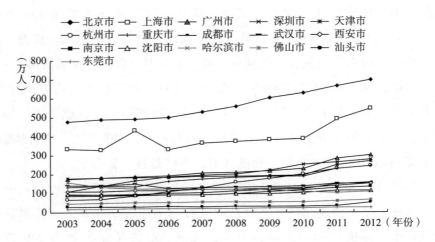

图 2－9 中国特大城市市辖区从业总人数变化趋势

资料来源:根据《中国城市统计年鉴》相关数据整理绘制。

2. 就业结构

就业结构是反映产业结构的另外一种常用形式。本书将依据 2003 ~ 2012 年中国 16 个特大城市第二、第三产业从业人数占从业总人数的比重对其就业结构特征进行分析（见表 2 - 14）。

表 2 - 14　2003 ~ 2012 年中国特大城市市辖区第二、第三产业从业人数占比

单位：%

城市	产业	2003 年	2004 年	2005 年	2006 年	2007 年	2008 年	2009 年	2010 年	2011 年	2012 年
北京	第三产业	64.77	69.03	69.90	72.21	73.44	75.32	76.30	76.45	75.82	76.77
	第二产业	34.65	30.41	29.57	27.29	26.08	24.25	23.20	23.09	23.87	22.90
东莞	第三产业	57.21	56.68	58.41	58.75	61.29	62.81	58.47	61.68	66.51	65.61
	第二产业	42.45	43.00	41.28	40.96	38.47	36.91	41.23	38.02	33.09	34.01
沈阳	第三产业	57.16	57.47	57.20	59.44	59.76	58.41	58.58	60.47	61.56	59.15
	第二产业	42.09	42.04	42.48	40.11	39.85	41.22	40.85	38.89	37.88	38.97
哈尔滨	第三产业	41.42	44.51	45.19	46.53	48.18	48.83	50.93	59.93	60.81	58.84
	第二产业	57.27	54.20	53.23	52.98	49.80	49.14	48.09	39.82	37.56	39.07
广州	第三产业	55.64	55.71	57.07	56.93	55.60	56.88	57.13	57.98	55.53	55.71
	第二产业	43.87	43.79	42.60	42.74	44.11	42.83	42.62	41.82	44.37	43.83
西安	第三产业	52.22	52.66	53.10	53.72	51.81	52.74	56.77	59.28	59.03	55.54
	第二产业	47.08	46.81	45.94	45.32	47.38	46.41	43.08	40.62	40.88	44.38
南京	第三产业	54.59	56.57	55.48	54.56	55.25	55.70	53.44	53.28	51.58	53.16
	第二产业	44.60	42.57	43.64	45.07	44.38	43.97	46.31	46.49	48.17	46.60
武汉	第三产业	51.76	52.41	55.03	57.57	52.98	55.39	55.61	56.18	51.82	52.66
	第二产业	44.37	43.82	41.18	40.39	45.28	43.49	44.07	43.58	47.97	46.71
上海	第三产业	56.77	57.43	61.01	58.51	55.81	57.17	58.66	59.22	53.54	50.77
	第二产业	42.81	42.18	38.63	41.12	43.84	42.58	41.06	40.50	46.22	49.04
深圳	第三产业	46.44	44.77	45.75	44.41	46.22	47.64	45.90	45.07	47.02	47.90
	第二产业	52.82	54.72	53.83	55.35	53.55	52.13	53.92	54.82	52.88	52.00
杭州	第三产业	61.29	61.15	54.67	50.58	47.11	45.31	44.79	46.30	45.53	45.70
	第二产业	38.44	38.63	45.21	49.35	52.81	54.64	55.16	53.67	54.44	54.28
成都	第三产业	50.25	50.92	52.97	52.10	51.55	50.34	49.54	47.27	44.10	45.04
	第二产业	49.52	48.89	46.86	47.77	48.33	49.56	50.36	52.64	55.82	54.77

城市	产业	2003 年	2004 年	2005 年	2006 年	2007 年	2008 年	2009 年	2010 年	2011 年	2012 年
重庆	第三产业	48.10	47.98	47.57	47.72	48.44	49.13	48.97	48.97	44.24	43.83
	第二产业	51.37	51.44	52.02	51.70	51.11	50.47	50.65	50.65	55.47	55.95
天津	第三产业	47.73	48.98	48.61	48.35	49.28	51.92	51.14	51.46	41.06	43.48
	第二产业	51.84	50.66	51.04	51.35	50.41	47.79	48.56	48.24	58.76	56.36
佛山	第三产业	46.74	46.19	46.55	46.59	46.24	44.48	45.96	47.96	46.95	41.92
	第二产业	53.11	53.68	53.33	53.31	53.65	55.43	53.97	51.97	52.98	57.84
汕头	第三产业	62.01	60.71	60.25	60.46	60.83	59.67	59.49	58.36	52.60	38.11
	第二产业	37.81	39.12	39.58	39.37	39.10	40.27	40.41	41.54	47.29	61.78

资料来源：根据《中国城市统计年鉴》相关数据整理。

2012 年，在中国 16 个特大城市中，只有北京第三产业从业人数的比重超过 75%，东莞第三产业从业人数的比重超过 65%，沈阳、哈尔滨、广州、西安、南京、武汉、上海第三产业从业人数的比重为 50% ~ 60%，深圳、杭州、成都、重庆、天津、佛山第三产业从业人数的比重为 40% ~ 50%，汕头第三产业从业人数的比重尚未超过 40%。与第二产业从业人数的比重比较，2003 ~ 2012 年，在中国 16 个特大城市中，北京、东莞、沈阳、广州、西安、南京、武汉、上海第三产业从业人数的比重一直高于第二产业；哈尔滨自 2009 年开始第三产业从业人数的比重超过第二产业；杭州、成都、汕头分别自 2007 年、2009 年、2012 年开始第二产业从业人数的比重超过第三产业；深圳、重庆、佛山第二产业从业人数的比重一直高于第三产业；天津第二产业从业人数的比重与第三产业基本相同，但 2011 年开始第二产业就业人数的比重大幅上升，远超第三产业。

从第三产业从业人数的比重变化趋势看（见图 2 - 10），2003 ~ 2012 年，北京、哈尔滨、东莞第三产业从业人数的比重提升 8 个至 17 个百分点，上升趋势较为明显；沈阳、广州、西安、武汉、深圳第三产业从业人数的比重提升低于 3.5 个百分点，变化趋势不明显；南京、上海、杭州、成都、重庆、天津、佛山、汕头第三产业从业人员的比重总体呈下降趋势，其中，杭州、汕头的比重下降超过 15 个百分点，下降趋势十分明显。

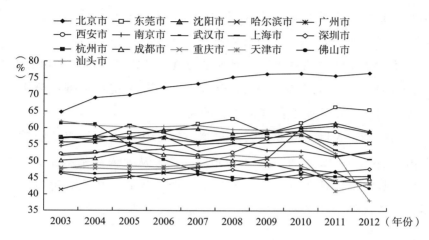

图 2 – 10 中国特大城市市辖区第三产业从业人数占比变化趋势
资料来源：根据《中国城市统计年鉴》相关数据整理绘制。

从第二产业从业人数的比重变化趋势看（见图 2 – 11），2003～2012 年，汕头、杭州第二产业从业人数的比重提升 15 个至 23 个百分点，上升趋势较为明显；佛山、天津、重庆、成都、上海、武汉、南京、广州

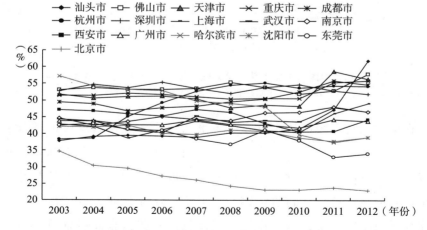

图 2 – 11 中国特大城市市辖区第二产业从业人数占比变化趋势
资料来源：根据《中国城市统计年鉴》相关数据整理绘制。

第二产业从业人数的比重提升低于 6 个百分点，变化趋势不明显；哈尔滨、沈阳、东莞、北京第二产业从业人数的比重总体呈下降趋势，其中，哈尔滨、北京的比重下降超过 10 个百分点，下降趋势十分明显。

3. 从业人数与就业结构的关联特征

从业人数反映了地区经济发展水平与就业结构之间存在密切的关联。本书将依据 2003 ~ 2012 年中国 16 个特大城市相关统计数据，分析从业总人数与三次产业从业人数规模之间的关联。

根据中国特大城市从业总人数与第一产业从业人数规模关联散点可以看出（见图 2 – 12），中国特大城市第一产业从业人数基本在 3 万人以下。中国特大城市从业总人数规模与第一产业从业人数没有可靠的拟合关系，除武汉外，其他城市第一产业从业人数基本无变化。

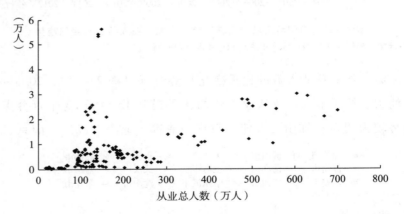

图 2 – 12　中国特大城市从业总人数与第一产业从业人数关联散点

资料来源：根据《中国城市统计年鉴》相关数据整理绘制。

根据中国特大城市从业总人数与第二产业从业人数规模关联散点可以看出（见图 2 – 13），中国特大城市从业总人数与第二产业从业人数关联度较高，第二产业从业人数随从业总人数的增加成幂指增长趋势，且幂指拟合曲线的拟合度高达 0.9477，但第二产业从业人数随从业总人数的增加增速不断放缓，所占比重不断降低。按照拟合曲线估算，当从业总人数在 100 万人时，第二产业从业人数为 45.13 万人，占从业总人数比重为 45.13%；当从业总人数在 200 万人时，第二产业从业人数为

88.03 万人，占从业总人数比重为 44.02% ；当从业总人数在 250 万人时，第二产业从业人数为 109.15 万人，占从业总人数比重为 43.66% ；当从业总人数在 350 万人时，第二产业从业人数为 150.96 万人，占从业总人数比重为 43.13% 。

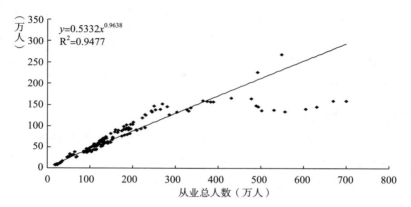

图 2 – 13 中国特大城市从业总人数与第二产业从业人数关联散点
资料来源：根据《中国城市统计年鉴》相关数据整理绘制。

根据中国特大城市从业总人数与第三产业从业人数规模关联散点可以看出（见图 2 – 14），中国特大城市从业总人数与第三产业从业人数关联度较高，第三产业从业人数随从业总人数的增加成幂指增长趋势，且

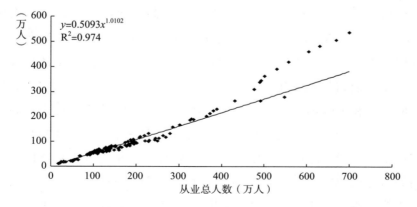

图 2 – 14 中国特大城市从业总人数与第三产业从业人数关联散点
资料来源：根据《中国城市统计年鉴》相关数据整理绘制。

幂指拟合曲线的拟合度高达 0.974。同时，第三产业从业人数随从业总人数的增加增速不断加快，所占比重不断上升。按照拟合曲线估算当从业总人数在 100 万人时，第三产业从业人数为 53.38 万人，占从业人数总量比重为 53.38%；当从业总人数在 200 万人时，第三产业从业人数为 107.52 万人，占从业总人数比重为 53.76%；当从业总人数在 250 万人时，第三产业从业人数为 134.7 万人，占从业总人数比重为 53.88%；当从业总人数在 350 万人时，第三产业从业人数为 189.23 万人，占从业总人数比重为 54.07%。

四 产业内部结构

贝尔的"后工业化社会"理论认为，产业结构的演进必然会导致产业内部结构的变化，尤其是服务业内部结构在工业社会向后工业化社会发展过程中会按照一定的规律变化。本书将依据 2003～2012 年中国 16 个特大城市第二产业和第三产业中相关细分行业从业人数所占比重作为衡量 16 个特大城市产业内部结构变化的指标。

1. 第二产业内部结构

从表 2－15 可以看出，2003～2012 年，中国 16 个特大城市中，电力、燃气及水的生产和供应业，采矿业在第二产业中所占比重均低于 10%；制造业在第二产业中所占比重大多超过 50%，天津、沈阳、上海、南京、广州、深圳、佛山、东莞、西安制造业所占比重甚至大多高达 70%；北京、哈尔滨、杭州、武汉、汕头、重庆、成都建筑业在第二产业中所占比重大多超过 20%，重庆、成都建筑业所占比重甚至大多高达 35%。从所占比重变化趋势来看，中国 16 个特大城市中，电力、燃气及水的生产和供应业，采矿业在第二产业中所占比重比较稳定；制造业所占比重整体处于上升趋势而建筑业所占比重整体处于下降趋势的只有北京；制造业所占比重整体处于下降趋势而建筑业所占比重整体处于上升趋势的有天津、沈阳、哈尔滨、上海、南京、杭州、武汉、汕头、重庆、成都、西安。其中，广州、深圳、佛山、东莞制造业与建筑业所占比重基本稳定。

表 2 - 15 2003 ~ 2012 年中国特大城市市辖区第二产业内部结构

单位：%

城市	行业	2003 年	2004 年	2005 年	2006 年	2007 年	2008 年	2009 年	2010 年	2011 年	2012 年
北京	制造	58.34	67.81	67.33	69.87	70.83	68.39	68.43	66.40	64.78	64.70
	建筑	38.05	26.82	27.47	24.55	23.16	23.71	23.73	26.23	25.77	25.86
天津	制造	78.88	79.23	79.98	80.08	78.55	77.68	76.13	77.23	71.60	74.23
	建筑	10.26	9.52	9.13	8.88	10.37	11.30	10.87	10.34	18.82	18.67
沈阳	制造	74.62	74.61	74.97	74.49	74.47	75.23	76.01	74.23	72.40	69.26
	建筑	13.96	13.68	12.36	13.25	12.73	12.67	12.30	13.18	15.49	17.17
哈尔滨	制造	73.67	71.62	71.38	70.26	71.27	71.01	70.76	69.47	67.11	57.40
	建筑	21.99	23.51	23.81	23.42	23.69	23.50	23.25	23.87	25.95	34.38
上海	制造	86.62	86.67	84.73	86.60	88.70	89.69	89.53	89.48	81.27	80.03
	建筑	9.76	9.38	12.21	9.46	7.90	6.93	7.00	7.17	16.13	17.86
南京	制造	81.01	78.30	79.08	82.54	82.61	82.84	79.53	80.69	78.92	77.19
	建筑	14.02	13.07	12.38	12.13	12.53	12.96	16.23	15.63	17.55	18.70
杭州	制造	85.29	84.02	80.31	76.42	76.71	69.01	60.53	57.77	52.31	49.50
	建筑	10.21	11.55	16.77	21.51	21.62	29.37	37.95	40.84	46.50	49.44
武汉	制造	79.08	77.61	68.45	72.28	63.95	59.13	58.53	62.09	57.83	55.28
	建筑	16.71	18.24	26.89	23.01	32.14	36.84	39.26	35.20	39.66	41.47
广州	制造	80.06	80.22	82.41	83.01	85.95	86.47	83.76	84.97	81.11	78.10
	建筑	16.26	16.16	14.42	13.65	11.20	10.96	13.76	12.68	17.09	18.89
深圳	制造	85.12	88.16	85.01	86.31	86.17	87.20	88.64	89.15	87.68	86.67
	建筑	12.47	10.12	13.47	12.13	12.02	11.02	9.77	9.37	10.83	12.04
汕头	制造	75.78	70.78	72.66	73.38	72.46	74.08	75.36	71.72	55.13	61.63
	建筑	20.17	20.73	18.74	18.30	19.35	21.05	19.63	23.65	40.05	35.47
佛山	制造	81.72	82.55	82.25	83.98	87.04	85.04	86.71	87.37	84.51	84.05
	建筑	13.51	12.89	13.05	11.56	9.52	11.03	9.55	8.72	11.98	12.61
东莞	制造	91.75	88.97	88.74	89.20	88.86	88.78	90.48	88.89	88.70	89.77
	建筑	1.62	1.52	1.47	1.53	1.82	1.79	1.50	2.38	1.82	3.49
重庆	制造	63.61	58.99	59.68	55.58	55.30	53.49	53.35	53.35	48.03	46.56
	建筑	27.86	30.98	30.22	34.27	35.13	36.74	36.86	36.86	42.45	44.49
成都	制造	57.64	55.79	55.64	53.67	50.21	52.70	50.49	50.08	54.39	52.78
	建筑	39.80	42.13	41.78	44.34	48.04	45.54	47.68	48.32	44.26	45.72
西安	制造	82.63	81.69	81.49	79.95	75.27	78.09	76.03	76.30	71.36	63.57
	建筑	13.54	14.23	14.28	14.92	14.64	15.11	18.62	18.12	26.58	34.56

资料来源：根据《中国城市统计年鉴》相关数据整理。

2. 第三产业内部结构

从图 2 - 15 可以看出，2003 ~ 2012 年，北京第三产业中，批发和零售业，租赁和商务服务业，交通运输、仓储及邮政业，科学研究、技术服务和地质勘查业所占比重大多超过 10%，排名居前四位；卫生、社会保障和社会福利业，文化、体育和娱乐业，水利、环境和公共设施管理业，居民服务和其他服务业所占比重均未超过 5%，排名居最后四位；信息传输、计算机服务和软件业，金融业所占比重上升幅度分别为 4 个、2.5 个百分点，是增幅排名前两位的细分行业；教育，科学研究、技术服务和地质勘查业所占比重下降幅度分别为 2.2 个、1.7 个百分点，是降幅排名前两位的细分行业。

从北京第三产业各细分行业变化趋势来看，2003 ~ 2012 年，信息传输、计算机服务和软件业，金融业总体呈上升趋势；教育、居民服务和其他服务业则总体呈下降趋势；租赁和商务服务业自 2010 年开始呈现明显的下降趋势；其他细分行业则基本保持稳定。

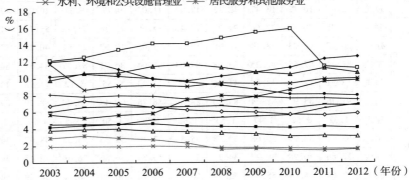

图 2 - 15　北京第三产业各细分行业比重变化趋势

资料来源：根据《中国城市统计年鉴》相关数据整理绘制。

从图 2 - 16 可以看出，2003 ~ 2012 年，上海第三产业中，批发和零售业，交通运输、仓储及邮政业，教育所占比重大多超过 10%，排名居前三位；水利、环境和公共设施管理业，文化、体育和娱乐业，居民服务和其他服务业所占比重均未超过3%，排名居最后三位；批发和零售业所占比重上升幅度约为7.6个百分点，是增幅最大的细分行业；交通运输、仓储及邮政业所占比重下降幅度为4.6个百分点，是降幅最大的细分行业。

从上海第三产业各细分行业变化趋势来看，2003～2012年，金融业，住宿、餐饮业呈缓慢上升趋势；交通运输、仓储及邮政业，教育总体呈缓慢下降趋势；批发和零售业自2010年开始呈现明显的上升趋势；其他细分行业则基本保持稳定。

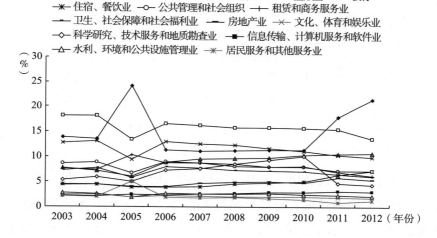

图 2 - 16 上海第三产业各细分行业比重变化趋势

资料来源：根据《中国城市统计年鉴》相关数据整理绘制。

从图2-17可以看出，2003～2012年，广州第三产业中，批发和零售业，交通运输、仓储及邮政业，教育所占比重大多超过11%，排名居前三位；水利、环境和公共设施管理业，文化、体育和娱乐业，居民服务和其他服务业所占比重均未超过2.5%，排名居最后三位；房地产业所占比重上升幅度约为3个百分点，是增幅最大的细分行业；交通运输、仓储及邮政业所占比重下降幅度约为3.9个百分点，是降幅最大的细分行业。

从广州第三产业各细分行业变化趋势来看，2003~2012年，交通运输、仓储及邮政业所占比重总体呈下降趋势；批发和零售业所占比重在2010年以前总体处于缓慢下降趋势，之后快速上升；其他细分行业则基本保持稳定。

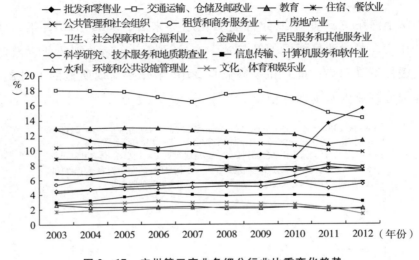

图 2－17　广州第三产业各细分行业比重变化趋势

资料来源：根据《中国城市统计年鉴》相关数据整理绘制。

从图2－18可以看出，2003~2012年，天津第三产业中，批发和零售业，教育，交通运输、仓储及邮政业，公共管理和社会组织所占比重均超过10%，排名居前四位；水利、环境和公共设施管理业，信息传输、计算机服务和软件业，文化、体育和娱乐业所占比重大多未超过3%，排名居最后三位；居民服务和其他服务业、房地产业所占比重上升幅度分别为5.5个、2.4个百分点，是增幅排名前两位的细分行业；教育，交通运输、仓储及邮政业所占比重下降幅度分别为5个、3.5个百分点，是降幅排名前两位的细分行业。

从天津第三产业各细分行业变化趋势来看，2003~2012年，居民服务和其他服务业、房地产业总体呈上升趋势；教育，交通运输、仓储及邮政业，公共管理和社会组织则总体呈下降趋势；批发和零售业，住宿、餐饮业自2010年开始出现明显的上升；租赁和商务服务业自2010年开始出现明显下降；其他细分行业则基本保持稳定。

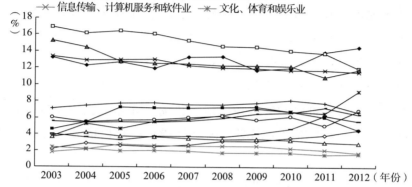

图 2 - 18　天津第三产业各细分行业比重变化趋势

资料来源：根据《中国城市统计年鉴》相关数据整理绘制。

从图 2 - 19 可以看出，2003～2012 年，南京第三产业中，教育，批发和零售业，交通运输、仓储及邮政业，公共管理和社会组织所占比重

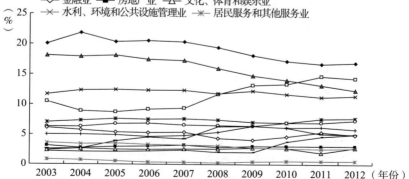

图 2 - 19　南京第三产业各细分行业比重变化趋势

资料来源：根据《中国城市统计年鉴》相关数据整理绘制。

大多超过 10%，排名居前四位；文化、体育和娱乐业，水利、环境和公共设施管理业，居民服务和其他服务业所占比重大多未超过 3%，排名居最后三位；批发和零售业，信息传输、计算机服务和软件业，租赁和商务服务业所占比重上升幅度分别为 3.8 个、2.8 个、2.4 个百分点，是增幅排名靠前的细分行业；交通运输、仓储及邮政业，教育所占比重下降幅度分别为 5.8 个、3.2 个百分点，是降幅靠前的细分行业。

从南京第三产业各细分行业变化趋势来看，2003～2012 年，租赁和商务服务业总体呈缓慢上升趋势；交通运输、仓储及邮政业，教育总体呈缓慢下降趋势；批发和零售业，信息传输、计算机服务和软件业分别自 2007 年、2009 年开始呈现明显的上升趋势；其他细分行业则基本保持稳定。

从图 2－20 可以看出，2003～2012 年，东莞第三产业中，公共管理和社会组织，卫生、社会保障和社会福利业，教育，金融业所占比重大多超过 15%，排名居前四位；住宿、餐饮业，水利、环境和公共设施管理业，房地产业，居民服务和其他服务业所占比重大多未超过 1%，排

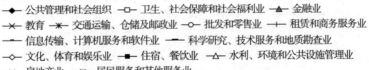

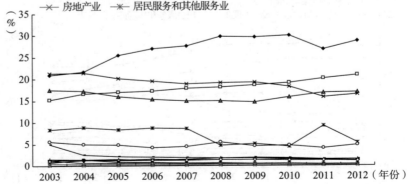

图 2－20　东莞第三产业各细分行业比重变化趋势

资料来源：根据《中国城市统计年鉴》相关数据整理绘制。

名居最后四位；公共管理和社会组织，卫生、社会保障和社会福利业所占比重增幅分别为 7.9 个、5.6 个百分点，是增幅前两位的细分行业；教育，信息传输、计算机服务和软件业，交通运输、仓储及邮政业降幅分别为 4.8 个、3.4 个、3 个百分点，是降幅前三位的细分行业。

从东莞第三产业各细分行业变化趋势来看，2003～2012 年，公共管理和社会组织，卫生、社会保障和社会福利业总体呈上升趋势；教育，信息传输、计算机服务和软件业总体呈下降趋势；其他各细分行业基本保持稳定。

从图 2-21 可以看出，2003～2012 年，深圳第三产业中，交通运输、仓储及邮政业，租赁和商务服务业，批发和零售业，公共管理和社会组织，房地产业所占比重大多超过 10%，排名居前五位；居民服务和其他服务业，文化、体育和娱乐业，水利、环境和公共设施管理业所占比重大多未超过 2%，排名居最后三位；租赁和商务服务业所占比重上升幅度为 5.6 个百分点，是增幅最大的细分行业；公共管理和社会组织所占比重下降幅度为 3.3 个百分点，是降幅最大的细分行业。

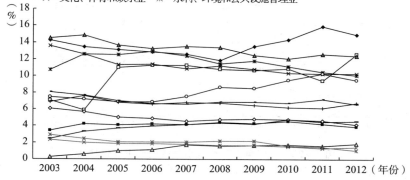

图 2-21　深圳第三产业各细分行业比重变化趋势
资料来源：根据《中国城市统计年鉴》相关数据整理绘制。

从深圳第三产业各细分行业变化趋势来看，2003~2012年，金融业，科学研究、技术服务和地质勘查业所占比重总体呈缓慢上升趋势；批发和零售业、公共管理和社会组织总体处于缓慢下降趋势；租赁和商务服务业所占比重分别在2005年和2012年出现两次飞跃；交通运输、仓储及邮政业在2008年以前处于缓慢下降趋势，之后呈现快速上升趋势；其他细分行业则基本保持稳定。

从图2-22可以看出，2003~2012年，杭州第三产业中，教育、批发和零售业所占比重均超过10%，排名居前两位；文化、体育和娱乐业，居民服务和其他服务业所占比重大多未超过2%，排名居最后两位；信息传输、计算机服务和软件业，批发和零售业，房地产业所占比重上升幅度分别为4.6个、3.8个、3.6个百分点，是增幅排名靠前的细分行业；教育，公共管理和社会组织，交通运输、仓储及邮政业所占比重下降幅度分别为6个、4.8个、4.2个百分点，是降幅靠前的细分行业。

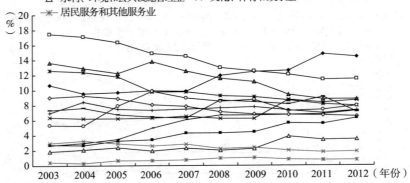

图2-22　杭州第三产业各细分行业比重变化趋势

资料来源：根据《中国城市统计年鉴》相关数据整理绘制。

从杭州第三产业各细分行业变化趋势来看，2003~2012年，信息传输、计算机服务和软件业，批发和零售业，房地产业总体呈上升趋势；

教育，公共管理和社会组织，交通运输、仓储及邮政业，卫生、社会保障和社会福利业总体呈快速下降趋势；租赁和商务服务业在 2007 年以前快速上升，之后开始出现缓慢下降趋势；其他细分行业则基本保持稳定。

从图 2 - 23 可以看出，2003 ~ 2012 年，成都第三产业中，教育，批发和零售业，公共管理和社会组织，科学研究、技术服务和地质勘查业所占比重均超过 10% ，排名居前四位；房地产业，信息传输、计算机服务和软件业，租赁和商务服务业，水利、环境和公共设施管理业，文化、体育和娱乐业，居民服务和其他服务业所占比重大多未超过 3% ，排名居最后六位；批发和零售业，卫生、社会保障和社会福利业，住宿、餐饮业所占比重增幅在 2 个百分点左右，是增幅靠前的细分行业；交通运输、仓储及邮政业降幅为 5.3 个百分点，是降幅最大的细分行业。

从成都第三产业各细分行业变化趋势来看，2003 ~ 2012 年，批发和零售业，卫生、社会保障和社会福利业分别自 2007 年、2009 年开始呈缓慢上升趋势；交通运输、仓储及邮政业自 2009 年开始快速下降；其他各细分行业基本保持稳定。

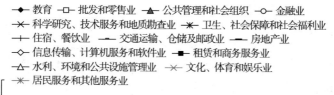

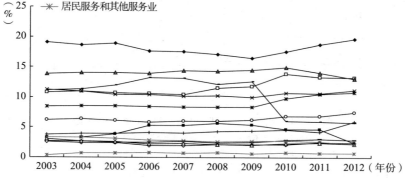

图 2 - 23　成都第三产业各细分行业比重变化趋势
资料来源：根据《中国城市统计年鉴》相关数据整理绘制。

从图 2-24 可以看出，2003~2012 年，武汉第三产业中，批发和零售业，交通运输、仓储及邮政业，教育所占比重大多超过 13%，排名居前三位；信息传输、计算机服务和软件业，租赁和商务服务业，水利、环境和公共设施管理业，文化、体育和娱乐业，居民服务和其他服务业所占比重大多未超过 3%，排名居最后五位；批发和零售业，交通运输、仓储及邮政业所占比重上升幅度分别为 5.5 个、4.8 个百分点，是增幅排名前两位的细分行业；教育、公共管理和社会组织所占比重下降幅度分别为 4.3 个、3.5 个百分点，是降幅前两位的细分行业。

从武汉第三产业各细分行业变化趋势来看，2003~2012 年，批发和零售业自 2006 年开始一直呈上升趋势；教育、公共管理和社会组织总体呈下降趋势；交通运输、仓储及邮政业在 2006 年以前快速上升，之后开始出现缓慢下降趋势；其他细分行业则基本保持稳定。

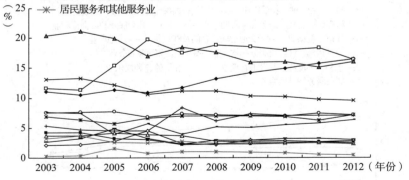

图 2-24 武汉第三产业各细分行业比重变化趋势
资料来源：根据《中国城市统计年鉴》相关数据整理绘制。

从图 2-25 可以看出，2003~2012 年，沈阳第三产业中，教育，交通运输、仓储及邮政业，公共管理和社会组织所占比重均超过 10%，排名居前三位；信息传输、计算机服务和软件业，文化、体育和娱乐业，居民服务和其他服务业所占比重大多未超过 3%，排名居最后三位；科学研究、技术服务和地质勘查业所占比重上升幅度为 2.4 个百分点，是增幅最大的细分行业；批发和零售业，交通运输、仓储及邮政业所占比重下降幅度分别为 2.8 个、2.6 个百分点，是降幅排名前两位的细分行业。

从沈阳第三产业各细分行业变化趋势来看，2003～2012 年，科学研究、技术服务和地质勘查业总体呈上升趋势；批发和零售业、公共管理和社会组织则总体呈下降趋势；租赁和商务服务业自 2009 年开始呈现明显的上升趋势；交通运输、仓储及邮政业自 2007 年开始出现明显下降；其他细分行业则基本保持稳定。

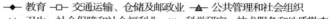

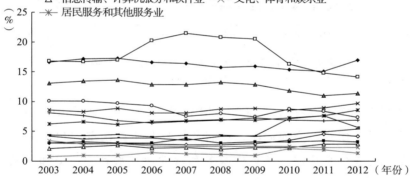

图 2-25　沈阳第三产业各细分行业比重变化趋势

资料来源：根据《中国城市统计年鉴》相关数据整理绘制。

从图 2-26 可以看出，2003～2012 年，西安第三产业中，教育，科学研究、技术服务和地质勘查业，交通运输、仓储及邮政业所占比重均超过 10%，排名居前三位；水利、环境和公共设施管理业，居民服务和其他服务业所占比重均未超过 3%，排名居最后两位；信息传输、计算机服务和软件业，房地产业所占比重增幅分别为 6.9 个、4 个百分点，是增幅前两位的细分行业；批发和零售业降幅为 9.7 个百分点，是降幅最大的细分行业。

　　从西安第三产业各细分行业变化趋势来看，2003～2012 年，信息传输、计算机服务和软件业，房地产业自 2008 年开始呈快速上升趋势；交通运输、仓储及邮政业，批发和零售业自 2008 年开始快速下降；其他各细分行业基本保持稳定。

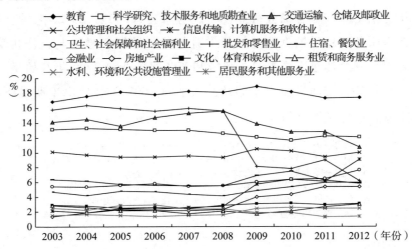

图 2 - 26　西安第三产业各细分行业比重变化趋势
资料来源：根据《中国城市统计年鉴》相关数据整理绘制。

　　从图 2 - 27 可以看出，2003～2012 年，重庆第三产业中，教育，公共管理和社会组织，交通运输、仓储及邮政业所占比重均超过 11%，排名居前三位；信息传输、计算机服务和软件业，水利、环境和公共设施管理业，文化、体育和娱乐业，居民服务和其他服务业所占比重均未超过 3%，排名居最后四位；租赁和商务服务业，住宿、餐饮业，批发和零售业所占比重增幅在 3 个百分点左右，是增幅前三位的细分行业；交通运输、仓储及邮政业，科学研究、技术服务和地质勘查业降幅分别为6.5 个 、5 个百分点，是降幅前两位的细分行业。

　　从重庆第三产业各细分行业变化趋势来看，2003～2012 年，租赁和商务服务业，住宿、餐饮业总体呈缓慢上升趋势；交通运输、仓储及邮政业，科学研究、技术服务和地质勘查业总体呈下降趋势；批发和零售业自 2010 年开始快速上升；其他各细分行业基本保持稳定。

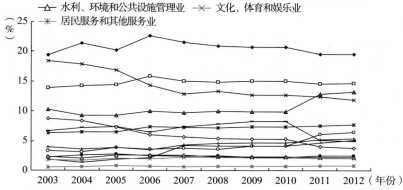

图 2 - 27　重庆第三产业各细分行业比重变化趋势

资料来源：根据《中国城市统计年鉴》相关数据整理绘制。

从图 2 - 28 可以看出，2003 ~ 2012 年，佛山第三产业中，教育，公共管理和社会组织，卫生、社会保障和社会福利业，金融业所占比重均超过 10%，排名居前四位；房地产业，租赁和商务服务业，文化、体育

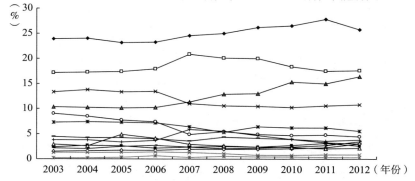

图 2 - 28　佛山第三产业各细分行业比重变化趋势

资料来源：根据《中国城市统计年鉴》相关数据整理绘制。

和娱乐业，居民服务和其他服务业所占比重均未超过 3%，排名居最后四位；卫生、社会保障和社会福利业所占比重增幅为 6 个百分点，是增幅最大的细分行业；批发和零售业降幅为 4.6 个百分点，是降幅最大的细分行业。

从佛山第三产业各细分行业变化趋势来看，2003～2012 年，卫生、社会保障和社会福利业总体呈上升趋势；批发和零售业总体呈缓慢下降趋势；教育所占比重自 2006 年开始缓慢上升；公共管理和社会组织自 2007 年开始缓慢下降；其他各细分行业基本保持稳定。

从图 2-29 可以看出，2003～2012 年，哈尔滨第三产业中，教育，交通运输、仓储及邮政业，公共管理和社会组织，批发和零售业所占比重大多超过 10%，排名居前四位；信息传输、计算机服务和软件业，文化、体育和娱乐业，租赁和商务服务业，居民服务和其他服务业所占比重均未超过 4%，排名居最后四位；教育所占比重上升幅度为 7.1 个百分点，是增幅最大的细分行业；批发和零售业所占比重下降幅度为 14.94 个百分点，是降幅最大的细分行业。

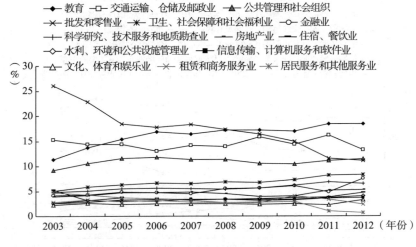

图 2-29 哈尔滨第三产业各细分行业比重变化趋势
资料来源：根据《中国城市统计年鉴》相关数据整理绘制。

从哈尔滨第三产业各细分行业变化趋势来看，2003～2012 年，教育，金融业，卫生、社会保障和社会福利业呈缓慢上升趋势；批发和零售业总体呈快速下降趋势；居民服务和其他服务业呈缓慢下降趋势；其他细分行业则基本保持稳定。

从图 2 - 30 可以看出，2003～2012 年，汕头第三产业中，教育、公共管理和社会组织、批发和零售业所占比重大多超过 10%，排名居前三位；科学研究、技术服务和地质勘查业，租赁和商务服务业，文化、体育和娱乐业，居民服务和其他服务业所占比重均未超过 2%，排名居最后四位；教育所占比重增幅为 2 个百分点，是增幅最大的细分行业；批发和零售业，交通运输、仓储及邮政业降幅分别为 2.2 个、3.3 个百分点，是降幅前两位的细分行业。

从汕头第三产业各细分行业变化趋势来看，2003～2012 年，批发和零售业，交通运输、仓储及邮政业呈缓慢下降趋势；其他各细分行业基本保持稳定。

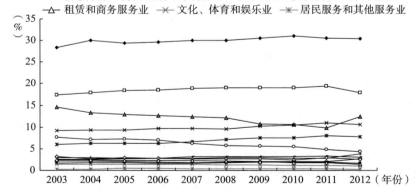

图 2 - 30　汕头第三产业各细分行业比重变化趋势
资料来源：根据《中国城市统计年鉴》相关数据整理绘制。

总体而言，中国特大城市中北京、上海第三产业内部结构中交通、商业比重较大，但知识密集型服务业比重开始上升；其他特大城市第三产业结构中交通、商业和公共服务比重仍然较大（见表 2 - 16）。因此，中国特大城市第三产业内部结构也基本符合贝尔"后工业化社会"理论设想。

表 2－16　2003～2012 年中国特大城市社会发展阶段特征

城市	工业化	第三产业中比重较高的细分行业	发达工业化	第三产业中比重较高的细分行业	后工业化社会	第三产业中比重较高的细分行业
北京			2003～2008 年	批发和零售业，租赁和商务服务业，交通运输、仓储及邮政业，科学研究、技术服务和地质勘查业	2009～2012 年	批发和零售业，租赁和商务服务业，交通运输、仓储及邮政业，科学研究、技术服务和地质勘查业，信息传输、计算机服务和软件业
上海			2003～2008 年	批发和零售业，交通运输、仓储及邮政业，教育	2009～2012 年	批发和零售业，交通运输、仓储及邮政业，金融业，教育
广州			2003～2012 年	批发和零售业，交通运输、仓储及邮政业，教育，公共管理和社会组织		
天津			2003～2012 年	批发和零售业，教育，交通运输、仓储及邮政业，公共管理和社会组织		
南京			2003～2012 年	教育，批发和零售业，交通运输、仓储及邮政业，公共管理和社会组织		
东莞			2003～2012 年	公共管理和社会组织，卫生、社会保障和社会福利业，教育，金融业		
深圳			2003～2012 年	交通运输、仓储及邮政业，租赁和商务服务业，批发和零售业，公共管理和社会组织，房地产业，金融业		
杭州			2003～2012 年	教育、批发和零售业		

续表

城市	工业化	第三产业中比重较高的细分行业	发达工业化	第三产业中比重较高的细分行业	后工业化社会	第三产业中比重较高的细分行业
成都			2005 ~ 2012 年	教育，批发和零售业，公共管理和社会组织，科学研究、技术服务和地质勘查业，卫生、社会保障和社会福利		
武汉	2003 ~ 2005 年	批发和零售业，交通运输、仓储及邮政业，教育，公共管理和社会组织	2006 ~ 2012 年	批发和零售业，交通运输、仓储及邮政业，教育，公共管理和社会组织		
沈阳	2003 ~ 2004 年	教育，交通运输、仓储及邮政业，公共管理和社会组织，批发和零售业	2005 ~ 2012 年	教育，交通运输、仓储及邮政业，公共管理和社会组织		
西安	2003 ~ 2005 年	教育，批发和零售业，科学研究、技术服务和地质勘查业，交通运输、仓储及邮政业，公共管理和社会组织	2006 ~ 2012 年	教育，科学研究、技术服务和地质勘查业，交通运输、仓储及邮政业，公共管理和社会组织		
重庆	2003 ~ 2005 年	教育，公共管理和社会组织，卫生、社会保障和社会福利业，批发和零售业，交通运输、仓储及邮政业	2006 ~ 2012 年	教育，公共管理和社会组织，卫生、社会保障和社会福利业，批发和零售业，交通运输、仓储及邮政业		
佛山			2004 ~ 2012 年	教育，公共管理和社会组织，卫生、社会保障和社会福利业，金融业		
哈尔滨	2003 ~ 2005 年	教育，交通运输、仓储及邮政业，批发和零售业	2006 ~ 2012 年	教育，交通运输、仓储及邮政业，公共管理和社会组织，批发和零售业		

续表

城市	工业化	第三产业中比重较高的细分行业	发达工业化	第三产业中比重较高的细分行业	后工业化社会	第三产业中比重较高的细分行业
汕头	2003~2006年	教育、公共管理和社会组织、批发和零售业	2007~2012年	教育，公共管理和社会组织，批发和零售业，卫生、社会保障和社会福利业		

资料来源：根据《中国城市统计年鉴》相关数据整理。

第三节　中国特大城市产业结构转换速度与方向测度

产业结构服务化最直接的表征就是产值结构或就业结构中第三产业比重高于第二产业，其直接原因是第三产业增长速度高于其他产业。地区内部产业增长速度差异越大，地区产业结构转换越快。因此，测度中国特大城市产业结构转换速度与方向可对其产业结构服务化进程态势进行分析。

一　中国特大城市产业结构转换速度测度

1. 测度方法

本书采用贺灿飞（2004）提出的产业结构转换系数 φ 测度中国特大城市产业结构转换速度，即服务化进程特征。

$$\varphi = \sqrt{\frac{\sum (X_i - X_p)^2 R_i}{X_p}} \qquad (2-1)$$

式（2-1）中，X_i 是地区 i 产业产值或从业人数年均增速，X_p 是地区生产总值或从业总人数年均增速，R_i 是 i 产业产值或从业人数在地区生产总值或从业总人数中的比重。

2. 数据来源

本书采用中国统计出版社 2004~2013 年出版的《中国城市统计年鉴》中 16 个特大城市市辖区年末从业人数、市辖区三次产业从业人数、市辖区地区生产总值、市辖区三次产业产值数据，测度中国特大城市产业结构转换速度。其中，三次产业产值根据市辖区地区生产总值、市辖区三次产业产值占比数据计算整理。

3. 测度结果

测度结果如表 2 – 17 所示。2003 ~ 2012 年，从产值结构转换速度来看，中国 16 个特大城市的产值结构转换速度整体不高，产值结构比较稳定；产值结构转换速度存在区域差异，除天津外，所有东南沿海地区特大城市产值结构转换速度均高于内陆特大城市。从就业结构转换速度来看，除汕头、哈尔滨、武汉、北京 4 个城市外，其他特大城市就业结构转换速度也不高，就业结构比较稳定且不存在区域差异。另外，中国特大城市产值结构转换速度的城市间差异小于就业结构转换速度的城市间差异。

表 2 – 17　2003 ~ 2012 年中国特大城市产业结构转换系数

城市	产值结构转换系数	就业结构转换系数
深圳	0.0993	0.0168
北京	0.0897	0.1371
上海	0.0832	0.0637
杭州	0.0669	0.1064
广州	0.0630	0.0166
南京	0.0628	0.0321
东莞	0.0599	0.0956
佛山	0.0530	0.0593
武汉	0.0520	0.1385
哈尔滨	0.0409	0.1932
汕头	0.0403	0.2224
成都	0.0386	0.0505
天津	0.0273	0.0515
重庆	0.0223	0.0424
西安	0.0218	0.0418
沈阳	0.0106	0.0347
标准差	0.0254	0.0623

资料来源：根据《中国城市统计年鉴》相关数据计算整理。

二 中国特大城市产业结构转换方向测度

产业结构服务化是产业结构向以服务业为主的方向转换的。但从上节研究结论看，中国特大城市产业结构服务化进程并不完全符合已有规律。因此，有必要通过产业结构转换方向的变化特征来考量中国特大城市产业结构服务化进程特征。

1. 测度方法

本书采用贺灿飞（2004）提出的产业结构变动系数 θ_i 测度中国特大城市产业结构转换方向，即服务化进程特征。

$$\theta_i = \frac{1 + X_i}{1 + X_p} \qquad (2-2)$$

式（2-2）中，X_i 是地区 i 产业产值或从业人数年均增速，X_p 是地区生产总值或从业总人数年均增速，R_i 是 i 产业产值或从业人数在地区生产总值或从业总人数中的比重。$\theta_i > 1$ 表明产业结构重心向该产业移动。

2. 数据来源

本书数据采用中国统计出版社 2004～2013 年出版的《中国城市统计年鉴》中 16 个特大城市市辖区年末从业人数、市辖区三次产业从业人数、市辖区地区生产总值、市辖区三次产业产值数据，测度中国特大城市产业结构转换方向。其中，三次产业产值根据市辖区地区生产总值、市辖区三次产业产值占比数据计算整理。

3. 测度结果

测度结果如表 2-18 所示。从产值结构变动方向来看，2003～2012年，中国 16 个特大城市第一产业产值结构变动系数均小于 1；重庆、天津、武汉、汕头、佛山第二产业产值结构变动系数均大于 1，其他特大城市均小于 1；除佛山外，其他特大城市第三产业产值结构变动系数均大于 1；除佛山、汕头外，其他特大城市第三产业产值结构变动系数均大于第二产业。这说明中国 16 个特大城市中，佛山、汕头的产值结构重心向第二产业变动，其他特大城市产值结构重心均向第三产业变动。

表 2 - 18　2003～2012 年中国特大城市产业结构变动系数

城市	产值结构变动系数			就业结构变动系数		
	第一产业	第二产业	第三产业	第一产业	第二产业	第三产业
重庆	0.9641	1.0016	1.0039	0.9290	1.0095	0.9897
天津	0.8899	1.0008	1.0028	0.8957	1.0094	0.9897
上海	0.9075	0.9717	1.0252	0.9158	1.0152	0.9877
北京	0.8769	0.9502	1.0238	0.9392	0.9550	1.0191
西安	0.9743	0.9936	1.0067	0.7780	0.9935	1.0069
武汉	0.8511	1.0030	1.0069	0.7208	1.0067	1.0019
沈阳	0.9729	0.9999	1.0012	0.9535	0.9954	1.0038
深圳	0.7631	0.9677	1.0377	0.6964	0.9984	1.0034
汕头	0.9503	1.0058	1.0015	0.9352	1.0560	0.9474
南京	0.9399	0.9801	1.0221	0.8759	1.0049	0.9971
杭州	0.9135	0.9823	1.0219	0.7667	1.0391	0.9679
哈尔滨	0.9122	0.9999	1.0058	1.0352	0.9591	1.0398
广州	0.9190	0.9753	1.0176	0.8050	1.0008	1.0001
佛山	0.8899	1.0130	0.9905	0.8779	1.0097	0.9880
东莞	0.7937	0.9856	1.0218	1.0035	0.9756	1.0153
成都	0.8887	0.9980	1.0074	0.8839	1.0115	0.9879

资料来源：根据《中国城市统计年鉴》相关数据计算整理。

从就业结构变动方向来看，2003～2012 年，除哈尔滨、东莞外，其他特大城市第一产业就业结构变动系数均小于1；重庆、天津、上海、武汉、汕头、南京、杭州、广州、佛山、成都 10 个城市第二产业就业结构变动系数大于1，其他特大城市第二产业就业结构变动系数均小于1；北京、西安、武汉、沈阳、深圳、哈尔滨、广州、东莞 8 个城市第三产业就业结构变动系数均大于1，其他特大城市就业结构变动系数均小于1；北京、西安、沈阳、深圳、哈尔滨、东莞 6 个城市第三产业就业结构变动系数高于第二产业，重庆、天津、上海、武汉、汕头、南京、杭州、广州、佛山、成都 10 个城市第二产业就业结构变动系数高于第三产业。

这说明中国 16 个特大城市中,重庆、天津、上海、武汉、汕头、南京、杭州、广州、佛山、成都 10 个城市就业结构重心均向第二产业变动,北京、西安、沈阳、深圳、哈尔滨、东莞 6 个城市就业结构重心均向第三产业变动。

第四节　中国特大城市产业结构效应测度

产业结构对地区经济发展有促进作用表明地区经济发展存在产业结构效应。如前所述,中国特大城市的经济发展对产业结构服务化有一定促进作用,但产业结构服务化是否存在同样的反作用尚未可知。因此,测度中国特大城市产业结构效应并分析其动力源能帮助我们回答这一问题。

一　测度方法

静态偏离份额模型又称经典偏离份额模型,它将区域某时期的经济增长分解为份额分量和偏离分量,其中,偏离分量可分为因区域产业结构优势形成的结构偏离分量和因区域产业竞争力产生的竞争力偏离分量。动态偏离份额模型是静态偏离份额模型的动态化,只须在静态偏离份额模型的基础上对研究时段进行细分。其基本式如下:

$$G_t^r = N_t^r + S_t^r + D_t^r \tag{2-3}$$

$$N_t^r = \sum N_{i,t}^r = \sum P_{i,t_0}^r g_t^n \tag{2-4}$$

$$S_r^r = \sum S_{i,t}^r = \sum P_{i,t_0}^r (g_{i,t}^n - g_t^n) \tag{2-5}$$

$$D_t^r = \sum D_{i,t}^r = \sum P_{i,t_0}^r (g_{i,t}^r - g_{i,t}^n) \tag{2-6}$$

式(2-3)中:G_t^r 表示区域 r 在 t 时期的地区生产总值增长量。N_t^r 是份额分量,表示区域 r 在 t 时期三次产业按照参照区域地区生产总值平均增长率发展产生的理论产值总和。S_t^r 表示产业结构偏离分量,是指区域 r 在 t 时期各产业按照实际增长率与参照区域产业实际增长率差值发展产生的理论产值总和。如果该值为正则表明在参照区域增长较快的产业在区域 r 产业结构中所占份额较大，区域经济增长具有产业结构效应。D_t^r 表示产业竞争力偏离分量，是指区域 r 在 t 时期各产业实际增长量与参照区域产业实际增长量差值之和。如果该值为正则表明区域 r 大多数产业产值大于参照区域对应产业产值，或者比重较大产业增长超过参照区域对应产业，区域 r 产业有竞争力优势。

式（2-4）中：$N_{i,t}^r$ 表示区域 r 在 t 时期 i 产业的份额分量，表示区域 r 的 i 产业按照参照区域产业增长率发展产生的理论产值。式（2-5）中：$S_{i,t}^r$ 表示区域 r 在 t 时期 i 产业的结构偏离分量，表示区域 r 的 i 产业 t 时期按照实际增长率与参照区域产业增长率之差发展产生的理论产值。如果区域 r 的 i 产业的增长速度超过参照区域产业平均增速，分量为正。该值越大表明研究区域 r 的 i 产业对地区经济增长贡献越大。式（2-6）中：$D_{i,t}^r$ 表示区域 r 在 t 时期 i 产业的竞争力偏离分量，表示区域 r 的 i 产业实际增长量与参照区域产业实际增长量的差值。值为正则表明研究区域 r 的 i 产业具有竞争力。式（2-4）、式（2-5）、式（2-6）中：P_{i,t_0}^r 为区域 r 在 t 时期 i 产业产值或从业人数，g_t^n 为参照区域 t 时期地区生产总值和从业总人数增长率，$g_{i,t}^n$ 为参照区域的 i 产业在 t 时期产值或从业人数增长率，$g_{i,t}^r$ 为区域 r 的 i 产业在 t 时期产值或从业人数增长率。

二　数据来源

本书研究以城区常住人口界定的特大城市，动态偏离份额分析中的参照区域是全国地级以上城市市辖区，因此，研究数据采用中国统计出版社 2004～2013 年出版的《中国城市统计年鉴》中 16 个特大城市市辖区年末从业人数、市辖区三次产业从业人数、市辖区地区生产总值、市辖区三次产业产值数据。其中，三次产业产值根据市辖区地区生产总值、市辖区三次产业产值占比数据计算整理，参照区域数据由所有地级以上城市市辖区相关数据求和计算整理。

三 测度结果

测度结果如表 2－19 所示。以产值结构为考查目标，根据 2003 ~ 2012 年动态偏离份额计算结果，可以得到以下结论：中国 16 个特大城市中，北京、天津、南京、武汉、重庆、成都、西安 7 个城市地区生产总值实际增长高于全国城市平均水平，其他特大城市地区生产总值实际增长低于全国城市平均水平；天津、汕头、佛山、重庆 4 个城市产业结构分量为负，不具有产业结构效应，其他特大城市产业结构分量为正，具有产业结构效应，增长性产业在产值结构中占比较高；天津、重庆、南京、武汉、成都、西安 6 个城市产业竞争力分量为正，重要产业部门具有相对竞争优势，其他特大城市产业竞争力分量为负，重要产业部门不具有相对竞争优势；除北京、武汉外，其他特大城市产业竞争力分量绝对值均大于产业结构分量绝对值，表明产业竞争力是影响中国特大城市经济增长的主要因素。

表 2－19　2003 ~ 2012 年中国特大城市产值结构动态偏离份额均值

单位：亿元

城市	总增长	份额分量	偏离度	产业结构分量	产业竞争力分量
北京	1562.19	1548.19	14.01	57.78	－43.77
上海	1529.40	2050.18	－520.77	34.80	－555.57
深圳	1117.18	1130.26	－13.08	14.61	－27.54
天津	1081.64	899.56	182.08	－0.42	182.50
广州	1029.70	1142.75	－113.05	27.49	－140.72
重庆	844.39	578.79	265.59	－7.71	161.04
佛山	581.27	614.42	－33.15	－7.48	－25.69
南京	557.10	526.65	30.45	5.86	24.57
武汉	535.86	525.00	10.87	6.18	4.71
杭州	510.61	560.91	－50.31	4.67	－54.98
成都	509.72	417.99	91.73	4.28	87.45
东莞	451.36	488.58	－37.22	4.04	－41.26
沈阳	430.68	485.19	－54.51	3.99	－58.48
西安	311.22	295.86	15.36	3.04	12.28

续表

城市	总增长	份额分量	偏离度	产业结构分量	产业竞争力分量
哈尔滨	242.67	301.31	−58.63	1.06	−59.73
汕头	99.14	145.37	−46.23	−1.41	−44.80

资料来源：根据《中国城市统计年鉴》相关数据计算整理。

　　按三次产业对产业结构分量和产业竞争力分量进行分解（见表2-20），可以得出以下结论：中国16个特大城市第三产业的产业结构分量均为正，第一、第二产业的结构分量均为负，表明第三产业是中国特大城市产值结构中发展速度较快、所占比重较高的产业部门；大多特大城市第一产业不具有竞争力；天津、武汉、佛山、重庆、成都、西安6个城市第二产业是具有相对竞争力的产业部门，其他特大城市第二产业不具有竞争力；除沈阳、哈尔滨、上海、杭州、武汉、广州、汕头、佛山8个城市外，其他特大城市第三产业是具有竞争力的产业部门。

表2-20　2003~2012年中国特大城市产值结构动态偏离份额分解

单位：亿元

城市	产业结构分量			产业竞争力分量		
	第一产业	第二产业	第三产业	第一产业	第二产业	第三产业
北京	−5.00	−18.72	81.50	−5.79	−92.77	54.79
天津	−4.05	−24.95	28.58	−3.31	90.65	95.15
沈阳	−3.13	−11.68	18.80	−0.19	−13.06	−45.23
哈尔滨	−5.78	−6.11	12.96	−7.82	−21.89	−30.02
上海	−4.79	−44.47	84.05	−7.17	−364.30	−184.10
南京	−3.58	−11.86	21.30	−0.11	−11.46	36.14
杭州	−4.52	−13.07	22.27	−4.41	−45.08	−5.49
武汉	−4.21	−11.65	22.04	−6.71	19.96	−8.54
广州	−5.77	−20.54	53.80	−5.35	−98.13	−37.23
深圳	−0.60	−27.82	43.03	−2.18	−96.14	70.78
汕头	−2.82	−3.11	4.52	−2.51	−20.99	−21.30
佛山	−4.97	−18.44	15.93	−4.76	6.49	−27.42
东莞	−1.15	−12.03	17.22	−3.17	−40.23	2.14

续表

城市	产业结构分量			产业竞争力分量		
	第一产业	第二产业	第三产业	第一产业	第二产业	第三产业
重庆	-10.01	-14.91	17.21	12.09	136.36	12.59
成都	-3.20	-9.70	17.17	-3.19	50.95	39.68
西安	-2.67	-6.31	12.02	1.27	6.23	4.78

资料来源：根据《中国城市统计年鉴》相关数据计算整理。

以就业结构为考查目标，根据 2003~2012 年动态偏离份额计算结果（见表 2-21），可以得到以下结论：中国 16 个特大城市中，西安、沈阳、佛山、武汉、哈尔滨 5 个城市就业人数实际增长低于全国城市平均水平，其他特大城市就业人数实际增长高于全国城市平均水平；西安、武汉、哈尔滨 3 个城市产业结构分量为负，不具有产业结构效应，其他特大城市产业结构分量为正，具有产业结构效应，增长性产业部门在产业结构中占比较高；西安、沈阳、佛山、武汉、哈尔滨 5 个城市产业竞争力分量为负，重要产业部门不具有相对竞争优势，其他特大城市产业竞争力分量为正，重要产业部门具有相对竞争优势；除东莞外，其他特大城市产业竞争力分量绝对值均大于产业结构分量绝对值，表明产业竞争力是影响中国特大城市吸纳就业的主要因素。

表 2-21　2003~2012 年中国特大城市就业结构动态偏离份额均值

单位：万人

城市	总增长	份额分量	偏离度	产业结构分量	产业竞争力分量
北京	24.86	22.84	2.02	0.11	1.92
上海	23.66	15.13	8.52	0.25	8.28
杭州	19.82	6.18	13.64	0.22	13.42
深圳	18.98	8.33	10.65	0.24	10.42
广州	14.30	8.58	5.72	0.15	5.57
重庆	12.43	7.05	5.38	0.13	5.25
天津	10.06	7.78	2.28	0.16	2.13
成都	7.46	4.56	2.90	0.16	2.74

续表

城市	总增长	份额分量	偏离度	产业结构分量	产业竞争力分量
南京	5.32	4.17	1.15	0.11	1.04
西安	4.68	4.89	- 0.21	- 0.01	- 0.20
汕头	2.64	1.24	1.40	0.05	1.36
沈阳	2.37	3.96	- 1.59	0.06	- 1.65
佛山	2.00	2.16	- 0.16	0.04	- 0.21
武汉	1.38	5.50	- 4.12	- 0.05	- 4.07
东莞	0.88	0.86	0.01	0.02	0
哈尔滨	- 5.43	4.71	- 10.14	- 0.16	- 9.98

资料来源：根据《中国城市统计年鉴》相关数据计算整理。

　　按三次产业对产业结构分量和产业竞争力分量进行分解，可以得出以下结论（见表2－22）：中国16个特大城市中第一产业的产业结构分量均为负，除哈尔滨、西安的第二产业和杭州、深圳的第三产业的产业结构分量为负外，其他特大城市第二、第三产业的产业结构分量均为正，表明中国特大城市就业结构中第一产业发展速度低于全国平均水平，第二、第三产业发展速度基本高于全国平均水平；上海、重庆的三次产业，南京、杭州、广州、深圳、成都的第二、第三产业，北京、东莞的第一、第三产业，汕头的第一、第二产业，沈阳、哈尔滨的第一产业，天津、佛山的第二产业，西安的第三产业，均是有相对竞争力的产业部门。

表2－22　2003～2012年中国特大城市就业结构动态偏离份额分解

单位：万人

城市	产业结构分量			产业竞争力分量		
	第一产业	第二产业	第三产业	第一产业	第二产业	第三产业
北京	- 0.1877	0.0234	0.2711	0.0284	- 6.3371	8.2244
天津	- 0.0449	0.0417	0.1590	- 0.0161	2.6115	- 0.4668
沈阳	- 0.0400	0.0165	0.0837	0.0033	- 0.8236	- 0.8253
哈尔滨	- 0.1445	- 0.1283	0.1123	0.0832	- 7.4092	- 2.6572
上海	- 0.0914	0.0548	0.2838	0.0051	7.5327	0.7394
南京	- 0.0305	0.0836	0.0547	- 0.0266	0.6900	0.3795

续表

城市	产业结构分量			产业竞争力分量		
	第一产业	第二产业	第三产业	第一产业	第二产业	第三产业
杭州	− 0.0092	0.2800	− 0.0524	− 0.0080	8.4370	4.9938
武汉	− 0.1890	0.0105	0.1251	− 0.4566	− 1.3433	− 2.2680
广州	− 0.0522	0.0758	0.1303	− 0.0418	2.6364	2.9727
深圳	− 0.0394	0.2834	− 0.0063	− 0.0590	5.0049	5.4699
汕头	− 0.0033	0.0116	0.0373	0.0019	1.8763	− 0.5220
佛山	− 0.0042	0.0116	0.0374	− 0.0021	0.2520	− 0.4594
东莞	− 0.0056	0.0065	0.0151	0.0062	− 0.2083	0.1987
重庆	− 0.0687	0.1009	0.0993	0.0353	3.8883	1.3224
成都	− 0.0117	0.0977	0.0760	− 0.0036	2.2132	0.5331
西安	− 0.0628	− 0.0016	0.0586	− 0.0291	− 0.3755	0.2021

资料来源：根据《中国城市统计年鉴》相关数据计算整理。

第五节　中国特大城市产业专业化水平与全要素生产效率测度

如前所述，中国多数特大城市经济发展存在产业结构效应，但产业竞争力才是影响特大城市经济发展的动力源。因此，测度中国特大城市重要细分行业专业化水平对寻找其产业动力源并探索产业结构服务化进程中产业动力源变化规律具有重要意义。

一　中国特大城市产业专业化水平测度

1. 测度方法

区位熵主要用于计算一个区域某产业各个部门的专业化水平，是测度区域产业比较优势和竞争力最常用的指标。区位熵的计算公式为：

$$Q = \frac{L_{ij}}{L_j} \bigg/ \frac{L_i}{L} \qquad (2-7)$$

式（2−7）中：Q 为区位熵或专业化率，L_{ij} 为 i 区域 j 产业部门的就业人数（产值），L_j 为较高层次区域 j 产业部门的就业人数（产值），L_i 为 i 区域整个产业的总就业人数（总产值），L 为较高层次区域整个产业的总就业人数（总产值）。一般认为，当 $Q > 1$ 时，该产业部门才能构成区域专业化部门。Q 值越大，表明该产业部门的专业化程度越高；反之亦然。但是，区位熵只是反映地区专业化的相对程度，区位熵大于 1 的产业部门可能总体规模很小。因此，区位熵只能反映产业的相对优势。

2. 数据来源

由于缺乏中国特大城市细分行业产值连续统计数据，本书采用中国统计出版社 2004～2013 年出版的《中国城市统计年鉴》中市辖区年末就业人数、重要细分行业市辖区就业人数数据，分别测度中国 16 个特大城市重要细分行业区位熵值。其中，参照区域数据由所有地级以上城市市辖区相关数据求和计算整理。

3. 测度结果

根据 2003～2012 年以中国城市市辖区总体为参照计算的中国特大城市重要细分行业区位熵几何均值，可以得出以下结论。

从产业视角分析（见表 2－23），16 个特大城市中，深圳、佛山、天津、上海、南京、广州、东莞、西安、杭州、哈尔滨的制造业具有比较优势，但区位熵均值均未超过 1.5，北京的制造业比较优势最低，仅为 0.54；成都、重庆、武汉、杭州、哈尔滨的建筑业具有比较优势，其中成都、重庆区位熵均值高达 2.3、1.9，比较优势明显；除杭州、成都、东莞、佛山、汕头外，其他特大城市的交通运输、仓储及邮政业都具有比较优势，但区位熵均值未超过 1.8；北京、杭州、广州、西安、深圳、佛山的信息传输、计算机服务和软件业具有比较优势，其中北京的区位熵均值高达 3，比较优势明显；除沈阳、重庆、东莞、佛山外，其他特大城市的批发和零售业具有比较优势，但区位熵均值大多未超过 1.5；北京、广州、杭州、深圳、武汉、南京、上海、西安的住宿、餐饮业具有比较优势，其中北京、广州的区位熵均值均超过 2，比较优势明显；东莞、佛山、上海、沈阳、汕头、北京的金融业具有比较优势，其中东莞的区位熵均值高达 2.5；深圳、北京、广州、上海、哈尔滨、重庆、杭州的房地产业具有比较优势，其中深圳、北京的区位熵均值高达 2.7、2.4，比较优势明显；北京、深圳、上海、广州、杭州、天津的租赁和商务服务业具有比较优势，其中北京的区位熵均值高达 3.6，比较优势明显；北京、西安、成都、沈阳、上海、南京、武汉、杭州的科学研究、技术服务和地质勘查业具有比较优势，其中北京、西安的区位熵均值高达 2.4，比较优势明显；沈阳、武汉、汕头、南京、天津、哈尔滨的水利、环境和公共设施管理业具有比较优势，但比较优势并不明显；天津、北京、哈尔滨、西安、广州、上海、沈阳的居民服务和其他服务业具有比较优势，其中天津、北京的区位熵均值高达 4.3、2.3，比较优势明显；汕头、东莞、佛山、南京、重庆、西安、沈阳、武汉、成都的教育具有比较优势，但比较优势大多不明显；东莞、佛山、汕头、沈阳、成都、广州、南京、上海、武汉的卫生、社会保障和社会福利业具有比较优势，但比较优势大多不明显；北京、西安、沈阳、广州、武汉、成都、南京的文化、体育和娱乐业具有比较优势，其中北京的区位熵均值为 2.1，比较优势明显；东莞、汕头、佛山的公共管理和社会组织具有比较优势。

从区域视角分析（见表 2-24），北京有 10 个细分行业具有比较优势，分别是租赁和商务服务业，信息传输、计算机服务和软件业，房地产业，科学研究、技术服务和地质勘查业，居民服务和其他服务业，文化、体育和娱乐业，住宿、餐饮业，批发和零售业，交通运输、仓储及邮政业，金融业；天津有 6 个细分行业具有比较优势，分别是居民服务和其他服务业，制造业，批发和零售业，租赁和商务服务业，水利、环境和公共设施管理业，交通运输、仓储及邮政业；沈阳有 8 个细分行业具有比较优势，分别是交通运输、仓储及邮政业，水利、环境和公共设施管理业，科学研究、技术服务和地质勘查业，卫生、社会保障和社会福利业，文化、体育和娱乐业，教育，金融业，居民服务和其他服务业；哈尔滨有 7 个细分行业具有比较优势，分别是居民服务和其他服务业，批发和零售业，交通运输、仓储及邮政业，建筑业，房地产业，水利、环境和公共设施管理业，制造业；上海有 10 个细分行业具有比较优势，分别是租赁和商务服务业，居民服务和其他服务业，交通运输、仓储及

表 2 - 23　2003～2012 年中国特大城市重要行业区位商均值

行业	北京	天津	沈阳	哈尔滨	上海	南京	杭州	武汉	广州	深圳	汕头	佛山	东莞	重庆	成都	西安
制造业	0.5440	1.2350	0.9328	1.0260	1.1450	1.1262	1.0401	0.8895	1.1108	1.4492	0.9173	1.4159	1.0781	0.8828	0.8342	1.0624
建筑业	0.7069	0.5992	0.5649	1.1979	0.4294	0.6636	1.2610	1.3331	0.6337	0.6175	0.9857	0.6250	0.0724	1.8781	2.3041	0.8046
交通运输、仓储及邮政业	1.3297	1.0211	1.7536	1.2135	1.5048	1.4390	0.8211	1.4795	1.5863	1.0532	0.5742	0.5025	0.7017	1.1281	0.8115	1.2537
信息传输、计算机服务和软件业	2.9887	0.6119	0.7764	0.9100	0.8377	0.8359	1.4460	0.8278	1.1555	1.0837	0.8811	1.0828	0.7093	0.6660	0.6343	1.0996
批发和零售业	1.4724	1.1167	0.9127	1.5299	1.4455	1.0959	1.0299	1.2531	1.1131	1.1005	1.2334	0.4949	0.5160	0.8879	1.0357	1.1680
住宿、餐饮业	2.0373	0.8883	0.8331	0.8305	1.2058	1.3040	1.6642	1.3315	2.0085	1.3644	0.7404	0.7985	0.1740	0.8636	0.9426	1.1795
金融业	1.0121	0.7504	1.0670	0.6644	1.3051	0.7203	0.9632	0.8542	0.8372	0.9741	1.0175	1.3893	2.5169	0.8444	0.8150	0.8628
房地产业	2.4231	0.7285	0.9357	1.1347	1.3529	0.8315	1.0274	0.8487	1.6072	2.6853	0.5905	0.5936	0.1100	1.0407	0.6676	0.7739
租赁和商务服务业	3.5632	1.0979	0.9801	0.5439	1.6457	0.8880	1.3731	0.5583	1.4147	1.6520	0.4259	0.4696	0.3381	0.5344	0.7636	0.4503
科学研究、技术服务和地质勘查业	2.4210	0.9863	1.4093	0.9860	1.2918	1.2647	1.1966	1.2598	0.9763	0.6283	0.3524	0.3111	0.2898	0.9546	1.8124	2.3829
水利、环境和公共设施管理业	0.8416	1.0593	1.6668	1.0560	0.8989	1.0725	0.7867	1.0822	0.8057	0.5680	1.0783	0.7184	0.2159	0.7228	0.7596	0.6421
居民服务和其他服务业	2.2783	4.2958	1.0564	1.9293	1.5374	0.4114	0.5088	0.5566	1.6767	0.7928	0.3060	0.2595	0.0864	0.5030	0.5240	1.7232
教育	0.8125	0.8648	1.1601	0.9688	0.7883	1.2491	0.8366	1.1518	0.8357	0.3895	2.0514	1.3816	1.3858	1.1818	1.0763	1.1724
卫生、社会保障和社会福利业	0.8054	0.9289	1.2987	0.8565	1.0161	1.0229	0.9689	1.0074	1.0437	0.5744	1.4327	1.4367	2.7858	0.8616	1.1277	0.8257
文化、体育和娱乐业	2.0923	0.7093	1.2322	0.9982	0.9608	1.1207	0.9789	1.1673	1.2036	0.6376	0.5865	0.3940	0.6021	0.7879	1.1234	1.2496
公共管理和社会组织	0.7400	0.7786	0.9735	0.7169	0.5959	0.8524	0.7415	0.7863	0.7717	0.6797	1.3794	1.1045	2.1170	0.9208	0.9127	0.6979

资料来源：根据《中国城市统计年鉴》相关数据计算整理。

邮政业，批发和零售业，房地产业，金融业，科学研究、技术服务和地质勘查业，住宿、餐饮业，制造业，卫生、社会保障和社会福利业；南京有 9 个细分行业具有比较优势，分别是交通运输、仓储及邮政业，住宿、餐饮业，科学研究、技术服务和地质勘查业，教育，制造业，文化、体育和娱乐业，批发和零售业，水利、环境和公共设施管理业，卫生、社会保障和社会福利业；杭州有 8 个细分行业具有比较优势，分别是住宿、餐饮业，信息传输、计算机服务和软件业，租赁和商务服务业，建筑业，科学研究、技术服务和地质勘查业，制造业，批发和零售业，房地产业；武汉有 9 个细分行业具有比较优势，分别是交通运输、仓储及邮政业，建筑业，住宿、餐饮业，科学研究、技术服务和地质勘查业，批发和零售业，文化、体育和娱乐业，教育，水利、环境和公共设施管理业，卫生、社会保障和社会福利业；广州有 10 个细分行业具有比较优势，分别是住宿、餐饮业，居民服务和其他服务业，房地产业，交通运输、仓储及邮政业，租赁和商务服务业，文化、体育和娱乐业，信息传输、计算机服务和软件业，批发和零售业，制造业，卫生、社会保障和社会福利业；深圳有 7 个细分行业具有比较优势，分别是房地产业，租赁和商务服务业，制造业，住宿、餐饮业，批发和零售业，信息传输、计算机服务和软件业，交通运输、仓储及邮政业；汕头有 6 个细分行业具有比较优势，分别是教育，卫生、社会保障和社会福利业，公共管理和社会组织，批发和零售业，水利、环境和公共设施管理业，金融业；佛山有 6 个细分行业具有比较优势，分别是卫生、社会保障和社会福利业，制造业，金融业，教育，公共管理和社会组织，信息传输、计算机服务和软件业；东莞有 5 个细分行业具有比较优势，分别是卫生、社会保障和社会福利业，金融业，公共管理和社会组织，教育，制造业；重庆有 4 个细分行业具有比较优势，分别是建筑业，教育，交通运输、仓储及邮政业，房地产业；成都有 6 个细分行业具有比较优势，分别是建筑业，科学研究、技术服务和地质勘查业，卫生、社会保障和社会福利业，文化、体育和娱乐业，教育，批发和零售业；西安有 10 个细分行业具有比较优势，分别是科学研究、技术服务和地质勘查业，居民服务和其他服务业，交通运输、仓储及邮政业，文化、体育和娱乐业，住宿、餐饮业，教育，批发和零售业，信息传输、计算机服务和软件业，制造业。

表 2 - 24　2003～2012 年中国特大城市重要细分行业地区专业化水平排名

城市	地区专业化行业排名
北京	1. 租赁和商务服务业；2. 信息传输、计算机服务和软件业；3. 房地产业；4. 科学研究、技术服务和地质勘查业；5. 居民服务和其他服务业；6. 文化、体育和娱乐业；7. 住宿、餐饮业；8. 批发和零售业；9. 交通运输、仓储及邮政业；10. 金融业
天津	1. 居民服务和其他服务业；2. 制造业；3. 批发和零售业；4. 租赁和商务服务业；5. 水利、环境和公共设施管理业；6. 交通运输、仓储及邮政业
沈阳	1. 交通运输、仓储及邮政业；2. 水利、环境和公共设施管理业；3. 科学研究、技术服务和地质勘查业；4. 卫生、社会保障和社会福利业；5. 文化、体育和娱乐业；6. 教育；7. 金融业；8. 居民服务和其他服务业
哈尔滨	1. 居民服务和其他服务业；2. 批发和零售业；3. 交通运输、仓储及邮政业；4. 建筑业；5. 房地产业；6. 水利、环境和公共设施管理业；7. 制造业
上海	1. 租赁和商务服务业；2. 居民服务和其他服务业；3. 交通运输、仓储及邮政业；4. 批发和零售业；5. 房地产业；6. 金融业；7. 科学研究、技术服务和地质勘查业；8. 住宿、餐饮业；9. 制造业；10. 卫生、社会保障和社会福利业
南京	1. 交通运输、仓储及邮政业；2. 住宿、餐饮业；3. 科学研究、技术服务和地质勘查业；4. 教育；5. 制造业；6. 文化、体育和娱乐业；7. 批发和零售业；8. 水利、环境和公共设施管理业；9. 卫生、社会保障和社会福利业
杭州	1. 住宿、餐饮业；2. 信息传输、计算机服务和软件业；3. 租赁和商务服务业；4. 建筑业；5. 科学研究、技术服务和地质勘查业；6. 制造业；7. 批发和零售业；8. 房地产业
武汉	1. 交通运输、仓储及邮政业；2. 建筑业；3. 住宿、餐饮业；4. 科学研究、技术服务和地质勘查业；5. 批发和零售业；6. 文化、体育和娱乐业；7. 教育；8. 水利、环境和公共设施管理业；9. 卫生、社会保障和社会福利业
广州	1. 住宿、餐饮业；2. 居民服务和其他服务业；3. 房地产业；4. 交通运输、仓储及邮政业；5. 租赁和商务服务业；6. 文化、体育和娱乐业；7. 信息传输、计算机服务和软件业；8. 批发和零售业；9. 制造业；10. 卫生、社会保障和社会福利业
深圳	1. 房地产业；2. 租赁和商务服务业；3. 制造业；4. 住宿、餐饮业；5. 批发和零售业；6. 信息传输、计算机服务和软件业；7. 交通运输、仓储及邮政业
汕头	1. 教育；2. 卫生、社会保障和社会福利业；3. 公共管理和社会组织；4. 批发和零售业；5. 水利、环境和公共设施管理业；6. 金融业
佛山	1. 卫生、社会保障和社会福利业；2. 制造业；3. 金融业；4. 教育；5. 公共管理和社会组织；6. 信息传输、计算机服务和软件业
东莞	1. 卫生、社会保障和社会福利业；2. 金融业；3. 公共管理和社会组织；4. 教育；5. 制造业

城市	地区专业化行业排名
重庆	1. 建筑业；2. 教育；3. 交通运输、仓储及邮政业；4. 房地产业
成都	1. 建筑业；2. 科学研究、技术服务和地质勘查业；3. 卫生、社会保障和社会福利业；4. 文化、体育和娱乐业；5. 教育；6. 批发和零售业
西安	1. 科学研究、技术服务和地质勘查业；2. 居民服务和其他服务业；3. 交通运输、仓储及邮政业；4. 文化、体育和娱乐业；5. 住宿、餐饮业；6. 教育；7. 批发和零售业；8. 信息传输、计算机服务和软件业；9. 制造业

资料来源：根据《中国城市统计年鉴》相关数据计算整理。

二　中国特大城市产业全要素生产率测度

产业结构能否促进生产率提高是判断产业结构优劣的标准之一。因此，产业结构服务化能否提高地区生产率将直接反映产业结构服务化质量水平。鲍莫尔－富克斯假说对该问题持悲观态度，而假说修正则主要集中于对生产率尤其是服务业生产率测度方法的改进上。本书拟采用相对科学的 DEA 方法对中国特大城市产业结构服务化过程中产业全要素生产率进行测度，并对其产业结构服务化原因进行分析。

1. 测度方法

数据包络分析（DEA）方法的基本思想是通过线性规划估算产出距离函数，无须假定生产函数形式，从而避免了新古典模式下对生产函数极强的理论约束。基于 DEA 理论的 Malmquist 指数的计算公式如下：

$$M^k(x_{t+1}^k, y_{t+1}^k; x_t^k, y_t^k) = \left[\frac{D_t^k(x_{t+1}^k, y_{t+1}^k)}{D_t^k(x_t^k, y_t^k)} \times \frac{D_{t+1}^k(x_{t+1}^k, y_{t+1}^k)}{D_{t+1}^k(x_t^k, y_t^k)} \right]^{\frac{1}{2}}$$

$$= \frac{D_{t+1}^k(x_{t+1}^k, y_{t+1}^k)}{D_t^k(x_t^k, y_t^k)} \cdot \left[\frac{D_t^k(x_{t+1}^k, y_{t+1}^k)}{D_{t+1}^k(x_{t+1}^k, y_{t+1}^k)} \times \frac{D_t^k(x_t^k, y_t^k)}{D_{t+1}^k(x_t^k, y_t^k)} \right]^{\frac{1}{2}}$$

$$(2-8)$$

式（2-8）中，D^k 表示产出距离函数，t 代表不同的参照期，k 代表研究对象某个样本。如果公式分别用 $TFPch$、$EFFch$ 和 $TECHch$ 表示，则样本 k 在考察期内的全要素生产率可表示为：

$$TFPch = EFFch \times TECHch \qquad (2-9)$$

式（2-9）中，*TFPch* 代表 *t* 到 *t*+1 期全要素生产率的变动，*EFFch* 代表 *t* 到 *t*+1 期的技术效率变化指数，表示对生产前沿面的追赶，*TECHch* 代表 *t* 到 *t*+1 期的技术进步变化指数，表示生产前沿面的变化。其中，

$$EFFch = PEch \times SEch \qquad (2-10)$$

式（2-10）中，*PEch* 代表 *t* 到 *t*+1 期规模报酬不变条件下纯技术效率变动，表示对生产前沿面的追赶程度，*SEch* 代表 *t* 到 *t*+1 期规模效率变动，表示实际规模与最优规模的差距。

DEA 方法测度全要素生产率主要采用投入与产出指标。产出一般用地区生产总值衡量，投入包括劳动力和资本投入。由于中国尚未对资本存量进行统计，可以采用 Goldsmith（1951）提出的永续盘存法进行测算，公式如下：

$$K_{i,t} = I_{i,t} + (1 - \delta_{i,t}) K_{i,t-1} \qquad (2-11)$$

式（2-11）中，$K_{i,t}$ 表示研究对象第 *i* 个样本在 *t* 期的固定资本存量，$K_{i,t-1}$ 表示其 *t*-1 期的固定资本存量，$I_{i,t}$ 表示其 *t* 期固定资产投资额，$\delta_{i,t}$ 表示其 *t* 期的资本折旧率，一般采用张军等（2004）的研究成果，取值为 9.6%。

2. 数据来源

本书采用中国统计出版社 2005～2013 年出版的《中国城市统计年鉴》中市辖区地区生产总值、市辖区第二产业增加值占比、市辖区第三产业增加值占比计算整理 Malmquist 指数测度中的产出指标；采用中国统计出版社 2005～2013 年出版的《中国城市统计年鉴》中市辖区年末就业人数、市辖区第二产业就业人数、市辖区第三产业就业人数作为 Malmquist 指数测度中的劳动力投入指标；采用 2005～2013 年 16 个特大城市统计年鉴和国民经济与社会发展统计公报中全社会固定资产投资、第二产业固定资产投资、第三产业固定资产投资，按照永续盘存法计算整理 Malmquist 指数测度中的资本投入指标，部分缺失数据采用几何平均进行平滑。全要素生产率数据由 DEAP 软件运算得出。

3. 测度结果

从 2005～2012 年全要素生产率指数的几何均值可以看出（见表 2－25），中国 16 个特大城市中，东莞、深圳、北京、广州 4 个城市的全要素生产率指数总体呈增长趋势，其他特大城市的全要素生产率指数总体呈下降趋势；东莞、深圳、成都 3 个城市的第二产业全要素生产率指数总体呈增长趋势，其他特大城市的第二产业全要素生产率指数总体呈下降趋势；深圳、东莞、北京、广州、杭州、南京、成都、上海 8 个城市的第三产业全要素生产率指数总体呈增长趋势，其他特大城市的第三产业全要素生产率指数总体呈下降趋势。其中，除佛山外，其他特大城市的第三产业全要素生产率指数高于第二产业，表明这些城市在产业结构服务化进程中第三产业全要素生产率改善程度好于第二产业。

表 2－25　2005～2012 年中国特大城市产业全要素生产率均值

城市	TFPch	第二产业 TFPch	第三产业 TFPch
东莞	1.0490	1.0700	1.0900
深圳	1.0420	1.0170	1.1130
北京	1.0220	0.9760	1.0700
广州	1.0070	0.9900	1.0470
成都	1.0000	1.0060	1.0270
杭州	0.9830	0.9780	1.0390
南京	0.9680	0.9690	1.0280
上海	0.9620	0.9530	1.0150
天津	0.9590	0.9720	0.9970
重庆	0.9550	0.9810	0.9990
佛山	0.9370	0.9810	0.9700
武汉	0.9210	0.9380	0.9600
汕头	0.9150	0.9420	0.9550
西安	0.8900	0.9020	0.9340
哈尔滨	0.8870	0.8910	0.9290
沈阳	0.8190	0.8790	0.8810

资料来源：根据《中国城市统计年鉴》相关数据计算整理。

从 2005～2012 年中国特大城市全要素生产率指数分解值的几何均值来看（见表 2－26），除东莞外，其他特大城市的技术进步水平总体均呈下降趋势；上海、佛山、武汉、汕头、西安、哈尔滨、沈阳 7 个城市的技术效率水平和技术进步水平总体均呈下降趋势；深圳、北京、广州、成都、杭州、天津、南京、重庆 8 个城市的技术效率水平总体呈上升趋势而技术进步水平总体呈下降趋势；东莞的技术进步水平和技术效率水平均呈上升趋势，但前者优于后者。

根据技术效率分解值的几何均值可进一步分析中国特大城市技术效率变化的原因（见表 2－26），佛山、武汉、西安、哈尔滨、沈阳 5 个城市的纯技术效率水平和规模效率水平总体均呈下降趋势；深圳、北京、广州、成都 4 个城市的纯技术效率水平和规模效率水平总体均呈上升趋势；南京、天津、重庆 3 个城市的纯技术效率水平总体呈上升趋势而规模效率水平总体呈下降趋势；杭州的规模效率水平总体呈上升趋势而纯技术效率水平总体呈下降趋势；上海、汕头的纯技术效率水平总体无变化，但规模效率水平总体呈下降趋势；东莞的纯技术效率水平和规模效率水平总体无变化。

表 2－26　2005～2012 年中国特大城市全要素生产率及其分解

城市	TFPch	EFFch	TECHch	PEch	SEch
东莞	1.0493	1.0000	1.0493	1.0000	1.0000
深圳	1.0418	1.0651	0.9782	1.0044	1.0604
北京	1.0221	1.0578	0.9663	1.0553	1.0023
广州	1.0066	1.0372	0.9706	1.0089	1.0282
成都	0.9999	1.0384	0.9629	1.0230	1.0152
杭州	0.9827	1.0015	0.9813	0.9342	1.0722
南京	0.9675	1.0067	0.9612	1.0073	0.9995
上海	0.9618	0.9988	0.9629	1.0000	0.9988
天津	0.9592	1.0045	0.9548	1.0478	0.9588
重庆	0.9552	1.0034	0.9520	1.0475	0.9580

城市	*TFPch*	*EFFch*	*TECHch*	*PEch*	*SEch*
佛山	0.9367	0.9824	0.9535	0.9999	0.9824
武汉	0.9208	0.9704	0.9487	0.9910	0.9793
汕头	0.9148	0.9567	0.9562	1.0000	0.9567
西安	0.8899	0.9425	0.9442	0.9660	0.9757
哈尔滨	0.8867	0.9406	0.9424	0.9472	0.9930
沈阳	0.8190	0.8756	0.9356	0.9479	0.9239

资料来源：根据《中国城市统计年鉴》相关数据计算整理。

从 2005～2012 年中国特大城市第二产业全要素生产率指数分解值的几何均值来看（见表 2-27），除东莞外，其他特大城市的第二产业技术进步水平总体均呈下降趋势；杭州、北京、天津、南京、上海、汕头、武汉、西安、哈尔滨、沈阳 10 个城市的第二产业技术效率水平和技术进步水平总体均呈下降趋势；深圳、成都、广州、佛山、重庆 5 个城市的第二产业技术效率水平总体呈上升趋势而技术进步水平总体呈下降趋势；东莞的第二产业技术进步水平呈上升趋势，但技术效率水平总体无变化。

根据技术效率分解值的几何均值可进一步分析中国特大城市第二产业技术效率变化的原因（见表 2-27），武汉、西安、哈尔滨、沈阳 4 个城市的第二产业纯技术效率水平和规模效率水平总体均呈下降趋势；广州的第二产业纯技术效率水平和规模效率水平总体均呈上升趋势；北京、成都、天津、重庆 4 个城市的第二产业纯技术效率水平总体呈上升趋势而规模效率水平总体呈下降趋势；南京、杭州的第二产业纯技术效率水平总体呈下降趋势而规模效率水平总体呈上升趋势；上海、汕头的第二产业纯技术效率水平总体无变化，但规模效率水平总体呈下降趋势；深圳的第二产业纯技术效率水平总体无变化，但规模效率水平总体呈上升趋势；东莞、佛山的第二产业纯技术效率水平和规模效率水平总体无变化。

表 2 - 27　2005～2012 年中国特大城市第二产业全要素生产率及其分解

城市	TFPch	EFFch	TECHch	PEch	SEch
东莞	1.0695	1.0000	1.0695	1.0000	1.0000
深圳	1.0170	1.0349	0.9828	1.0000	1.0349
成都	1.0062	1.0281	0.9787	1.0286	0.9995
广州	0.9898	1.0084	0.9814	1.0037	1.0050
佛山	0.9814	1.0001	0.9815	1.0000	1.0000
重庆	0.9806	1.0077	0.9730	1.0591	0.9516
杭州	0.9783	0.9891	0.9894	0.9209	1.0737
北京	0.9761	0.9984	0.9776	1.0458	0.9547
天津	0.9719	0.9975	0.9741	1.0509	0.9491
南京	0.9692	0.9860	0.9829	0.9819	1.0041
上海	0.9532	0.9687	0.9837	1.0000	0.9687
汕头	0.9418	0.9632	0.9778	1.0000	0.9632
武汉	0.9377	0.9633	0.9736	0.9906	0.9722
西安	0.9023	0.9295	0.9708	0.9560	0.9720
哈尔滨	0.8905	0.9180	0.9699	0.9257	0.9919
沈阳	0.8794	0.8944	0.9833	0.9564	0.9351

资料来源：根据《中国城市统计年鉴》相关数据计算整理。

从 2005～2012 年中国特大城市第三产业全要素生产率分解值的几何均值来看（见表 2 - 28），除深圳、北京、东莞外，其他特大城市的第三产业技术效率总体均呈下降趋势；所有特大城市技术进步水平总体均呈上升趋势，且均优于技术效率水平。

根据技术效率分解值的几何均值可进一步分析中国特大城市第三产业技术效率变化的原因（见表 2 - 28），广州、佛山、武汉、西安、哈尔滨、沈阳 6 个城市的第三产业纯技术效率水平和规模效率水平总体均呈下降趋势；深圳的第三产业纯技术效率水平和规模效率水平总体均呈上升趋势；北京、南京、成都、天津、重庆 5 个城市的第三产业纯技术效率水平总体呈上升趋势而规模效率水平总体呈下降趋势；杭州的第三产业纯技术效率水平总体呈下降趋势而规模效率水平总体呈上升趋势；上海、汕头的第三产业纯技术效率水平总体无变化，但规模效率水平总体呈下降趋势；东莞的第三产业纯技术效率水平和规模效率水平总体无变化。

表 2 - 28　2005 ~ 2012 年中国特大城市第三产业全要素生产率及其分解

城市	TFPch	EFFch	TECHch	PEch	SEch
深圳	1.1125	1.0531	1.0565	1.0095	1.0431
东莞	1.0900	1.0000	1.0900	1.0000	1.0000
北京	1.0707	1.0287	1.0407	1.0340	0.9948
广州	1.0471	0.9955	1.0517	0.9989	0.9966
杭州	1.0395	0.9854	1.0547	0.9493	1.0380
南京	1.0282	0.9968	1.0313	1.0141	0.9830
成都	1.0274	0.9963	1.0312	1.0124	0.9841
上海	1.0144	0.9755	1.0399	1.0000	0.9755
重庆	0.9991	0.9707	1.0290	1.0355	0.9377
天津	0.9974	0.9702	1.0280	1.0397	0.9331
佛山	0.9704	0.9470	1.0248	0.9774	0.9687
武汉	0.9602	0.9324	1.0299	0.9699	0.9615
汕头	0.9552	0.9190	1.0394	1.0000	0.9190
西安	0.9340	0.9042	1.0327	0.9321	0.9702
哈尔滨	0.9289	0.8965	1.0359	0.9118	0.9835
沈阳	0.8810	0.8654	1.0181	0.9304	0.9300

资料来源：根据《中国城市统计年鉴》相关数据计算整理。

第六节　研究结论

1. 中国特大城市产业结构服务化进程缓慢

2012 年，中国特大城市中只有北京的增加值结构和就业结构中第三产业比重超过 70%，其生产性服务业在第三产业中比重也较高，达到学术界普遍认可的产业结构服务化标准；广州、上海、哈尔滨、南京、西安、武汉、东莞的增加值结构和就业结构中第三产业比重超过 50%，达到一般产业结构服务化标准，但其生产性服务业在第三产业中比重并不大。

2. 中国特大城市产业结构服务化进程差异明显

从增加值角度分析，2003～2012 年，中国特大城市地区间经济总量绝对差距扩大比较明显，但相对差距略有缩小。其中，东莞、北京、广州、上海、深圳、南京、杭州第三产业增加值比重上升对地区生产总值增速有明显促进作用。从就业角度分析，2003～2012 年，北京、上海与其他特大城市就业人数绝对差距扩大比较明显。其中，北京、东莞第三产业就业人数比重上升对就业总人数增速有一定促进作用。汕头、杭州、上海、成都、佛山、重庆、天津、南京第三产业就业人数增速较慢，表明这些城市就业结构服务化进程缓慢。

3. 中国特大城市产业结构服务化进程仍处于工业化向后工业化发展的初级阶段

从中国特大城市产业内部结构来看，多数特大城市制造业在第二产业中占据绝对优势，但杭州、武汉、重庆、成都第二产业中制造业与建筑业比重快速接近，表明这 4 个城市可能正在经历要素结构的迅速变化；几乎所有特大城市的批发和零售业，交通运输、仓储及邮政业，教育，公共管理和社会组织 4 个行业在第三产业中占比较高。

4. 中国特大城市在产业结构服务化进程中有出现"成本病"的趋势

从人民生活水平来看，将中国特大城市人均地区生产总值与地区生产总值的变化趋势进行对比可以发现，除武汉外的其他特大城市地区生产总值增速均高于人均地区生产总值，表明这些城市的劳动生产率呈下降趋势。从人民收入水平看，一般第三产业比重较高的特大城市的收入水平也较高。这与"成本病"理论的假设基本一致。

5. 中国特大城市产业结构服务化进程并不满足"标准产业结构"模型但与"后工业化社会"理论基本一致

根据中国特大城市经济发展水平对产业结构演进理论的验证可以发现：按照"标准产业结构"理论，中国特大城市多数已进入发达经济阶段，部分仍处于工业化阶段末期，但除广州、北京、上海、沈阳外的其他特大城市的产值结构和就业结构与"标准产业结构"均有较大差异。按照"后工业化社会"理论，中国特大城市中北京、上海已进入后工业化时代，其他特大城市处于发达工业化阶段，而且第三产业内部结构也与"后工业化理论"设想基本一致。

6. 中国特大城市基本进入工业化后期阶段且多数城市产业结构比较稳定但服务化进程缓慢

从产业结构转换速度和变动方向来看，2003～2012年，中国特大城市产值结构比较稳定，产值结构服务化倾向十分明显，相对而言东南沿海经济发达特大城市产值服务化进程较快；中国特大城市就业结构也基本稳定，但城市之间就业结构转换速度存在差异，就业结构服务化倾向不太明显；相当数量的城市第二产业仍存在发展惯性。

7. 中国特大城市基本处于产业结构服务化进程加速状态而产业结构服务化进程主要受到各自产业竞争力水平的影响

从产业结构效应来看，2003～2012年，大多数中国特大城市产值结构与就业结构均对经济增长和吸纳就业有正向作用，并且第三产业在产业结构中的比重相对较高，发展速度相对较快。但是，由于中国各特大城市所处产业结构服务化进程阶段不同，产业竞争力水平具有明显差异，产业结构服务化效应尚未完全发挥。

8. 中国特大城市产业结构服务化进程与经济规模和产业专业化水平关联度较高

从产业专业化水平来看，由于没有增加值数据进行对比，中国特大城市产业专业化水平测度结果缺乏说服力。因此，可以把中国特大城市按经济总量规模分成三类分别进行分析。2003～2012年，在地区生产总值超过1万亿元的特大城市中，北京有10个服务业细分行业具有竞争力，多数是生产性服务业且比较优势明显；上海、广州各有10个服务业细分行业具有竞争力，生产性服务业比较优势开始显现，但制造业优势仍然存在；深圳、天津具有竞争力的服务业细分行业不多，但制造业比较优势明显。在地区生产总值为5000亿～8000亿元的特大城市中，重庆、佛山、成都、东莞具有竞争力的服务业细分行业不多但第二产业比较优势明显，武汉、南京、杭州、沈阳则有一半的服务业细分行业具有竞争力，这 8 个城市的生产性服务业缺乏比较优势。在地区生产总值低于 4000 亿元的特大城市中，哈尔滨、西安、汕头的第二产业和生产性服务业均无竞争优势，但生活性服务业具备一定比较优势。

9. 技术进步尚未成为中国特大城市产业结构服务化加速的关键因素且产业集聚水平不高阻碍部分特大城市产业结构服务化进程

从全要素生产率水平来看，2005～2012 年，中国特大城市中只有北京、深圳、广州、东莞的全要素生产率总体呈上升趋势。对于全要素增长率变化的原因，几乎所有特大城市都受到技术进步水平恶化的影响，相对而言技术效率变化的影响是正面的，说明技术进步尚未对要素结构和供求结构产生影响。关于技术效率变化的原因，中国特大城市基本上均受到纯技术效率变化的正向影响，相对而言规模效率变化影响较小。

10. 中国特大城市产业结构服务化进程与"成本病"理论假设并不一致

从第二、第三产业的全要素生产率水平来看，2005～2012 年，中国特大城市尤其是产业结构服务化进程较快的城市第三产业全要素生产率改善程度好于第二产业。对于第二、第三产业全要素增长率变化的原因，第二产业主要受到技术效率变化的正向影响，而第三产业主要受到技术进步的正向影响。根据前面分析的结论——整体全要素增长率主要受技术效率而不是技术进步影响，可以判断出中国特大城市在产业结构服务化进程中第三产业技术进步水平提升快于其他产业，但其生产性服务业发展水平较低，产业服务化和企业服务化未能有效开展，从而使整体全要素生产率的改善并不明显。

总而言之，中国各特大城市处于经济社会发展不同阶段，产业结构服务化进程各不相同，虽然都基本符合产业结构服务化理论对产业结构服务化规律与特征的判断，但是与发达国家和地区的产业结构服务化进程规律并不一致。相对而言，中国特大城市产业结构服务化进程较为缓慢，尤其是就业结构服务化趋势与发达国家同期具有较大差异。各特大城市第三产业主导经济发展趋势虽已显现，但产业结构效应并不明显，不同经济发展水平和产业竞争力水平导致地区差异明显。同时，各特大城市服务业竞争力水平也存在巨大差异，绝大多数生产性服务业竞争力水平不高但制造业优势明显。究其原因，主要是技术进步尚未成为中国特大城市产业结构服务化加速的关键因素，而且第三产业对于技术进步引致的全要素生产率提升十分敏感，这也表明中国特大城市产业结构服务化进程并未出现"成本病"。

第三章 环境约束条件下中国特大城市产业结构服务化效率测度

如前所述，中国特大城市产业结构服务化并未导致经济增长停滞趋势出现。然而，地区生产总值增长并非产业结构服务化的唯一目标，中国特大城市的巨大规模导致经济发展还面临极大的环境承载压力。因此，评估环境约束条件下中国特大城市产业结构服务化效率显得尤为重要。

第一节　研究方法

产业结构服务化效率是指在产业结构服务化过程中投入资源与产出结果的对比表现。所谓效率高即表现为以最小的资源消耗和经济投资换来最大的经济增长和环境改善。因此，对某个区域或城市产业结构服务化效率的度量可以将其规划为一个复杂系统或"黑盒子"，不考虑系统内部各个要素的联系和相互作用，而是通过对该区域或城市各个产业的投入要素数量和产出数量进行衡量。用 DEA 方法测度投入产出效率是恰当并合适的，但传统 DEA 模型，如 CCR、BCC 模型，受到模型径向、维度等方面的限制，无法完整地体现产业结构服务化过程中的经济发展与环境影响，因此本书将参考 RAM 模型建立基于期望产出的经济效率模型和基于非期望产出的环境效率模型，并利用 RAM 模型可加性的特点，综合上述两个模型建立双重效率模型。

为将经济要素、环境因素等变量纳入产业结构服务化效率分析的框架，综合模型应包含期望产出与非期望产出，并在此基础上构建一个生产可能集，生产的产品通常为期望产出，而生产中的副产品，如三废、噪音等污染物，通常为非期望产出。在投入要素方面，除按照全要素生产率的定义将投入分为固定资产、人力资本外，还应增加能源要素。如前所述，所谓产业结构服务化，是向经济以服务业占主导转化的过程，是能源等硬要素对经济增长作用不断下降的过程。同时，以煤炭、石油为代表的能源消耗也是非期望产品产生的物质基础。因此，可将对经济的投入要素分为经济投入要素和能源投入要素。假设每个特大城市使用 N 种经济投入 $x = (x_1, \cdots, x_N) \in R_N^+$ 和 M 种能源投入 $e = (e_1, \cdots, e_M) \in R_M^+$，得到 P 种期望产出 $y = (y_1, \cdots, y_P) \in R_P^+$ 和 I 种非期望产出 $b = (b_1, \cdots, b_I) \in R_I^+$，则生产可能集模拟为：

$$T = \{(x, e, y, b) : (x, e) \ can \ produce \ (y, b), x \in R_N^+, e \in R_M^+\} \qquad (3-1)$$

假设在任一时间截面上，中国 16 个特大城市中的第 j 个城市的投入产出向量为 $(x_t^j, e_t^j, y_t^j, b_t^j)$，则可运用 RAM 模型构造中国特大城市产业结构服务化的最优实践边界，然后把各城市的投入产出向量与边界值比较，即可得出产业结构服务化效率的测度值。

一 基于期望产出的 RAM 经济模型

传统的 DEA 模型大多采用决策单元数据构造生产边界，同时计算某决策单元到生产边界的距离与其到原点的距离，并利用两个距离的值来计算效率。如图 3－1 所示，从投入角度来看，决策单元无效率产生的原因是各投入要素的使用过量。因此，要提高该决策单元的效率值只有等比例减少投入要素。实际上，决策单元的非有效不但是各要素的投入过量造成的，同样也是投入要素的配置不当造成的。如图 3－1 所示，传统的 DEA 模型的径向限制无法体现要素配置不当引起的非效率。本书所采用的 RAM 模型由 SBM 模型发展而来，其基本原理是根据投入及产出相对效率前沿投影的松弛程度来确定技术效率。该模型优点在于：首先，模型并无传统 DEA 方法中要求投入变量同比例变动，与真实生产状况一致；其次，模型是非径向的，通过综合投入要素和产出要素计算而无须选择产业结构服务化效率的角度；再次，模型中规划式的目标函数具有可加性，既可采用该模型单独测算经济效率（期望产出）或环境效率（非期望产出），又可以将两者整合在同一研究框架内计算经济和环境双重效率；最后，由于使用了松弛变量，模型通过约束条件可直接计算某决策单元中某要素用量与最高效率状态下用量的差值，便于进一步研究效率损失的要素来源。

根据 Aida 等（1998）定义，以下为基于期望产出的经济效率的模型规划式：

$$\max\left\{\left(\sum_{n=1}^{N}R_n^x s_n^x + \sum_{p=1}^{P}R_p^y s_p^y\right) \middle| \begin{array}{l} \sum_{j=1}^{J}x_{nj}\lambda_j + s_n^x = x_{nj}, \forall n; \sum_{j=1}^{J}y_{pj}\lambda_j - s_p^y = y_{pj}, \forall p; \\ \sum_{j=1}^{J}\lambda_j = 1, \lambda_j \geq 0, \forall j; s_n^x \geq 0, \forall n; s_p^y \geq 0, \forall p \end{array}\right\}$$

$$(3-2)$$

式（3-2）表示一个时间截面状态，通过计算 16 个城市的投入极差 $[\max(x_{nj}) - \min(x_{nj})]$ 与产出极差 $[\max(y_{pj}) - \min(y_{pj})]$，可得投入松弛 s_n^x 和产出松弛 s_p^x：

$$R_n^x = \frac{1}{(N+P)[\max(x_{nj}) - \min(x_{nj})]}, R_p^y = \frac{1}{(N+P)[\max(y_{nj}) - \min(y_{nj})]}$$

$$(3-3)$$

由松弛定义可知其值介于 0 和极差之间，即有：

$$0 \leq s_n^{x*} = x_{nj} - \sum_{j=1}^{J}x_{nj}\lambda^* \leq R_n^x, 0 \leq s_p^{y*} \leq y_{pj} - \sum_{j=1}^{J}y_{pj}\lambda^* \leq R_p^y \qquad (3-4)$$

式（3-4）中，＊表示最优解的值，因此 λ^* 为令各城市在取得最大效率时所有城市相应变量的权重。同时，令 $\sum_{j=1}^{J}\lambda_j = 1, \lambda_j \geq 0$ 同传统 DEA 模型含义一致，表示此时生产技术为可变规模报酬。因此，某时期城市 j 的经济效率可通过式（3-5）测算：

$$0 \leqslant \theta = 1 - \left(\sum_{n=1}^{N} R_n^x S_n^{x*} + \sum_{p=1}^{P} R_p^y S_p^{y*} \right) \leqslant 1 \qquad (3-5)$$

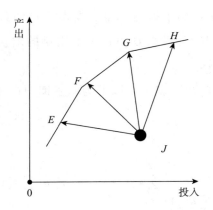

图 3 – 1　基于期望产出的 RAM 经济模型

资料来源：李涛（2013）。

由 θ 表达式可知，θ 满足效率值的可排序性和有界性原则。要使效率值最高为 1，则需要使得所有松弛，无论是投入变量的松弛还是产出变量的松弛都为 0，此时在经济意义上则表示该城市处于构造的最优实践边界，达到了经济效率的帕累托最优。如图 3 – 1 所示，$EFGH$ 构成的即为最优边界，若模型是非径向的，则生产可能集内任一决策单元 j 可向任一方向进行投影。如 JF 为有效投影，投入减少而产出增加，生产效率得到提高；而 JH 是无效投影，投入产出都增加却未改善生产效率。

二　基于非期望产出的 RAM 经济模型

如前所述，产业结构服务化目的并不全在于经济产出的提高，也在于改变发展方式以改善城市环境状况。因此，在模型中就需要产业结构服务化效率的测算能同时模拟经济产出增加和环境污染减少两种倾向。借鉴李涛（2013）在能源效率中的思路：能源要素效率测算存在混合效应，但能源要素投入增加，如石油并不一定意味着污染增加和环境效率降低，有可能意味着另一能源要素的减少。为了在模型中表征能源要素的替代效应，应设定两个能源松弛。因此，基于非期望产出的环境效率模型定义式为：

$$\max\left\{\begin{array}{l}\sum_{n=1}^{N}R_n^x s_n^x + \sum_{m=1}^{M}R_m^e(s_m^{e+}+s_m^{e-}) + \sum_{i=1}^{I}R_i^b s_i^b \;\bigg|\; \sum_{j=1}^{J}x_{nj}\lambda^j + s_n^x = x_{nj},\forall n;\\[2mm] \sum_{j=1}^{J}e_{mj}\lambda_j - s_m^{e+} + s_m^{e-} = e_{mj},\forall m;\sum_{j=1}^{J}b_{ij}\lambda_j + s_i^b = b_{ij},\forall i;\\[2mm] \sum_{j=1}^{J}\lambda_j = 1,\lambda_j \geq 0,\forall j;s_n^x \geq 0,\forall n;s_m^{e+}\geq 0,s_m^{e-}\geq 0,\forall p;s_i^b \geq 0,\forall i\end{array}\right\}\quad(3-6)$$

若用某一污染物代表环境的非期望产出时，则某时间截面的环境效率可通过式（3-7）计算：

$$0 \leq \theta = 1 - \left(\sum_{n=1}^{N}R_n^x s_n^{x*} + \sum_{m=1}^{M}R_m^e(s_m^{e+*}+s_m^{e-*}) + \sum_{i=1}^{I}R_i^b s_i^{b*}\right) \leq 1 \qquad (3-7)$$

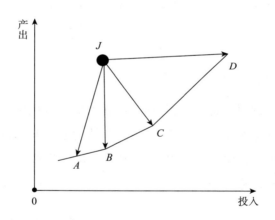

图 3-2　基于非期望产出的 RAM 经济模型

资料来源：李涛（2013）。

如图 3-2 所示，该模型横轴表示能源投入，纵轴表示污染产出，对于城市 j，改善环境效率有多个方向，其中 JA 和 JC 是有效方向。JA 为自然改善，表示在产业结构服务化过程中，随着低能耗行业对高能耗行业的替代，能源投入的自然减少导致环境效率的提高；JC 则表示虽然某种能源要素的投入增加，但"混合效应"反而引起污染产出的减少。

三　基于双重产出的 RAM 经济模型

综上所述，经济效率是追求经济产出增加的同时使得经济投入减少，是只追求经济增长而忽视环境污染的非可持续性的发展模式，而环境效率则主要着眼于能源在经济活动中对非期望产出（污染物排放）的影响，度量的是产业结构服务化对环境的管制绩效。本书利用 RAM 模型的可加性特征将两种效率纳入同一研究框架中，得到联合效率模型，其定义规划式如下：

$$
\max\left\{
\begin{array}{l}
\sum_{n=1}^{N} R_n^x s_n^x + \sum_{m=1}^{M} R_m^e (s_m^{e+} + s_m^{e-}) + \sum_{p=1}^{P} R_p^y s_p^y + \sum_{i=1}^{I} R_i^b s_i^b \\[2mm]
\left| \sum_{j=1}^{J} x_{nj}\lambda_j + s_n^x = x_{nj}, \forall n; \sum_{j=1}^{J} e_{mj}\lambda_j - s_m^{e+} + s_m^{e-} = e_{mj}, \forall m; \right. \\[2mm]
\sum_{j=1}^{J} y_{pj}\lambda_j - s_p^r = y_{pj}, \forall p; \sum_{j=1}^{J} b_{ij}\lambda_j + s_i^b = b_{ij}, \forall i; \\[2mm]
\sum_{j=1}^{J} \lambda_j = 1, \lambda_j \geq 0, \forall j; \\[2mm]
s_n^x \geq 0, \forall n; s_m^{e+} \geq 0, s_m^{e-} \geq 0, \forall p; s_p^y \geq 0, \forall p; s_i^b \geq 0, \forall i
\end{array}
\right\}
\tag{3-8}
$$

式（3-8）同时考虑经济效率和环境效率，构成两个最优边界，可通过联合效率度量某个城市在某时期产业结构服务化对经济增长和污染物减排的双重作用，体现了可持续发展的要求。根据 RAM 模型规划式，可得联合效率值计算式为：

$$
0 \leq \theta = 1 - \left(\sum_{n=1}^{N} R_n^x s_n^{x*} + \sum_{m=1}^{M} R_m^e (s_m^{e+*} + s_m^{e-*}) + \sum_{p=1}^{P} R_p^y s_p^{y*} + \sum_{i=1}^{I} R_i^b s_i^{b*} \right) \leq 1
$$

$$\tag{3-9}$$

为更好地阐释联合效率，将两个效率模型图示重合。由于存在两个最优边界，效率改善过程可表示为双边投影。如图 3-3 所示，横轴表示资源投入，纵轴既表示经济产出，也表示污染产出。城市产业结构服务化的目的之一是在保持经济增长的前提下实现环境改善的双赢战略，高效率的产业结构服务化策略既不能因为保增长而进一步损害城市环境，也不能因为环境改善要求而限制经济的发展。因此，图 3-3 中各个方向的投影有新的含义。如 *JF* 不仅代表经济效率的改善，还代表能源投入的减少，是一种可持续发展的产业结构服务化路径。*JC* 代表的是通过优化能源结构，发挥清洁能源的替代作用并且通过开发或引进新技术来提高环境效率，同时依赖能源投入的增加对经济增长和经济效率的改善起到正向作用。

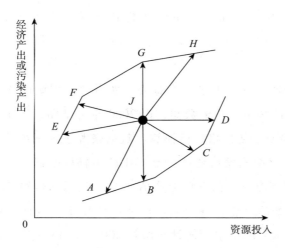

图 3 - 3　基于双重产出的 RAM 经济模型
资料来源：李涛（2013）。

第二节　评价指标和数据来源

按照研究目的和设定模型的特性。本书选取 2000～2012 年中国 16 个特大城市的地区生产总值、资本存量、劳动投入、能源投入、第三产业产值比重和污染物处理量的面板数据。

（1）资本投入。资本投入采用资本存量来表征，参考向娟（2011）的研究成果并自行计算 2000～2012 年 16 个特大城市的实际资本存量，并采用平减指数将资本存量换算为以 1990 年为基期计算的不变价格资本存量数值。数据来源于中国统计出版社 2001～2013 年出版的《中国城市统计年鉴》市辖区数据。

（2）劳动投入。劳动投入有两种表征形式，一种是以有效劳动时间衡量，还有一种是以劳动人口衡量。中国统计年鉴中缺乏平均工作时间数据，因此本书沿用国内研究的一般做法，以当年从业人数予以替代。

数据来源于中国统计出版社 2001～2013 年出版的《中国城市统计年鉴》中的市辖区数据。

（3）能源投入。能源既是经济增长的动力，也是污染物的主要来源。因此选取用电量和用水量作为能源投入。数据来源于中国统计出版社 2001～2013 年出版的《中国城市统计年鉴》中的市辖区数据。

（4）期望产出——地区生产总值。采用《中国城市统计年鉴》中 16 个特大城市的地区生产总值数据，以 2000 年为基期，也采取平减指数法以 1952 年为基期不变价格进行换算。数据来源于中国统计出版社 2001～2013 年出版的《中国城市统计年鉴》中的市辖区数据。

（5）期望产出——第三产业产值比重。该指标是对产业结构服务化程度的表征。如前所述，选用第三产业产值比重作为产业结构服务化的期望产出。数据来源于中国统计出版社 2001～2013 年出版的《中国城市统计年鉴》中的市辖区数据。

（6）非期望产出——污染物排放量。中国城市统计数据中并无碳排放等衡量污染物的标准数据。因此，在可查数据中选取工业废水排放量作为指标表征城市在产业结构服务化过程中污染物的排放。数据来源于中国统计出版社 2001～2013 年出版的《中国城市统计年鉴》中的市辖区数据。

第三节　实证结果分析

运用 RAM 经济效率模型、环境效率模型和联合模型，采用样本数据和 lingo 软件，本书构造了 2000～2012 年经济效率、环境效率和联合效率的最优前沿并计算了 16 个特大城市与最优边界的有效投影得到效率值。表 3–1 中显示 2000～2012 年 16 个特大城市三种效率的均值。本书将从以下四个视角对 16 个特大城市产业结构服务化效率进行分析。

表 3 - 1　2000 ~ 2012 年中国特大城市产业结构服务化效率均值

城市	经济效率	环境效率	联合效率
杭州	0. 881	0. 947	0. 962
上海	0. 920	0. 831	0. 930
广州	0. 854	0. 782	0. 893
深圳	0. 915	0. 829	0. 812
南京	0. 514	0. 624	0. 782
北京	0. 824	0. 673	0. 762
成都	0. 534	0. 692	0. 736
重庆	0. 729	0. 519	0. 678
西安	0. 488	0. 443	0. 671
佛山	0. 509	0. 673	0. 640
天津	0. 821	0. 534	0. 627
武汉	0. 753	0. 601	0. 626
汕头	0. 493	0. 505	0. 621
东莞	0. 573	0. 438	0. 601
哈尔滨	0. 515	0. 562	0. 593
沈阳	0. 577	0. 498	0. 581

资料来源：根据相关数据计算整理。

一　特大城市产业结构服务化效率整体变化趋势分析

在样本观察期 2000 ~ 2012 年，中国经济增长和环境治理呈现出明显的阶段特征。16 个特大城市作为中国经济增长的排头兵，其经济效率、环境效率和联合效率也体现出这个特征（见图 3 - 4）。若将 16 个特大城市每年的效率取平均值作为整体效率指标，可发现在样本研究期间效率值的变动比较大，总体上可分为三个时段。

2000 ~ 2003 年，经济效率从 0. 517 增长到 0. 569，以无环境约束的经济转型模式衡量，16 个特大城市通过产业结构服务化促进了经济增长和第三产业地区生产总值的提高；环境效率从 0. 475 降低到 0. 452，表明环境效率降低并未对产业结构服务化和经济增长造成显著影响，但也表明产业结构服务化并未带来城市环境状况的改善；由于本时段经济效率的改善幅度超过环境效率的恶化程度，两者协同的联合效率仍有所提高。结合各城市的效率值变动状况可以发现，部分城市在产业结构服务化过程中只注重经济增长，仍然沿用高投入、高产出的经济发展模式，造成产业结构服务化与环境治理的脱节，使得城市人口并未从产业结构服务化中获得整体效益。

2004～2007年，该时段经济效率和环境效率都有一定幅度增长，经济效率从0.569增长到0.582，环境效率从0.452增加到0.486，联合效率也有相应的提高。这表明各城市产业结构服务化效应开始显现。

2008～2012年，16个城市产业结构服务化的经济效率和环境效率都出现一定幅度下降，经济效率从0.582降低到0.571，环境效率从0.486降低到0.471，呈现双重恶化。这可能是2008年经济危机引致的四万亿元投资计划所造成的。16个特大城市作为中国经济较发达地区，投入巨大且主要进入基础建设领域，造成工业能耗的提高和污染排放相对增加，导致产业结构服务化经济效率和环境效率降低。

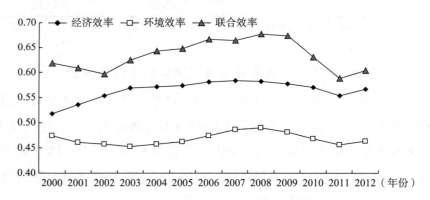

图3-4 中国特大城市产业结构服务化效率变化趋势

资料来源：根据《中国城市统计年鉴》相关数据计算结果绘制。

DEA方法计算出来的效率值是相对数值，因此本书运用非参数方法来检验上述结论。由于该研究是多样本的对比，具体采用的是Kruskal-Waliis秩和检验。建立如下假设。

H_0：2000～2012年各子阶段的产业结构服务化经济效率、环境效率和联合效率不存在显著差异。

本书将整个样本期间的 16 个特大城市的各年度三种效率指标进行合并并排序。令 R_{jt} 代表第 j 个城市在 t 年度的秩,Kruskal-Waliis 统计量 H 为:

$$H = \frac{12}{n(n+1)} \sum_{i=1}^{T} \frac{R_{jt}^2}{n} - 3(n+1) \qquad (3-10)$$

该统计量服从自由度为 $T-1$ 的卡方分布（Hollander and Wolfe, 1999）。秩和检验需要考虑的问题是如果样本中值相同的单元过多会影响统计量的检验精度,因此可对统计量的值做出调整:

$$H = \left[\frac{12}{n(n+1)} \sum_{i=1}^{T} \frac{R_{jt}^2}{n} - 3(n+1) \right] \Big/ \left[1 - \frac{\sum \omega}{n^3 - n} \right] \qquad (3-11)$$

式（3-11）中,$\omega = \tau^3 - \tau$,τ 的含义是具有相同排名（秩）的城市总个数。

检验结果见表 3-2 至表 3-4。2000~2003 年,经济效率的 H 统计量值为 13.75 大于卡方分布的 1% 显著性水平下的临界值 13.28,因此拒绝原假设,表明在该时段各年度之间的经济效率有显著差异,产业结构服务化确实带来了经济增长和经济效率的提高;联合效率的 H 统计量值为 9.98,也大于卡方分布的 5% 显著性水平下的临界值 9.49,说明在该时段联合效率也存在显著差异;环境效率没有通过秩和检验,说明环境效率在这一时段并无显著差异,也意味着联合效率提高的主要因素是经济效率。2004~2007 年,三种指标分别在 1% 和 5% 显著性水平下通过了检验,说明"十一五"期间中央政府提出的大城市产业结构服务化战略对特大城市产业结构服务化起到了正向的促进作用,提高了经济效率、环境效率和联合效率。2008~2012 年,环境效率和联合效率的 H 统计量均远远超过卡方分布（自由度为 5）在 1% 显著性水平下的临界值,而经济效率在 5% 的水平下显著,可见 2008~2012 年环境效率和联合效率确实有显著降低,而联合效率下降的主要因素是环境效率。

表 3 – 2   2000 ~ 2003 年产业结构服务化效率的 Kruskal-Wallis 秩和检验结果

指标类型	2000 年	2001 年	2002 年	2003 年	H 统计量
经济效率均秩	57.13	63.42	72.94	92.53	13.75 ***
环境效率均秩	65.42	63.14	68.42	73.24	7.41
联合效率均秩	59.43	65.23	69.32	89.32	9.98 **

注：" *** "表示在 1% 的水平下显著，" ** "表示在 5% 的水平下显著。
资料来源：根据《中国城市统计年鉴》相关数据计算整理。

表 3 – 3   2004 ~ 2007 年产业结构服务化效率的 Kruskal-Wallis 秩和检验结果

指标类型	2004 年	2005 年	2006 年	2007 年	H 统计量
经济效率均秩	50.43	66.12	82.44	82.73	12.12 ***
环境效率均秩	60.12	64.94	77.92	68.12	9.41 **
联合效率均秩	64.43	59.23	71.32	84.11	9.98 **

注：" *** "表示在 1% 的水平下显著，" ** "表示在 5% 的水平下显著。
资料来源：根据《中国城市统计年鉴》相关数据计算整理。

表 3 – 4   2008 ~ 2012 年产业结构服务化效率的 Kruskal-Wallis 秩和检验结果

指标类型	2008 年	2009 年	2010 年	2011 年	2012 年	H 统计量
经济效率均秩	65.83	71.98	78.61	83.49	100.78	9.73 **
环境效率均秩	61.34	78.32	75.12	99.41	117.23	15.41 ***
联合效率均秩	62.12	75.31	78.32	100.33	114.72	19.98 ***

注：" *** "表示在 1% 的水平下显著，" ** "表示在 5% 的水平下显著。
资料来源：根据《中国城市统计年鉴》相关数据计算整理。

二　特大城市产业结构服务化效率的地区差异

从地域分布上看，16 个特大城市中除了武汉外，其他城市主要集中在东西部地区，因此无法沿用传统研究方法将其划分为东部、中部和西部三大地区。但从区域经济的视角，西安、沈阳、哈尔滨与北京、天津同为北方城市，联系较为紧密，可将其划分为一类；上海、杭州、南京、武汉、重庆、成都同属长江经济带区域范围，也可将其划分为一类；广州、深圳、东莞、佛山、汕头属于珠三角城市，可以将其划分为一类。本书采用 Mann-Whitney 秩和检验，对三类城市分别在三个阶段的三个效率指标进行排序，通过加总得到秩和，然后分别进行两两检验。该检验原假设为 H_0。

H_0：2000 ~ 2012 年各子阶段的城市 i 与城市 j 的经济效率、环境效率和联合效率不存在差异。

在 Mann-Whitney 秩和检验中，采用每个城市效率指标的秩和计算检验统计量，其检验统计量 U 定义为：

$$U = n_i \times n_j + \frac{n_i(n_j + 1)}{2} - \sum R \tag{3-12}$$

当每组的子样本容量大于 20 时，每个组都近似服从正态分布，该正态分布的特征为：$E(u) = n_i n_j / 2$，$V(u) = n_i n_j(n_i + n_j + 1)/12$。当多个秩出现相等时，可通过式（3-13）调整 Z 统计量：

$$Z = (U - n_i n_j / 2) \bigg/ \sqrt{n_i n_j(n_i + n_j + 1)/12} \tag{3-13}$$

在 SPSS 软件中进行处理，处理结果如表 3-5 所示。对于所有时期，分区域的三种指标的 U 统计量均在各自水平上拒绝了无差异的原假设。该结果表明 16 个特大城市在产业结构服务化水平和效率上并不同步，表现出明显的空间异质性，效率值呈现出明显的长江经济带 > 珠三角 > 北方的分布趋势。其中，长江经济带与珠三角的平均水平值较接近，而北方城市在三个时间段的三种效率指标均低于长江经济带和珠三角。该结果表明北方 5 个特大城市在产业结构服务化进程中相对于南方特大城市，无论是经济增长还是环境改善都处于较低效率状态，且这种差异是十分显著的。

表 3-5　三类特大城市产业结构服务化效率的 Mann-Whitney 秩和检验结果

时间范围	长江/珠三角（Z 值）			珠三角/北方（Z 值）			长江/北方（Z 值）		
	经济效率	环境效率	联合效率	经济效率	环境效率	联合效率	经济效率	环境效率	联合效率
2000 ~ 2003 年	-5.14***	-5.53***	-2.01*	-4.15**	-2.24*	-6.75***	-2.76**	-6.54***	-9.04***

续表

时间范围	长江/珠三角（Z 值）			珠三角/北方（Z 值）			长江/北方（Z 值）		
	经济效率	环境效率	联合效率	经济效率	环境效率	联合效率	经济效率	环境效率	联合效率
2004～2007 年	-7.35 ***	-7.18 ***	-2.85 ***	-3.89 ***	-2.78 **	-6.91 ***	-2.31 *	-8.24 ***	-4.16 ***
2008～2012 年	-6.48 ***	-6.74 ***	-4.01 ***	-4.31 ***	-2.31 *	-3.42 ***	-8.11 ***	-3.87 ***	-3.53 ***

注："***"表示在 1%的水平下显著，"**"表示在 5%的水平下显著，"*"表示在 10%的水平下显著。

资料来源：根据《中国城市统计年鉴》相关数据计算整理。

为进一步深入研究各城市在样本期间的产业结构服务化三种指标的效率差异，以 2000～2012 年全阶段的经济效率和环境效率中位数为分割点，其中，经济效率中位数为 0.621，环境效率中位数为 0.542，对全部研究对象进行如下统计分组。

G_1：经济效率与环境效率均大于中位数。该组包括上海、杭州、广州、深圳 4 个城市。这些城市的经济效率和环境效率都接近最优边界，说明上述城市在产业结构服务化进程中同时实现了经济增长和环境改善。

G_2：经济效率大于中位数，环境效率小于中位数。该组包括北京、天津、武汉和重庆 4 个城市。这些城市经济效率较高，接近最优边界，但环境效率较低，说明虽然 2000～2012 年这些城市的产业结构服务化取得了经济效果，但其经济增长的主要源泉是投入尤其是资源投入的增加，因而不可避免地降低了环境效率。

G_3：经济效率小于中位数，环境效率大于中位数。该组包括成都、南京、佛山 3 个城市。产业结构服务化被认为对环境改善有正向影响，但经济增长对城市环境的影响也取决于城市原有产业结构，如原本服务业比例高的城市较原本重工业较发达的城市更利于产业结构服务化进程中的环境改善。成都、南京本身服务业较发达，佛山则通过转移出大量的高能耗、高污染的陶瓷企业，环境效率在样本期内保持了较高水平。

G_4：经济效率和环境效率均低于中位数。该组包括东莞、汕头、西安、沈阳和哈尔滨 5 个城市。这些城市的经济效率和环境效率均处于较低水平，表明这些城市在所有特大城市中发展水平并不理想，尤其是在产业结构服务化进程中，无论是对经济增长的促进还是对环境的改善作用都有待提高。

三　中国特大城市产业结构服务化非效率来源解析

RAM 模型源于 SBM 模型的基本原理，因此也基于松弛变量的大小作为效率测度的基本要素。基于模型结构的可加性，可通过各城市的非效率来源进一步研究中国特大城市产业结构服务化进程中经济效率和环境效率的内部影响因素。如前所述，松弛变量分别表示城市产业结构服务化过程中经济要素与能源要素大于最优边界的投入、经济产出小于最优期望产出、污染物大于最小非期望产出的程度。其中，冗余投入的经济要素、能源要素、不足的经济产出和过度排放的污染物正是导致这三个效率指标非效率的来源。因此，理论上可通过测算每种要素的实际投入或产出与最优产出之间的松弛量来表征产业结构服务化中经济增长和环境改善效率缺失的源泉。李涛（2013）在 Cooper 等（1999）对 SBM 模型分解方法的基础上，提出直接测算对整体效率值缺失即非效率水平贡献度的公式。

经济（资本或劳动力）投入非效率：

$$NE_x = \frac{1}{1-\theta} \sum_{n=1}^{N} R_n^x s_n^{x*} \tag{3-14}$$

其中，$x = k$ 或 l，k 为资本，l 为劳动力。

能源投入非效率：

$$NE_e = \frac{1}{1-\theta} \sum_{m=1}^{M} R_m^e (s_m^{e+*} + s_m^{e-*}) \tag{3-15}$$

经济产出非效率：

$$NE_y = \frac{1}{1-\theta} \sum_{p=1}^{P} R_p^y s_p^{y*} \tag{3-16}$$

污染产出非效率：

$$NE_b = \frac{1}{1-\theta} \sum_{i=1}^{I} R_i^b s_i^{b*} \qquad (3-17)$$

根据式（3-14）至式（3-16），本书计算 16 个特大城市产业结构服务化的经济效率、环境效率和联合效率中每个城市的每个要素的松弛量占非效率的比重。表 3-6 中全国城市和各组别的数值由各城市 2000~2012 年各年度比重值平均得到。

表 3-6 2000~2012 年中国特大城市效率指标非效率来源分解

单位：%

区域	经济非效率				环境非效率				联合非效率				
	NE_k	NE_l	NE_e	NE_y	NE_k	NE_l	NE_e	NE_b	NE_k	NE_l	NE_e	NE_y	NE_b
全国城市	26	14	35	26	29	20	30	21	24	14	30	13	19
长江	29	16	36	19	37	15	31	17	29	9	32	10	20
珠三角	24	10	32	34	26	15	34	15	21	18	29	15	16
北方	27	15	31	27	20	29	25	26	23	17	31	12	17

资料来源：根据《中国城市统计年鉴》相关数据计算整理。

总体来看，16 个城市在产业结构服务化过程中经济产出的非效率主要是资本投入冗余较高以及能源过度消耗所造成的，其对经济非效率总贡献度为 61%。从产出角度看，以地区生产总值为代表的产业结构服务化产出相对于最优产出也贡献 26% 的损失。可见，原有经济发展模式中的高投入并未带来高产出，而进一步加速产业结构服务化进程是特大城市经济增长的最优路径。在对环境非效率来源的分解中可发现，过度的资本投入和能源消耗的贡献度分别为 29% 和 30%，造成高于最优排放量 21% 的污染物排放。上述结论得到相关理论研究支持，许多成果指出在产业结构服务化过程中，中国仍然存在资本深化过度现象（张湘赣，2011），资本深化过度既导致投资效率恶化（张军，2002），也导致经济偏离资源禀赋路径进而使得能源效率恶化（魏楚和沈满洪，2008）。16 个特大城市的产业结构服务化水平虽然大多高于全国平均水平，但资本密集型和能源密集型工业仍占有重要地位。因此，在产业结构服务化过程中应注意能源消费的挑战，改变经济粗放型、高能耗的发展模式。在联合非效率分解结果中也显著地表现这一特征。如表 3 - 6 所示，在联合非效率来源测算中，能源、资本和污染物是非效率的主要来源。其中，能源过度投入贡献度高达 30%，非期望产出污染物排放的贡献度达到了 19%，而经济产出不足的贡献度只有 13%。由于能源投入的非效率贡献度也远大于污染物排放的贡献度，可见在特大城市产业结构服务化过程中增加节能投入和加快技术进步比单纯节能减排政策对三种效率的提高更加有效。

从不同区域看，经济效率、环境效率和联合效率这三个指标的非效率结构中，长江经济带城市的资本非效率贡献度都高于另外两个区域，29% > 27% > 24%。一个可能的原因是近年来长江经济带逐渐上升成为国家战略的过程中，吸纳大量投资，初期大量投入会引起投资效率的下降。在能源的非效率贡献度上，虽然长江经济带城市的能源投入总值最高，但在非效率贡献度上低于其他两个地区城市，可见长江经济带城市的能源利用效率是最高的，其主要原因有二：一是长江经济带城市水电资源丰富，能源结构中清洁能源比例较高；二是长江经济带沿岸城市向来对环境保护具有较强意识，节能高效技术使用比例较高。因此，虽然长江经济带城市能源投入和污染排放绝对总量最高，但黄金水道的巨大价值和较强的环境保护意识为长江经济带在产业结构服务化过程中带来了有助于提高能源利用率和减少污染物排放的巨大潜力。随着国家长江经济带战略的实施，这一趋势将更加明显。

四　不同环境约束条件下特大城市产业结构服务化环境效率评价

按照新结构经济学理论，要素结构决定了产业结构。因此，在环境约束下实现经济增长是中国特大城市产业结构服务化的原动力之一。通过测算 2000 ~ 2012 年 16 个特大城市产业结构服务化进程中不同环境约束条件下对环境效率差异的影响，能够对各城市产业结构服务化路径的合理性进行评价。本书通过改变 RAM 模型的规划式中的约束条件，对环境效率模型式（3-6）设定其投影方向，实现对产业结构服务化中不同环境改善方式的模拟。模型如下所示。

自然减排：

$$
\max\left\{
\begin{array}{l}
\sum_{n=1}^{N} R_n^x s_n^x + \sum_{m=1}^{M} R_m^e s_m^{e-} + \sum_{i=1}^{I} R_i^b s_i^b \\[2mm]
\left| \begin{array}{l} \sum_{j=1}^{J} x_{nj}\lambda_j + s_n^x = x_{nj}, \forall n; \sum_{j=1}^{J} e_{mj}\lambda_j - s_m^{e-} = e_{mj}, \forall m; \end{array}\right. \\[4mm]
\sum_{j=1}^{J} b_{ij}\lambda_j + s_i^b = b_{ij}, \forall i; \sum_{j=1}^{J} \lambda_j = 1, \lambda_j \geqslant 0, \forall j; \\[4mm]
s_n^x \geqslant 0, \forall n; s_m^{e-} \geqslant 0; s_p^y \geqslant 0, \forall p; s_i^b \geqslant 0, \forall i
\end{array}
\right\}
\tag{3-18}
$$

技术进步：

$$
\max\left\{
\begin{array}{l}
\sum_{n=1}^{N} R_n^x s_n^x + \sum_{i=1}^{I} R_i^b s_i^b \\[2mm]
\left| \begin{array}{l} \sum_{j=1}^{J} x_{nj}\lambda_j + s_n^x = x_{nj}, \forall n; \sum_{j=1}^{J} b_{ij}\lambda_j + s_i^b = b_{ij}, \forall i; \end{array}\right. \\[4mm]
\sum_{j=1}^{J} \lambda_j = 1, \lambda_j \geqslant 0, \forall j; s_n^x \geqslant 0, \forall n; s_i^b \geqslant 0, \forall i
\end{array}
\right\}
\tag{3-19}
$$

能源替代：

$$
\max\left\{
\begin{array}{l}
\sum_{n=1}^{N} R_n^x s_n^x + \sum_{m=1}^{M} R_m^e s_m^{e+} + \sum_{i=1}^{I} R_i^b s_i^b \\[2mm]
\left| \begin{array}{l} \sum_{j=1}^{J} x_{nj}\lambda_j + s_n^x = x_{nj}, \forall n; \sum_{j=1}^{J} e_{mj}\lambda_j - s_m^{e+} = e_{mj}, \forall m; \end{array}\right. \\[4mm]
\sum_{j=1}^{J} b_{ij}\lambda_j + s_i^b = b_{ij}, \forall i; \sum_{j=1}^{J} \lambda_j = 1, \lambda_j \geqslant 0, \forall j; \\[4mm]
s_n^x \geqslant 0, \forall n; s_m^{e+} \geqslant 0; s_p^y \geqslant 0, \forall p; s_i^b \geqslant 0, \forall i
\end{array}
\right\}
\tag{3-20}
$$

式（3-20）与式（3-19）的共同点是普通经济要素的投入不变，即松弛为 0，而区别在于式（3-20）通过能源消耗增加实现污染物减排，式（3-19）通过减少能源消耗实现污染物减排，而式（3-18）的约束则将投影限定为经济投入和能源投入同时降低。采用样本期 2000～2012 年的投入产出数据可以构造环境效率的最优前沿，并根据两种约束条件下的各城市投入和产出松弛计算不同环境改善方式下的两种环境效率。若取同一年度各城市的环境效率均值代表产业结构服务化中 16 个城市的总体环境效率，则可由效率值的大小比较能源替代、技术进步和自然减排现阶段对环境改善作用的强弱。

如图 3 - 5 所示，在 2000 ~ 2012 年观察期内自然减排效率 > 技术进步效率 > 能源替代效率的特征，可得以下结论。

（1）自然减排是 16 个城市产业结构服务化过程中最有效的环境治理方式。这说明各城市目前主要通过提高服务业比重来实现对环境的改善。在大部分城市产业结构服务化过程中，都是通过产业政策对高污染、高能耗企业或产业的关闭和转移来降低污染排放，甚至有的城市一味地通过放弃工业发展盲目追求服务业比例的提升。这种方式虽然降低了能源投入和污染物排放，但同样也扩大了产业结构风险。随着未来产业结构服务化的进一步深化，单纯采取一刀切的自然减排路径势必增加环境改善的边际成本，影响经济可持续的绩效。

（2）依靠技术进步而不是单纯地减少经济、能源投入是实现高效环境治理的有效手段。从效率数值上看，16 个城市的技术进步对环境效率的影响并不大，其主要原因是各城市生产性服务业发展缓慢，产业融合度低，无法促进科技水平提升引致技术进步。从趋势线看，该效率的数值在样本期内有上升趋势，说明随着产业结构服务化的深化，生产性服务业发展引致的技术进步对各城市的环境改善作用越来越重要。因此，各城市应进一步制定相应产业政策，引导生产性服务业迅速发展。

（3）能源替代在 16 个城市产业结构服务化对环境效率影响中绩效最低，作用最小。其原因主要有两个：一是本次测算由于数据可得性所限，采用的是全社会用水量和用电量作为能源投入，水和电虽然都是能源投入，但其可替代性相对于其他能源较小；二是中国长期要素结构刚性较强以及企业服务化、产业服务化水平很低，无法通过要素结构改善实现能源替代。因此，在进一步深化产业结构服务化过程中，各城市应推动企业服务化和产业服务化进程以降低对能源要素的需求刚性。

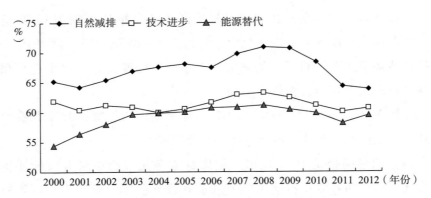

图 3 – 5   中国特大城市产业结构服务化环境改善效率变化趋势
资料来源：根据《中国城市统计年鉴》相关数据计算结果绘制。

第四节   研究结论

产业结构服务化既是新常态下经济发展的重要保证，也是环境改善的有效路径。首先，本书采用 RAM 模型，克服传统 DEA 模型的径向性、导向性等缺陷，估算了 2000 ～ 2012 年中国 16 个特大城市产业结构服务化的经济效率、环境效率，并利用 RAM 模型的可加性将两者整合在同一研究框架下测算联合效率，并对测算结果进行趋势分析和空间对比分析。其次，通过非效率影响因素的贡献度分解，本书研究了经济投入、能源投入以及期望产出和非期望产出对三种指标的非效率贡献比例。最后，通过对投影方向的约束模拟不同的环境治理方式，测算了不同产业结构服务化路径下环境效率的变化。通过上述分析和研究，本书可得出以下四个方面的结论。

1. 2008 年以后中国特大城市产业结构服务化效率呈现明显下降趋势

对三个效率指标的趋势分析表明，在样本期 2000 ～ 2012 年，经济效率、环境效率和联合效率指标都呈现阶段性特征，阶段的划分与阶段内年度间的效率值变动通过了 Kruskal – Wallis 秩和检验，是显著的。值得注意的是，国内应对 2008 年经济危机所采用的积极财政政策导致中国特大城市产业结构经济效率和环境效率的双重下降。

2. 中国特大城市产业结构服务化效率具有空间异质性

对三个效率指标的空间分析表明，在样本期 2000～2012 年，经济效率、环境效率和联合效率指标都呈现出地域性特征，其中以长江经济带的 6 个城市整体效率最高，珠三角的 5 个城市次之，而北方 5 个城市最低。在三个指标效率的对比中，环境效率的差别较大，说明中国 16 个特大城市在产业结构服务化过程中表现出来的经济效率差距虽然存在但不大，而要素结构不同和产业结构服务化路径选取的不同导致环境效率的差距较大。因此，在明确各城市效率差距的同时，推进产业结构服务化进程要充分考虑不同城市的要素结构现状，制定符合本地经济社会发展水平的产业结构服务化策略，将有助于环境效率的提高。

3. 过度投入是中国特大城市产业结构服务化非效率的主要原因，而长江经济带特大城市产业结构服务化环境效率提升空间巨大

通过非效率源泉的贡献度测算，在样本期 2000～2012 年，中国 16 个特大城市高额资本投入和过度能源消费是三个指标非效率的主要来源，而投资和能源的双高投入也为产业结构服务化带来过低的经济产出和过高的污染物排放。分区域看，虽然长江经济带特大城市的能源投入和污染排放都较高，但得益于清洁的能源结构和较强的环保意识，环境非效率程度反而较低。未来长江经济带战略实施将强化这一趋势，同时对其他特大城市有示范效应。

4. 目前中国特大城市产业结构服务化路径对环境效率改善缺乏可持续性

通过对不同环境约束下环境效率的测算，在样本期 2000～2012 年，中国 16 个特大城市在产业结构服务化进程中主要通过提高服务业比重实现自然减排，但该路径会导致产业结构风险和可持续发展。通过生产性服务业发展实现产业融合推动技术进步，加速企业、产业服务化，改变要素需求结构，实现能源替代这一路径虽然目前并未发挥主要作用，却是未来中国特大城市产业结构服务化中环境效率改善的关键。因此，中国 16 个特大城市未来产业结构服务化的主要思路是提高产业结构服务化深度，让服务成为经济真正的主导，使得技术进步、要素需求改善，超

越自然减排，成为环境效率改善的关键。同时，促使环境成为经济增长的动力而非约束，降低两者的对立，是产业结构服务化成为经济发展与环境改善双赢的共同基础。

第四章　中国特大城市产业结构服务化
影响因素的实证研究

如前所述，中国特大城市由于发展水平和地域的差异，产业结构服务化进程、水平存在较大差异。本书通过对中国特大城市产业结构服务化影响因素进行实证分析，拟为寻求加速产业结构服务化进程的关键因素提供理论支持。

第一节　研究方法

一　模型选择

本书采用面板数据模型对中国特大城市产业结构服务化的影响因素进行实证检验。面板数据既反映单个截面随时间变化的规律，又描述了某一时点各个截面数据的规律，是时间和截面空间上的二维数据。面板数据在集合了传统时间序列和截面数据不同特点的基础上，发挥了更大优势：样本数据观测值大大增加，模型自由度提升，解释变量之间的共线性也减少了，从而整个模型估计的有效性及可信度大大提升。面板数据模型的基本形式为：

$$Y_{it} = \alpha_{it} + X'_{it}\beta_{it} + U_{it}(i = 1, 2, \cdots, N; t = 1, 2, \cdots, T) \qquad (4-1)$$

式（4-1）表示被解释变量 Y_{it} 与 $K \times 1$ 维解释变量向量 $X_{it} = (X_{1,it}, X_{2,it}, \cdots, X_{K,it})'$ 满足线性关系。该模型考察 K 个指标在 N 个截面样本及 T 个时点上的变动关系。其中，N 表示截面样本个数，T 表示每个截面样本的考察期数，参数 α_{it} 表示常数项，β_{it} 表示对应解释变量 X_{it} 的 $K \times 1$ 维系数向量，K 表示解释变量个数。随机误差项 U_{it} 相互独立，且满足零均值与同方差假设。当自由度 nT 远远小于参数个数 $nT(K+1)$（描述 U_{it} 分布的参数个数）时，为实现模型估计，可假定参数满足时间一致性，模型可简化为：

$$Y_{it} = \alpha_i + X'_{it}\beta_i + U_{it} \tag{4-2}$$

当 $\alpha_i = \alpha_j$ 且 $\beta_i = \beta_j$ 时，模型属于混合回归模型，表示在截面上既无个体影响，也没有结构变化，则普通最小二乘法估计给出了 α 和 β 的一致有效估计，相当于将多个时期的截面数据放在一起作为样本数据。

当 $\alpha_i \neq \alpha_j$ 且 $\beta_i = \beta_j$ 时，模型属于变截距模型，表示在截面上有个体影响但不存在结构变化，且个体影响通过截距项来反映。

当 $\alpha_i \neq \alpha_j$ 且 $\beta_i \neq \beta_j$ 时，模型属于变系数模型，表示在截面上既存在个体影响又有结构变化，在用截距项反映个体影响的同时，依据系数向量因个体成员的不同所发生的变化来表明个体成员之间的结构变化。

进行面板数据估计必须对模型形式进行判断，常用的检验方法是协方差分析检验，主要检验如下两个假设：

$$H_1 : \beta_1 = \beta_2 = \cdots = \beta_N \tag{4-3}$$

$$H_2 : \alpha_1 = \alpha_2 = \cdots = \alpha_N \text{ 和 } \beta_1 = \beta_2 = \cdots = \beta_N \tag{4-4}$$

可见如果接受假设 H_2 则可以认为样本数据符合混合回归模型。如果拒绝假设 H_2，则需检验假设 H_1。如果接受 H_1，则认为样本数据符合变截距模型。反之则拒绝 H_1，认为样本数据符合变系数模型。

检验两个假设需构建两个统计量 F_1 和 F_2。

$$F_2 = \frac{(S_3 - S_1)/[(N-1)(k+1)]}{S_1/[NT-N(k+1)]} \sim F[(N-1)(k+1), N(T-k-1)] \tag{4-5}$$

$$F_1 = \frac{(S_2 - S_1)/[(N-1)k]}{S_1/[NT-N(k+1)]} \sim F[(N-1)k, N(T-k-1)] \tag{4-6}$$

其中，S_1、S_2、S_3 分别为三种模型的残差平方和，k 表示解释变量个数。对于给定显著性水平相应的临界值，如果 F_2 小于临界值，则接受假设 H_2，模型确定为混合回归模型；反之，再利用 F_1 统计量检验假设 H_1。如果 F_1 小于临界值，则接受假设 H_1，模型确定为变截距模型；反之，模型为变系数模型。

对于变截距模型和变系数模型还须确定属于固定效应模型还是随机效应模型。一般采用 Hausman 检验对模型进行选择。该检验原假设为随机效应模型中个体影响与解释变量不相关，因此应将模型先设为随机效应模型。

二　变量指标和数据来源

对于中国特大城市而言，第一产业作为基础产业在其整个地区生产总值中占比很小，在产业结构服务化过程中可以忽略不计。因此，为了表示特大城市产业结构服务化进程，可以用第三产业增加值与第二产业增加值的比值表示，比值用符号 *industry* 表示。比值越高，表明该城市产业结构服务化程度越高。

对于解释变量选择，根据文献梳理、理论分析及数据的可得性做如下选择（见表 4-1）。

（1）技术进步（*tech*）。实证研究中主要采用专利申请数或授权数、研究与开发经费支出占地区生产总值之比等指标表示技术进步。本书选择区域专利授权数来表示技术进步情况。该值越高，表明技术进步水平越高。

（2）物质资本（*asset*）。一般选取全社会固定资产投资与地区生产总值之比来表示物质资本充裕程度。该值越高，表明物质资本充裕度越高。

（3）人力资本（*human*）。人力资本的充裕程度可以由受教育水平反映。本书选择普通高等学校在校学生数与地区年末总人数之比来表示人力资本充裕程度。该值越高，表明人力资本充裕度越高。

（4）能源效率（*energy*）。如前所述，环境约束是产业结构服务化的动因之一。能源效率水平决定能源价格水平，能源效率越高，能源相对价格越低，环境约束越小，产业结构服务化动力越差。一般采用单位工业总产值能耗表示能源效率。本书采用工业用电量与地区工业总产值之比表示能源效率。该值越高，表明能源效率越低。

（5）对外开放（*fdi*）。相对于贸易的复杂性，外商直接投资是单向的，对产业结构服务化的影响直接并且深远。因此，本书采用实际利用外商直接投资额与地区生产总值之比来表示对外开放程度。其中，为实现数据的可比性，实际利用外商直接投资额是经年平均汇率换算后所得的人民币金额。该值越高，表明对外开放程度越高。

（6）金融结构（*finance*）。金融结构内生于产业结构，对产业结构有重要影响作用。本书采用金融机构的存贷款总额与地区生产总值之比表示金融结构水平。该值越高，表明金融结构水平越高。

表 4 - 1　变量指标说明

变量类型	名称	符号	定义
被解释变量	产业结构服务化	*industry*	第三产业增加值/第二产业增加值
解释变量	技术进步	*tech*	区域专利授权数
	物质资本	*asset*	全社会固定资产投资/地区生产总值
	人力资本	*human*	普通高等学校在校学生数/地区年末总人数
	能源效率	*energy*	工业用电量/地区工业总产值
	金融结构	*finance*	金融机构存贷款总额/地区生产总值
	对外开放	*fdi*	实际利用外商直接投资额/地区生产总值

本书选取的面板数据时间跨度为 2003 ~ 2012 年，共 10 年。截面数据来源于中国 16 个特大城市。产业结构服务化、物质资本、人力资本、能源效率、金融结构、对外开放变量的数据均来源于中国统计出版社 2004 ~ 2013 年出版的《中国城市统计年鉴》中的市辖区数据。技术进步数据来源于国家知识产权局以及 16 个特大城市知识产权局公布数据。所有的数据分析均采用 Eviews 6.0 软件，样本数据的描述性统计分析如表 4 - 2 所示，根据 F 检验和 Hausman 检验结果，确定面板数据模型应采用固定效应变系数模型形式。

表 4 - 2　变量的描述性统计分析

变量	观测值	均值	中值	最大值	最小值	标准差	P 值
产业结构服务化	160	1.1584	1.0792	3.4236	0.4909	0.5110	0.0000
技术进步	160	10905.31	6771.00	51508.00	919.00	11116.01	0.0000
物质资本	160	0.4868	0.4487	1.0320	0.1787	0.2046	0.0053
人力资本	160	6.0687	5.4138	18.4599	0.1638	4.1871	0.0130
能源效率	160	0.0404	0.0363	0.1148	0.0125	0.0185	0.0000
金融结构	160	3.7654	3.5506	8.9063	1.8190	1.2386	0.0000
对外开放	160	0.0544	0.0464	0.2878	0.0055	0.0359	0.0000

第二节　实证结果分析

考虑到个体样本截面数据的残差可能存在一定的截面异方差性和同步不相关，这里采用截面权重（Cross Section Weights）的加权最小二乘法，即广义最小二乘法（GLS）对模型进行参数估计。结果如表 4 - 3 所示。

表 4 - 3　个体固定效应变系数模型回归结果

城市	技术进步	物质资本	人力资本	能源效率	金融结构	对外开放
北京	1.07E - 05 ***	- 1.606007 ***	0.510445 ***	- 36.15714 ***	0.144862 ***	- 0.12699
成都	- 4.18E - 06 ***	0.625487 ***	- 0.074022 ***	- 4.172401 ***	- 0.037503 ***	1.501501 ***
重庆	- 4.34E - 05 ***	- 0.762401 ***	- 0.105758 ***	- 9.866452 ***	- 0.071949 ***	- 0.895035 ***
东莞	- 2.66E - 05 ***	3.878719 ***	- 0.056139 ***	- 26.46444 ***	0.626743 ***	- 3.501871 ***
佛山	8.76E - 06 ***	0.622452 ***	- 0.123751 ***	2.767388 ***	0.054667 ***	- 0.989082 ***
广州	4.01E - 06 ***	- 0.144185	0.173954 ***	14.59439 ***	0.118009 ***	- 0.519583 ***
哈尔滨	1.55E - 05 ***	- 0.728484 ***	0.168949 ***	9.890043 ***	0.096641 ***	11.92729 ***
杭州	3.34E - 06 ***	- 0.438484 ***	0.102038 ***	5.00435 ***	0.054105 ***	0.2451 ***
南京	2.84E - 05 ***	- 0.619252 ***	0.03957 ***	10.58631 ***	0.028483 ***	- 1.082165 ***
上海	2.07E - 05 ***	14.94167 ***	- 2.848495 ***	- 160.3998 ***	0.245422 ***	- 3.506224 ***
汕头	- 6.38E - 06 ***	1.129403 ***	5.381336 ***	5.550232 ***	- 0.086292 ***	4.832261 ***
沈阳	- 3.05E - 05 ***	0.044319	0.084026 ***	0.959083	0.016302 *	- 0.032748
深圳	3.00E - 06 ***	- 3.425954 ***	- 0.131643 ***	- 2.580452 ***	0.104186 ***	- 0.319436 ***

续表

城市	技术进步	物质资本	人力资本	能源效率	金融结构	对外开放
天津	2.38E−05***	0.651327***	0.058879***	18.63696***	0.037399***	−0.629941***
武汉	6.36E−06***	0.62733***	−0.001636**	−0.381204***	−0.073554***	2.367957***
西安	5.29E−06*	−0.669876***	0.043626***	−4.728406***	−0.133927***	−2.036587***

注:"*"表示在1%的水平下显著,"**"表示在5%的水平下显著,"***"表示在10%的水平下显著。

　　模型的整体拟合优度 R^2 为 0.992172,调整后的 R^2 为 0.961107,说明模型整体拟合水平较高。由表 4-3 可知,16 个城市 6 个变量所得到的 96 个回归系数大部分通过了统计检验,并且大多在 1% 的水平下显著,仅有少数是在 5% 和 10% 的水平下显著。其中武汉的人力资本回归系数在 5% 的水平下显著,西安的技术进步回归系数在 10% 的水平下显著,沈阳的金融结构回归系数在 10% 的水平下显著。此外,广州和沈阳的解释变量物质资本回归系数未通过统计检验,北京和沈阳的解释变量对外开放回归系数没有通过统计检验,沈阳的解释变量能源效率回归系数没有通过统计检验。沈阳三个变量未通过检验的原因可能是其作为老工业基地的产业结构刚性造成的。从前面章节分析结果看,沈阳产值结构基本没有变化,在特大城市中产业结构服务化进程较慢。广州和北京的某一变量未通过检验的原因可能是其产业结构服务化已基本实现,第三产业比重已达到相当水平,变量对产业结构服务化影响未能显现。另外,变量未通过检验也可能是样本数据本身造成的。总体而言,模型回归结果整体是可靠的。

　　对于统计检验显著的变量,各解释变量对特大城市产业结构服务化作用的方向和大小存在差异。

　　技术进步对产业结构服务化存在正向作用且作用程度从大到小的城市依次为南京、天津、上海、哈尔滨、北京、佛山、武汉、西安、广州、杭州、深圳;技术进步对产业结构服务化存在负向作用且作用程度从大到小的城市依次为重庆、沈阳、东莞、汕头、成都。相对经济发达地区和东南沿海区位条件较好的城市,位于内陆和经济发展水平相对落后的城市，技术进步对产业结构服务化进程的影响是负面的。

物质资本对产业结构服务化存在正向作用且作用程度从大到小的城市依次为上海、东莞、汕头、天津、武汉、成都、佛山；物质资本对产业结构服务化存在负向作用且作用程度从大到小的城市依次为深圳、北京、重庆、哈尔滨、西安、南京、杭州。在经济发展水平较高时，物质资本并非产业结构服务化的关键影响因素，因而对不同城市产业结构服务化进程影响各异。

人力资本对产业结构服务化存在正向作用且作用程度从大到小的城市依次为汕头、北京、广州、哈尔滨、杭州、沈阳、天津、西安、南京。除汕头外，这些城市多数人力资本相对充裕，产业结构服务化条件较好。人力资本对产业结构服务化存在负向作用且作用程度从大到小的城市依次为上海、深圳、佛山、重庆、成都、东莞、武汉。其中，由于上海、深圳对外来人才吸引力较大，产业结构服务化进程并未受到本地受高等教育人数比例低的影响；武汉本地受高等教育人数比例过高导致要素结构不合理，产业结构服务化进程未能从中收益；其他城市的人力资本相对匮乏，因而产业结构服务化条件不充裕。

能源效率对产业结构服务化存在正向作用且作用程度从大到小的城市依次为天津、广州、南京、哈尔滨、汕头、杭州、佛山。这些城市能源效率改善导致产业结构服务化动力不足。能源效率对产业结构服务化存在负向作用且作用程度从大到小的城市依次为上海、北京、东莞、重庆、西安、成都、深圳、武汉。这些城市能源效率改善的同时产业结构服务化进程仍在加速。

金融结构对产业结构服务化存在正向作用且作用程度从大到小的城市依次为东莞、上海、北京、广州、深圳、哈尔滨、佛山、杭州、天津、南京；金融结构对产业结构服务化存在负向作用且作用程度从大到小的城市依次为西安、汕头、武汉、重庆、成都。可以看出，相对经济发达地区和东南沿海区位条件较好的城市，位于内陆和经济发展水平相对落后的城市，其金融结构对产业结构服务化进程的影响是负面的。

对外开放对产业结构服务化存在正向作用且作用程度从大到小的城

市依次为哈尔滨、汕头、武汉、成都、杭州。其中，杭州服务业实际利用外商直接投资发展迅速，对产业结构服务化进程影响较大。其他位于内陆或经济水平相对较低的城市则随着对外开放水平的提升产业结构服务化开始提速。对外开放对产业结构服务化存在负向作用且作用程度从大到小的城市依次为上海、东莞、西安、南京、佛山、重庆、天津、广州、深圳。其中，部分经济发达城市产业结构服务化已发展到一定程度，长期以来较高的对外开放水平对产业结构服务化进程作用弱化。其他经济相对不发达的城市则可能是实际利用外商直接投资结构仍以第二产业为主，或是经济发展水平较低导致外商直接投资对第三产业的推动作用尚未凸显。

第三节　研究结论

本书通过对中国 16 个特大城市 2003～2012 年的面板数据进行分析，确定了各城市解释变量与被解释变量之间的个体固定效应变系数模型。估计结果显示，不同城市各个解释变量对产业结构服务化的影响不尽相同，甚至有些城市作用方向完全相反。

总体而言，技术进步和金融结构对于多数特大城市产业结构服务化进程有推动作用，但是相对于经济发达和东南沿海区位条件较好的城市，位于内陆和经济发展水平相对落后的城市这一作用大大弱化。这与现有理论研究成果尤其是新结构经济学对于金融结构的判断基本一致，也和本书构建的理论分析框架相互印证。同时，根据本书构建的理论分析框架，要素结构是内生的，需要通过其他因素影响而改变其结构进而作用于产业结构服务化进程。因此，物质资本、人力资本、能源效率对中国特大城市产业结构服务化进程没有单独的决定作用。尤其是在经济发展水平进入工业化后期，各要素促进作用大小取决于产业结构服务化基础和要素结构合理程度。对外开放则与技术进步一样通过对其他因素的影响间接作用于产业结构服务化进程，但其属于外生因素，作用大小受到众多因素影响因而并不稳定。

第五章 中国特大城市产业结构服务化的主体博弈均衡分析

如前所述，在工业化中后期，政府和市场已成为产业结构服务化的两种基本动力机制。中国特大城市产业结构服务化可分为政府主导型和市场主导型两大类型。但是，两种类型的产业结构服务化过程仍然存在政府失灵和市场失灵的风险，其原因是产业结构服务化进程中各主体——不同城市的政府和市场中的企业都期望自身投入少而对方投入多，追求自身利益最大化。因此，中国特大城市顺利实现产业结构服务化进程必须依赖产业结构服务化主体正确的策略选择。本书采用逆向归纳法分析产业结构服务化过程中各主体行为博弈过程，拟从不同主体视角出发分析中国特大城市产业结构服务化微观动力机制。

第一节 研究方法

逆向归纳法是从动态博弈的最后一个阶段的博弈主体行为开始，逐步由后往前推导至博弈过程中第一个阶段博弈主体行为选择。可以认为逆向归纳法是将多阶段动态博弈简化为一系列单人博弈，通过各博弈主体的一系列单人博弈行为分析，确定各博弈主体在各自阶段的选择，并对动态博弈结果、博弈路径、博弈主体得益做出选择，最终归纳各个博弈方各阶段的策略选择，从而得到各博弈主体在整个动态博弈中的策略。逆向归纳法的优点在于考虑到博弈行为发生的顺序，因此先行博弈主体在第一阶段的策略选择会受到第二阶段博弈主体的影响，从而对先行博弈主体产生干扰。当博弈在最后一个阶段做出选择时，后续不再进行博弈，那么此时能直接做出明确选择。当后行博弈主体的策略选择确定时，先行博弈主体的策略也就更加容易确定。

在逆向归纳法中，假定博弈分为两个阶段，第一阶段博弈主体 i 行动，第二阶段博弈主体 j 行动，并且博弈主体 j 在行动前观测到 i 的选择。设 g_i 为博弈主体 i 的策略选择集，g_j 为博弈主体 j 的策略选择集，那么当动态博弈进入第二个阶段时，给定博弈主体 i 的第一阶段选择，则此时博弈主体 j 面临的策略选择问题为 $\max g_j(x_i, x_j)$。

由此可以看出，博弈主体 j 的选择依赖于博弈主体 i 的选择。设 $R_j = p_j(x_i)$ 代表上述最优化问题的解。那么由逆向归纳法，博弈主体 i 预测博弈主体 j 在第二阶段的行动为 $R_j = p_j(x_i)$，则博弈主体 i 在第一阶段面临的策略选择为 $\max g_j[x_i, p_j(x_j)]$。

如果博弈的解为 x^*，则上述博弈过程中子博弈精炼纳什均衡解为 $[x^*, P_j(x_i)]$，均衡结果为 $[x_i, P_j(x_i^*)]$。其中，$[x^*, P_j(x_i)]$ 为子博弈精炼纳什均衡解。若 $[x^*, P_j(x_i)]$ 在博弈第二阶段取得最优解，则子博弈精炼纳什均衡的解当且仅当 $x_j^* = P_j(x_i)$ 时，才能满足精炼纳什均衡的要求。

分析两种动力机制下产业结构服务化主体博弈行为，各博弈主体以价格、产量、税收等因素为决策变量。因此，在一般惯续博弈中，博弈双方的策略选择构成子博弈精炼纳什均衡。但是由于博弈双方的双重边际效应，所以在一般惯续博弈过程中的均衡解并非最优决策选择。

第二节　市场主导下特大城市产业结构
服务化的博弈分析

如前所述，市场主导的特大城市产业结构服务化过程中博弈行为主要发生在不同企业、企业与政府之间。采用逆向归纳法分析市场主导的产业结构服务化主体博弈过程，先确定实际产出和实际税收目标，再从后往前确定各个博弈主体的策略选择。其中，必须先确定产业结构服务化过程中的企业行为和策略，然后确定各博弈主体在博弈过程中的投入，最后才是地方政府制定税率。

一　模型假设

在城市企业同质的情形下，假定该城市有 m 个同质企业，企业在市场中面临的反需求函数为：

$$y = \beta - s(t)X$$
$$\beta > 0 \qquad\qquad (5-1)$$

式（5-1）中，y 表示城市服务产品市场价格，X 为城市服务产品总需求。函数 $s(t)$ 反映该城市产业结构服务化投入对城市服务产品总需求的影响程度，$t = t_0 + \sum_{i=1}^{n} t_i$，表示该城市企业和政府在产业结构服务化过程中的总投入，其中，t_0 表示政府在产业结构服务化过程中的投入，t_i 为个体企业在产业结构服务化过程中的投入。当投入 t 上升时，则城市服务产品总供给增加，市场价格下降，城市服务产品总需求增加，此时 $s(t)$ 应变小；当投入 t 下降时，则城市服务产品总供给减少，市场价格上升，城市服务产品总需求减少，此时 $s(t)$ 应变大。本书假定如下表达式：

$$s(t) = \varphi t^{\mu} \qquad\qquad (5-2)$$

其中，$\mu < 0$，$\varphi > 0$。设政府对企业的税收税率为 λ。得到企业行为函数：

$$g_i = (1-\lambda)yX_i - C(X_i) \qquad\qquad (5-3)$$

式（5-3）中，X_i 为企业 i 的实际产量。$C(X_i)$ 为企业的成本函数，表达式为：

$$C(X_i) = \alpha X_i \qquad\qquad (5-4)$$

其中，$\alpha > 0$。由式（5-3）与式（5-4），可得企业 i 的利润函数为：

$$f_i = (1 - \lambda)g_i - t_i \qquad (5-5)$$

假设政府行为以实现社会福利可持续最大化为目标，因此将政府主要目标设定为净税收收益的最大化。根据以上思想，设政府的目标函数为：

$$E = \lambda y X - t_0 \qquad (5-6)$$

即政府收益取决于税收和在产业结构服务化方面的支出。

二 模型求解

根据上述假设，计算纳什均衡时各博弈主体对产业结构服务化的投入与产出以及政府净收益。

考虑单寡头市场情况，采用"同时博弈"，即所有博弈主体（包括企业和政府）同时决定对产业结构服务化的投入。博弈顺序如下：

①政府设定税收；

②各博弈主体同时对产业结构服务化的投入；

③博弈主体中的企业做出产业结构服务化决策；

④实际产出和实际税收实现。

首先对企业进行行为分析。企业依靠出售产品赚取利润。假定在市场主导下，各个企业具有完美信息特性。设企业 i 选择对自己最有利的策略，在完美信息博弈中各企业的策略空间和选择的信息都是双方的共同信息，在各企业都具有理性的假定下，利用逆向归纳法求出相应的最优策略，构成企业间子博弈精炼纳什均衡，可得企业 j 的行为目标为：

$$\max g_j(x_i, x_j) \qquad (5-7)$$

其一阶最优条件即为企业 i 的最优反应函数，即：

$$\frac{\partial g_j}{\partial X_i} = 0 \qquad (5-8)$$

根据逆向归纳法，由式（5-8）可以得出，企业 i 的选择依赖于企业 j 的选择。设 $R_j = p_j(x_i)$ 代表上述最优化问题的解，那么企业 i 预测企

业 j 在第二阶段的行动为 $R_j = p_j(x_i)$，则企业 i 在第一阶段面临的策略选择为 $\max g_i[x_i, p_j(x_i)]$。

如果博弈的解为 x^*，则上述企业博弈过程中子博弈精炼纳什均衡解为 $[x_i^*, P_j(x_i)]$，均衡结果为 $[x_i^*, P_j(x_i^*)]$。其中，第一阶段 $[x_i^*, P_j(x_i)]$ 为子博弈精炼纳什均衡解。若 $[x_j^*, P_j(x_i)]$ 在博弈第二阶段取得最优解，则子博弈精炼纳什均衡的解当且仅当 $x_j^* = P_j(x_i)$ 时，才能满足精炼纳什均衡的要求。

根据式（5-8）可得：

$$2g_i + g_{-i} = \frac{\beta - \dfrac{\alpha}{1 - \lambda}}{t(s)} \tag{5-9}$$

根据式（5-7），子博弈精炼纳什均衡记为 $g_i(x_i, x_{-i}^*)$，其中，$x_{-i}^*(x_i) = x_{-i}(x_i)$。假定企业在产业结构服务化过程中都产出相同数量的产品，因此得到在子博弈精炼纳什均衡时，企业的目标为：

$$g_i = \frac{\beta - \dfrac{\alpha}{1 - \lambda}}{(m + 1)t(s)}, \forall i = 1, 2, \cdots, n \tag{5-10}$$

将式（5-10）代入企业的利润函数，可得：

$$f_i = (1 - \lambda)\frac{\beta - \dfrac{\alpha}{1 - \lambda}}{(m + 1)t(s)}X_i - t_i \tag{5-11}$$

在政府和其他企业对产业结构服务化的投入确定的情况下，企业 i 选择自身产业结构服务化的投入，以使式（5-11）得到最大，即 $\dfrac{\partial f_i}{\partial t_i} = 0$，因此可得：

$$\frac{\partial f_i}{\partial t_i} = \frac{\partial\left[(1 - \lambda)\left(\dfrac{\beta - \dfrac{\alpha}{1 - \lambda}}{m + 1}\right)\left(\dfrac{\beta - \dfrac{\alpha}{1 - \lambda}}{(m + 1)t(s)}\right)\right]}{\partial t_i} = 0$$

由于：

$$s(t) = \varphi t^{\mu}$$

代入 $\dfrac{\partial f_i}{\partial t_i}$ 可得：

$$\frac{\partial f_i}{\partial t_i} = (1-\lambda)\left(\frac{\beta - \dfrac{\alpha}{1-\lambda}}{m+1}\right)\left(\frac{\beta - \dfrac{\alpha}{1-\lambda}}{m+1}\right)\frac{\partial(\varphi t^{\mu})^{-1}}{\partial t_i} = 0$$

计算可得：

$$\left(t_0 + \sum_{i=1}^{n} t_i\right)^{1+\mu} = \frac{-\mu}{\varphi}(1-\lambda)\left(\frac{\beta - \dfrac{\alpha}{1-\lambda}}{m+1}\right)^2, \forall i = 1,2,\cdots,n$$

由于企业都是同质企业，在均衡时，应有：

$$\left(t_0 + n t_i\right)^{1+\mu} = \frac{-\mu}{\varphi}(1-\lambda)\left(\frac{\beta - \dfrac{\alpha}{1-\lambda}}{m+1}\right)^2, \forall i = 1,2,\cdots,n \qquad (5-12)$$

然后考虑政府行为函数。在给定企业产量的情况下，政府行为的目标函数为：

$$E = \lambda y X - t_0$$

在政府行为函数中，考虑的是所有企业的产出，因此：

$$X = n X_i$$
$$y = \beta - s(t)X = \beta - s(t)n X_i$$

结合式（5 – 12）可得：

$$E = \lambda y X - t_0 = \lambda \left[\beta - t(s)\frac{m}{m+1}\left(\frac{\beta - \dfrac{\alpha}{1-\lambda}}{t(s)}\right)\right]\left[\frac{m}{m+1}\frac{\beta - \dfrac{\alpha}{1-\lambda}}{t(s)}\right] \qquad (5-13)$$

整理可得：

$$E = \frac{\lambda}{t(s)}\frac{m}{m+1}\left[\beta - \frac{m}{m+1}\left(\beta - \frac{\alpha}{1-\lambda}\right)\right]\left[\beta - \frac{\alpha}{1-\lambda}\right] - t_0 \qquad (5-14)$$

对 t_0 求导，得政府的目标函数最大化的一阶条件为：

$$\left[-(1-\mu)t_0 + nt_i \right]^{1+\mu} = \frac{-\mu}{\varphi} \lambda \frac{m}{m+1} \left[\beta - \frac{m}{m+1} \left(\beta - \frac{\alpha}{1-\lambda} \right) \right] \left[\beta - \frac{\alpha}{1-\lambda} \right] \quad (5-15)$$

由式（5-13）与式（5-14）可得：

$$t_0 = \frac{\gamma_1 - \gamma_2}{-\varphi}$$

$$t_i = \frac{1}{m} \frac{\gamma_1 + \mu \gamma_2}{-\varphi}$$

$$\forall i = 1, 2, \cdots, n \quad (5-16)$$

其中：

$$\gamma_1 = \left[\frac{-\mu}{\varphi} (1-\lambda) \left(\frac{\beta - \frac{\alpha}{1-\lambda}}{m+1} \right)^2 \right]^{\frac{1}{1+\mu}}$$

$$\gamma_2 = \left\{ \frac{-\mu}{\varphi} \lambda \frac{m}{m+1} \left(\beta - \frac{\alpha}{1-\lambda} \right) \left[\beta - \frac{m}{m+1} \left(\beta - \frac{\alpha}{1-\lambda} \right) \right] \right\}^{\frac{1}{1+\mu}}$$

三 研究结论与政策启示

1. 研究结论

（1）适中的税率能够使得政府在产业结构服务化过程中具有最大动力进行投入。

（2）当企业在产业结构服务化过程中的投入增加时，政府的投入也会相应增加。当企业的投入 t_i 增加时，由于 $t = t_0 + \sum_{i=1}^{n} t_i$，可知总投入会增加，从而使政府单位投入所获得的增量也能增加。由于政府投入的成本不变，所以政府也同样会增加对产业结构服务化的投入。

（3）当政府对产业结构服务化投入增加时，也会导致企业在产业结构服务化过程中投入方面的边际收益上升，从而致使企业投入增加，即 t_0 增加使得 t_i 也同步增加。

（4）产业集聚时的企业数量 m 越大，那么 t_i 就越小。这表明如果企业数量越多，那么单一企业在产业结构服务化过程中投入的动力越小。这种类似"搭便车"的投机行为的可能性就越大，希望其他企业对产业结构服务化有更多投入，而自身则减小支出，从而使自身成本降低。

（5）产业结构服务化过程中企业数量 m 越大，则所有企业的总投入 mt_i 也就越大，从而使总体投入 t 增加。虽然 m 的上升会导致企业外部性增加，但是 m 的上升超过了单一企业投入的下降，这就使得企业的总投入必然上升。根据上述结论，这将同时使得政府的投入增加，从而使得政府和企业在产业结构服务化过程中总投入增加。

2. 政策启示

在市场主导特大城市产业结构服务化的情况下，政府和企业在产业结构服务化过程中的投入存在策略性博弈。对于任意单一企业而言，虽然外部性会使得企业在产业结构服务化过程中的投入意愿减小，但是整体产业结构服务化过程依然能够给企业带来利润，这就使得企业依旧在产业结构服务化过程中有投入的意愿，有利于特大城市实现产业结构服务化。随着每个博弈主体在产业结构服务化过程中的投入增加，其他博弈主体在产业结构服务化过程中的投入意愿也随即增加。在税收方面，政府税率应维持适中水平。若税率过高，则会对企业造成较大负担，企业不愿意过多投入，即使政府投入力度再大也无法顺利实现产业结构服务化。若税率过低，政府在产业结构服务化过程中无法获取一定的收益，则无法保持对产业结构服务化的持续投入水平，产业结构服务化进程将停止。总体来说，在市场主导的特大城市产业结构服务化过程中，政府和企业都应该投入一定的成本，要保持政府与企业投入的同步，并且维持合适的税率。

（1）税率能够影响企业对产业结构服务化的投入程度。合理的税率才能促进企业投入，过高或者过低的税率对企业的投入有抑制作用。因此政府根据企业的实际情况制定税率十分重要。过低的税率会使政府在产业结构服务化过程中的投入降低，同时降低监管积极性。过高的税率会对企业造成打击，使企业在产业结构服务化过程中的投入意愿降低。

（2）在以市场主导的发展路径下，各个博弈主体在产业结构服务化过程中的投入存在互相促进作用。企业投入越多，政府投入也相应增多，若政府投入越多，则企业投入也越多。这种互相促进作用有利于实现产业结构服务化。由于企业的边际效应，政府在产业结构服务化过程中的投入会直接影响企业对产业结构服务化的热衷程度。

（3）产业集聚能同时促进企业与政府对产业结构服务化投入。当产业出现集聚效应时，随着企业数量增多，每个企业对产业结构服务化的投入意愿就越小。但是从整体来看，企业之间存在竞争关系，因此企业的数量增加会促进企业对产业结构服务化的投入意愿。而政府以城市利益为出发点，也希望企业能够推动产业结构服务化，因此政府也会对产业结构服务化增加投入。

第三节　政府主导下中国特大城市产业结构服务化的博弈分析

与市场主导下的特大城市产业结构服务化不同，政府主导下的产业结构服务化通过一系列产业政策影响价格机制，进而影响要素结构和需求结构，推动产业结构服务化进程。由于拥有共同的发展愿景，政府主导下中国特大城市产业结构服务化进程往往体现为与不同区域政府尤其是邻近区域政府的策略博弈。

一　模型假设

假设存在城市 i 和城市 j，分别有 m_i 和 m_j 个企业。那么对于城市 i，企业面对的市场反需求函数为：

$$y_i = \beta_i - \theta_i \frac{t_i^\varphi + t_j^\varphi}{t_i^\varphi} X_i \qquad (5-17)$$

式（5-17）中，y_i 为城市 i 的服务产品市场价格，X_i 为城市 i 的服务产品市场总需求，t_i 和 t_j 分别表示城市 i 政府和城市 j 政府在各自区域产业结构服务化进程中的投入，$\theta_i > 0$，$\varphi > 0$。所以相对于城市 j 政府，城市 i 政府在产业结构服务化进程中的投入越多，服务产品供给量就会增加，服务产品市场价格将下降，城市 i 的服务产品市场总需求就上升。

同理，城市 j 的市场反需求函数为：

$$y_j = \beta_j - \theta_j \frac{t_i^\varphi + t_j^\varphi}{t_j^\varphi} X_j \qquad\qquad (5-18)$$

假定城市都为寡头市场，在两个给定城市对产业结构服务化过程进行投入，在既定税率的情况下，企业目标为选择合适的产量达到利润最大化。城市政府目标仍为实现净税收收益最大化。那么对于城市 i，政府的目标函数为：

$$E_i = \lambda_i y_i X_i - t_i \qquad\qquad (5-19)$$

式（5-19）中，λ_i 为城市 i 的税率，t_i 为政府在城市 i 产业结构服务化进程中的投入。

同理可得城市 j 的政府目标函数为：

$$E_j = \lambda_j y_j X_j - t_j \qquad\qquad (5-20)$$

两个城市在产业结构服务化进程中进行博弈，从而使自身利益得到最大化。

二 模型求解

首先求解企业的最优生产选择，然后在企业生产最优的情况下求解政府选择。

考虑单寡头市场情况，采用"同时博弈"，即所有博弈主体（包括企业和政府）同时决定对产业结构服务化的投入。博弈顺序如下：

①政府设定税收；

②各博弈主体同时决定对产业结构服务化的投入；

③博弈主体中的地方政府做出产业结构服务化决策；

④地方政府的实际税收和企业的实际收入。

在逆向归纳法中，假定博弈分为两个阶段，第一阶段地方政府 i 行动，第二阶段地方政府 j 行动，并且地方政府 j 在行动前观测到 i 的选择。设 g_i 为地方政府 i 的策略选择集，g_j 为地方政府 j 的策略选择集，那么当动态博弈进入第二个阶段时，给定地方政府 i 的第一阶段选择，则此时地方政府 j 面临的策略选择问题为 $\max g_j(x_i, x_j)$。

因此，地方政府 j 的选择依赖于地方政府 i 的选择。设 $R_j = P_j(x_i)$ 代表上述最优化问题的解，那么由逆向归纳法，地方政府 i 预测地方政府 j 在第二阶段的行动为 $R_j = P_j(x_i)$，则地方政府 i 在第一阶段面临的策略选择为 $\max g_i[x_i, P_j(x_i)]$。

如果博弈的解为 x^*，则上述博弈过程中子博弈精炼纳什均衡解为 $[x_i^*, P_j(x_i)]$，均衡结果为 $[x_i^*, P_j(x_i^*)]$。其中，$[x_i^*, P_j(x_i)]$ 为子博弈精炼纳什均衡解。若 $[x_j^*, P_j(x_i)]$ 在博弈第二阶段取得最优解，则子博弈精炼纳什均衡的解当且仅当 $x_j^* = P_j(x_i)$ 时，才能满足精炼纳什均衡的要求。

对于城市 i 的企业 k，其目标函数为：

$$f_k = (1 - \lambda_i)y_i X_k - C(X_k), \forall k = 1,2,\cdots,n \qquad (5-21)$$

其中，X_k 为企业 k 的产量，$C(X_k)$ 为成本函数，其表达式为：

$$C(X_k) = \alpha X_k$$

设市场为同质寡头，根据最大化一阶条件，可得：

$$\frac{\partial f_k}{\partial X_i} = \frac{\partial[(1 - \lambda_i)y_i X_k - C(X_k)]}{\partial X_i}$$

进一步计算得：

$$X_k = \frac{1}{\theta_i} \frac{t_i^\varphi}{t_i^\varphi + t_j^\varphi} \frac{\beta_i - \dfrac{\alpha}{1 - \lambda_i}}{m_i + 1} \qquad (5-22)$$

由式（5-22）可知，城市 i 的政府在产业结构服务化过程中的投入越大，则城市 i 的企业产量也越大；城市 i 的政府在产业结构服务化过程中的投入越大，那么企业在产业结构服务化过程中的效率也越大。因此，政府投入对产业结构服务化有相当重要的意义。

对于城市 i，政府的目标函数为：

$$E_i = \lambda_i y_i X_i - t_i \qquad (5-23)$$

对于政府的目标函数，其一阶最大化条件为：

$$\frac{\partial E_i}{\partial X_i} = 0$$

将式（5-23）代入可得：

$$\frac{\partial E_i}{\partial X_i} = \frac{\partial [\lambda_i y_i X_i - t_i]}{\partial X_i} = 0$$

进一步得：

$$\frac{(t_i^{\varphi} + t_j^{\varphi})^2}{t_i^{\varphi-1} t_j^{\varphi}} = \left[\beta_i - 2\frac{m_i}{m_i + 1}\left(\beta_i - \frac{\alpha_i}{1 - \lambda_i}\right)\right] \frac{m_i}{m_i + 1}\left(\beta_i - \frac{\alpha_i}{1 - \lambda_i}\right)\frac{\lambda_i}{\theta_i}\mu \qquad (5-24)$$

同理，解城市 j 的企业的目标函数为：

$$f_k = (1 - \lambda_j)y_j X_k - C(X_k), \forall k = 1, 2, \cdots, n \qquad (5-25)$$

设市场为同质寡头，根据最大化一阶条件，可得：

$$\frac{\partial f_k}{\partial X_j} = \frac{\partial [(1 - \lambda_j)y_j X_k - C(X_k)]}{\partial X_j}$$

进一步计算得：

$$X_k = \frac{1}{\theta_j}\frac{t_j^{\varphi}}{t_i^{\varphi} + t_j^{\varphi}}\frac{\beta_j - \frac{\alpha}{1 - \lambda_j}}{m_j + 1} \qquad (5-26)$$

城市 j 的政府目标函数为：

$$E_j = \lambda_j y_j X_j - t_j \qquad (5-27)$$

最大化一阶条件为：

$$\frac{\partial E_j}{\partial X_j} = 0$$

将式（5-27）代入可得：

$$\frac{\partial E_j}{\partial X_j} = \frac{\partial (\lambda_j y_j X_j - t_j)}{\partial X_j} = 0$$

进一步得：

$$\frac{(t_i^\varphi + t_j^\varphi)^2}{t_i^{\varphi-1} t_j^\varphi} = \left[\beta_j - 2 \frac{m_j}{m_j + 1}\left(\beta_j - \frac{\alpha_j}{1 - \lambda_j} \right) \right] \frac{m_j}{m_j + 1}\left(\beta_j - \frac{\alpha_j}{1 - \lambda_j} \right) \frac{\lambda_j}{\theta_j} \mu \qquad (5-28)$$

根据式（5-22）、式（5-24）、式（5-26）、式（5-28），可解得精炼纳什均衡时城市 i 与城市 j 各自在本城市的产业结构服务化过程中的投入量：

$$t_i = \frac{\varphi}{w_i} \frac{\dfrac{w_i^\varphi}{w_j^\varphi}}{\left(1 + \dfrac{w_i^\varphi}{w_j^\varphi} \right)^2} \qquad (5-29)$$

$$t_j = \frac{w_i}{w_j} t_i = \frac{\varphi}{w_j} \frac{\dfrac{w_i^\varphi}{w_j^\varphi}}{\left(1 + \dfrac{w_i^\varphi}{w_j^\varphi} \right)^2} \qquad (5-30)$$

其中：

$$w_i = \frac{1}{\dfrac{1}{\theta_i} \lambda_i \left[\beta_i - 2 \dfrac{m_i}{m_i + 1}\left(\beta_i - \dfrac{\alpha_i}{1 - \lambda_i} \right) \right] \dfrac{m_i}{m_i + 1}\left(\beta_i - \dfrac{\alpha_i}{1 - \lambda_i} \right)}$$

$$w_j = \frac{1}{\dfrac{1}{\theta_j} \lambda_j \left[\beta_j - 2 \dfrac{m_j}{m_j + 1}\left(\beta_j - \dfrac{\alpha_j}{1 - \lambda_j} \right) \right] \dfrac{m_j}{m_j + 1}\left(\beta_j - \dfrac{\alpha_j}{1 - \lambda_j} \right)}$$

根据以上分析，可得：

$$\frac{\partial t_i}{\partial w_i} = \frac{t_i}{w_i}\left(-1 + \mu \frac{1 - \dfrac{w_i^\varphi}{w_j^\varphi}}{1 + \dfrac{w_i^\varphi}{w_j^\varphi}} \right)$$

$$\frac{\partial t_i}{\partial w_j} = \frac{-\mu t_i}{w_j}\left(\frac{1 - \dfrac{w_i^\varphi}{w_j^\varphi}}{1 + \dfrac{w_i^\varphi}{w_j^\varphi}} \right)$$

$$\frac{\partial t_i}{\partial w_j} = \frac{t_j}{w_i}\left(\mu \frac{1 - \dfrac{w_i^\varphi}{w_j^\varphi}}{1 + \dfrac{w_i^\varphi}{w_j^\varphi}} \right)$$

$$\frac{\partial t_j}{\partial w_j} = \frac{t_j}{w_j}\left(-1-\mu\frac{1-\dfrac{w_i^\varphi}{w_j^\varphi}}{1+\dfrac{w_i^\varphi}{w_j^\varphi}}\right)$$

三　研究结论与政策启示

1. 研究结论

（1）若保持其他条件不变，城市 i 在产业结构服务化过程中的效率越大，那么城市 i 的地方政府在产业结构服务化过程中的支付也就越大，则其所获得的收益也就越大，致使地方政府有足够的动力进行产业结构服务化。同理，如果城市 j 的产业结构服务化效率越大，那么地方政府支出也就越大，所获得的收益也就越大，从而地方政府 j 有足够的动力进行产业结构转化。

（2）城市企业的生产成本越低（α_i 越小），则地方政府对产业结构服务化的动力就越大。由于 α_i 的值越小，地方政府对产业结构服务化的单位投入的增幅就越大，在成本不变的情况下能够提高产业结构服务化的边际收益。

（3）当城市产业结构集中度充分高或者充分低时，即 $\dfrac{m_i}{m_i+m_j}$、$\dfrac{m_j}{m_i+m_j}$ 充分大或充分小时，地方政府对产业结构服务化的动力不足。当 $\dfrac{m_i}{m_i+m_j}$ 或 $\dfrac{m_j}{m_i+m_j}$ 充分大或者充分小时，地方政府在产业结构服务化过程中投入的增加并不能带来企业效率的提升，从而降低了地方政府的税收效率。这表明产业结构的合理性十分重要，合理的产业结构能够提高企业的效益，同时也能够提高政府的税收。

（4）由 $\dfrac{\partial t_i}{\partial \varphi} = \left(\dfrac{1}{\varphi} + \dfrac{1-\dfrac{w_i^\varphi}{w_j^\varphi}}{1+\dfrac{w_i^\varphi}{w_j^\varphi}}\ln\dfrac{w_i}{w_j}\right)t_i$ 可知，当 $\dfrac{t_i}{t_j}>1$，且 φ 充分小时，φ 的上升会使地方政府在产业结构服务化中的支出上升。这是由于当地方政府的边际收益上升时，对于产业结构服务化的动力也上升，将投入更

多成本。

2. 政策启示

由地方政府主导的产业结构服务化，不同城市的地方政府在产业结构服务化过程中进行竞争和博弈。在博弈过程中，地方政府在产业结构服务化过程中的投入大小取决于产业结构服务化的效率、城市企业的生产成本、产业结构集中度以及市场对产业结构服务化的反应程度。如果地方政府在产业结构服务化过程中具有较高的效率，或者企业生产成本较低，或者城市产业结构集中度高，或者市场需求对产业结构具有较大敏感性，那么这些因素都将提高地方政府的实际税收效益，从而提升地方政府对产业结构服务化的动力。

（1）产业结构服务化投入效率越高，地方政府对产业结构服务化的动力就越大。若一个城市对产业结构服务化投入的效率越高，那么地方政府在该过程中的收益也越大，则该城市在产业结构服务化过程中的投入也会越大，地方政府对产业结构服务化的热情越高，投入力度越大。同时，也能激发相邻城市的地方政府对产业结构服务化的热情，对相邻城市的产业结构服务化有空间溢出作用。

（2）企业生产成本越小，地方政府对产业结构服务化的动力就越大。企业的生产成本越小，地方政府单位投入的收益就越多，由此产生的边际效益就越显著，因此随着产业结构服务化过程中企业的生产成本不断减小，政府对产业结构服务化的热情就越大。

（3）合理的产业结构能够提高企业的效益，同时也能够提高地方政府的税收。当服务业集中度充分高或者充分低时，地方政府对产业结构服务化的动力不足。当服务业过于集中时，地方政府的投入并不能带来可观的收益，即政府效率会降低。这就会打击地方政府对产业结构服务化的热情。

总而言之，在中国特大城市产业结构服务化过程中，应根据实际的情况选择市场主导型或政府主导型。如果地方政府投资的效率不高、企业的外部性程度较小、服务产品市场价格对企业影响不大，那么应该选择市场主导产业结构服务化进程。如果城市税率偏高或者偏低影响产业结构服务化进程，则应该选择政府主导产业结构服务化进程。

中国城市服务业升级研究

下篇

第六章　城市服务业升级相关理论问题研究

第一节　服务业升级问题研究文献述评

一　国外相关研究文献述评

通过梳理国外相关研究成果发现，国外学术界鲜有对"服务业升级"进行直接而系统分析的研究成果，相关研究成果侧重对服务业结构演进规律、服务业与制造业互动研究、服务创新研究等问题进行探讨，研究对象多为国家或地区层面。

（一）服务业结构演进规律

国外学术界对于服务业结构演进规律的研究启自对"三大产业部门"概念及其结构变动的研究。Clark（1940）在其主要著作《经济进步的条件》（*The Conditions of Economic Progress*）中提出了经济进步过程中劳动结构的演进规律：随着经济发展和人均收入提高，劳动力首先由第一产业中转移出来，并进入第二产业；当人均收入进一步提高时，劳动力便进一步从第一产业和第二产业中退出，进入第三产业。Kuznets（1966）在 Clark 的基础上进一步研究劳动力和国民收入在产业间分布演变的一般规律。研究结果表明：农业劳动力和国民收入占全社会劳动力和国民收入的比重大体呈现下降的趋势；工业劳动力占全社会劳动力的比重大体不变或略微呈现上升趋势，工业国民收入占全社会国民收入的比重大体呈现上升趋势；服务业劳动力占全社会劳动力的比重大体呈现逐步上升的趋势，服务业国民收入占全社会国民收入的比重虽然也大体呈现上升趋势，但上升速度较劳动力比重上升速度略慢。

在以上对三次产业研究的相关成果中，第三产业往往并不是研究的重点，这些研究的最大益处在于将服务业作为一个产业独立出来。自此，针对服务业内部结构的研究逐渐丰富起来。相关研究结论大体一致，均认为与制造业直接相关的生产性服务业发展较为迅速，而生活性服务业发展则相对迟缓。Fuchs（1968）从服务业就业角度系统地分析了工业经济过渡到服务业经济过程中服务业内部就业的演进规律。他认为，在这一时期服务业内部就业增长最为迅速的是专业服务和企业性服务，以及一般政府部门。Emi（1969）研究了20世纪70年代日本服务业内部就业结构变化，研究发现为工业提供服务的生产性服务业就业增长最快，而生活性服务业整体就业增长则趋于停滞。Kuznets（1966）分析了20世纪50年代发达国家服务业内部结构变动情况，指出贸易和金融、政府与国防、专业性服务三类部门在50年代中期发达国家服务部门中占据较大份额。Bell（1974）将人类社会发展分为农业社会、工业社会和后工业社会三个阶段，认为每个社会发展阶段的服务业发展重点有所侧重，并总结每个阶段应当发展的服务业种类。他提出，农业社会应当发展以个人服务和家庭服务为主的服务业门类；工业社会应当发展与商品生产有关的服务业；后工业社会则应发展以知识型服务和公共服务为主的服务业。

（二）服务业与制造业互动

服务业，特别是其中的生产性服务业能够有效降低企业的制造成本，提升企业的生产效率和利润率，优化核心竞争力，因而对于产业转型升级具有十分重要的意义。然而长期以来，对于服务业是否属于生产性门类一直存在争议。亚当·斯密（Adam Smith，1972）以资本增值和财富积累能力作为生产性和非生产性劳动的判断标准，并明确将服务业归类为后者。卡尔·马克思（Karl Marx）虽没有专门的服务理论，但是在《资本论》中提出，运输和养护活动是生产性的，商业和金融活动则不是。而让·巴蒂斯特·萨伊（Jean – Baptiste，Say，1997）则从价值论的角度肯定了服务的作用，认为服务能够创造效用，因而是生产性劳动。直到 19 世纪二三十年代，对于服务业内涵的不断拓展，这种争论才得以平息。

"生产性服务业"概念的最早倡导者是 Machlup，他于 1962 年提出的"生产服务"概念是"生产性服务业"概念的前身。Greenfield（1966）提出，生产性服务业是企业、非营利组织和政府主要向生产者而不是向最终消费者提供服务产品和劳动的产业。其他相关学者也对"生产性服务业"进行了相应的界定，虽然表述上尚未达成统一，但是都认同生产性服务业是以生产中间产品并为生产提供服务的产业。相关研究认为，生产分工的深化和拓展是推动生产性服务业发展的重要动力。Shelp（1984）和 Riddle（1986）均认为，产业生产方式的服务化导致中间需求的产生，从而推动服务经济发展。Walker（1985）认为，生产性服务业来源于资本主义生产方式转变后劳动分工的发展。

对于服务业与制造业之间的关系，主要有五种论调：一是需求遵从论，此类观点认为服务业发展附属于制造业发展（Francois，1990；Rowthorn 和 Ramaswamy，1999）；二是供给主导论，此类观点认为服务业帮助制造业提高了劳动生产率，进而促使制造业转型升级（Markusen，1989；Eswaran 和 Kotwal，2001）；三是互动论，此类观点认为服务业与制造业互为基础、互相依赖、共同发展（Quinn，1998；Preissl，2007）；四是融合论，此类观点认为信息技术的发展和应用对生产性服务业和制造业的发展方式产生了较大冲击和改变，使得生产性服务业具有一定的制造业特征，而制造业也具备一定的服务特征，生产性服务业和制造业之间的界限逐渐消失，使得两者出现融合发展的趋势（Diaz，1999；Daniels 和 Bryson，2002）；五是协同集聚论，此类观点认为制造业和生产性服务业之间存在高度的投入产出关系，从而存在协同集聚现象（Andersson，2006）。

为度量生产性服务业与制造业之间的互动程度，国外相关学者对于生产性服务业与制造业之间的技术溢出效应进行了一定的实证分析。

Hansda (2001) 从产业关联角度分析印度 1993～1994 年部门间关联效应的结果表明，服务业增长对其他部门增长具有显著的溢出效应。Guerrieri 和 Meliciani (2004) 运用产业关联分析的结果表明，生产性服务业对制造业效率存在正的前向溢出效应，但后向溢出效应并不明显。

（三）服务创新

服务创新是服务业升级的重要内容之一。服务创新不仅能够促使传统服务业态向现代服务业态转变，同时能够推动新兴服务业态的萌发。自熊彼特（Schumpeter）提出创新理论以来，创新理论已得到长足的发展，并在各个领域扩展开来。然而在 20 世纪 70 年代以前，国外学术界严重低估服务业的经济贡献，导致服务创新相关研究成果寥寥无几。然而，信息技术的出现与发展对于服务创新研究影响颇深，因而逐渐开始有学者关注信息技术对于服务创新的作用。Gershuny (1978) 的研究关注了信息技术对服务成本和服务质量的改造和提升。Barras (1986) 提出了著名的 RPC 模型，即"逆向产品周期"模型。该模型认为，服务创新特征与服务信息强度两者之间存在紧密联系。Gadrey 和 Gallouj (1998) 则从创新形式、创新结果、实现技术等方面对 RPC 模型的特征进行了描述。

20 世纪 90 年代之后，国外学术界对于服务创新的重要作用有了更为深刻的认识，相关研究成果逐渐丰富起来。相关学者逐渐发现，服务创新并不一定基于技术层面。Gallouj (2000) 认为针对服务创新的研究过多地关注于技术创新层面，而对服务创新动力的研究明显不足。研究同时发现，服务创新的模式也不一定遵循 RPC 模型，更多的服务创新模型被提出。Hertog (2000) 从服务产品的生产与交付层面对服务创新行为进行分解，构建了服务创新的"四维度模型"。该模型认为，服务创新是由新的服务概念、新的客户界面、技术选择和新的服务交付系统四个维度互动形成的。Sundbo 和 Gallouj (2000) 则提出了服务创新的六大模式，分别为经典研发模式、服务专家模式、有组织的战略创新模式、企业家模式、工匠模式和网络模式。

21 世纪以来，国外学术界对于服务创新的研究方向逐渐从服务企业内部创新转移到服务创新网络和服务创新系统上来。在这一时期，国外学术界对于知识密集型服务业（Knowledge Intensive Business Services，KIBS）格外关注。这一概念由 Miles 等于 1995 年提出，他们认为 KIBS 部门指的是专门提供辅助知识创造、知识积累和知识扩散等服务行为的经济性组织。Miles 等同时总结了 KIBS 三方面的特征：私人企业或组织、高度依赖专业知识、提供的中间产品和服务都以知识为基础。相关研究表明，KIBS 在创新系统中发挥着举足轻重的作用。Strambach（2008）从知识演化和知识组织的视角分析 KIBS 与创新系统的作用关系，研究结果表明 KIBS 部门可以从多个方面驱动服务创新。

二　国内相关研究文献述评

（一）服务业升级的动因和路径

多年来国内学术界围绕"服务业为何要升级"（升级动因）、"服务业如何实现升级"（升级路径）等问题展开持续讨论，已形成一批具有开创性的研究成果。

1. 服务业升级的动因

相关研究文献多倾向于运用经济学分析范式，从需求侧、供给侧视角探讨服务业升级的动因问题（见表 6-1）。

表 6-1　学术界关于服务业升级动因的代表性观点

作者（年份）	服务业升级的动因
李丽（2007）	需求结构变动（中间需求、最终需求）、供给结构变动（劳动力供给、资本供给）、产业政策、高新技术、市场化进程、工业化水平、城市化、国际贸易
何德旭、夏杰长（2009）	体制变迁、产业政策、技术进步、城市化水平、收入水平、人力资源
陈凯（2009）	需求动因：收入水平、城市化水平。 供给动因：专业化分工、技术进步、劳动力资源、产业政策、国际服务贸易
邓于君（2010）	制度因素、供给因素、需求因素、城镇化因素、国际竞争力因素、统计因素
周振华（2013）	需求动因：服务业消费需求、服务中间需求。 供给动因：人力资本偏向性的技术进步、技术运用主导的服务创新。 其他因素：服务价格、产业发展政策、资源与环境条件
原毅军（2014）	消费结构变化、技术进步、生产性服务业与制造业互动发展

资料来源：根据相关文献整理。

（1）需求动因。强调服务产品需求总量及其结构变化对服务业升级具有显著的促进作用。主要有以下四种观点。一是生产需求结构变化。随着工业专业化水平提高、生产复杂程度提升，工业对服务（"生产者服务"或"生产性服务"）中间需求增加，促使生产性服务业快速发展，从而推动服务业升级发展（李丽，2007；周振华，2013）。二是消费需求结构变化。随着人均收入水平提升，消费需求结构也相应升级，对精细化、高品质的服务需求日益增加，从而推动生活性服务业升级发展（陈凯，2009；周振华，2013）。三是城镇化发展。随着城镇化水平提高，城市居民对服务就业岗位、消费需求（最终消费）和公共服务需求不断增加，从而推动生活性服务业升级发展（陈凯，2009；邓于君，2010）。四是国际服务贸易发展。经济全球化引发国际分工细化，导致国际服务贸易全球性调整，服务贸易需求的扩张在一定程度上促进关联国家的服务业升级发展（陈凯，2009）。

（2）供给动因。强调生产要素投入、制度变迁等因素对服务业升级具有强劲的促进作用。主要包括以下四个方面。一是技术进步。通过服务技术创新促进服务业劳动生产率提升，从而推动服务业升级发展（何德旭、夏杰长，2009；陈凯，2009）。二是劳动力供给变动。劳动力资源供给数量、质量的提升在一定程度上推动服务业升级发展（李丽，2007；陈凯，2009）。三是体制变革。随着经济体制改革推进，市场经济体制不断完善，从而推动服务业升级发展（何德旭、夏杰长，2009；邓于君，2010）。四是产业政策。服务业发展激励政策的实施能有效地优化服务业发展环境，从而促进服务业升级发展（李丽，2007；何德旭、夏杰长，2009）。

2. 服务业升级的路径

相关研究文献多从创新、高端化、融合、集聚、全球化等视角探讨服务业升级路径。

（1）服务创新发展。从创新驱动发展的视角，强调通过技术创新、管理创新、业态创新、商业模式创新等方式，创造新供给，释放新需求，促进服务业结构优化，推动传统服务业转型，培育发展新兴服务业，从而实现服务业升级发展（刘建兵、柳卸林，2009；何德旭、夏杰长，2009；原毅军，2014）。

（2）服务业高端化发展。从发展质量和效益的视角，强调优先发展技术含量高、附加值高、产业关联带动效应强、资源消耗小、环境污染少的现代服务业，重点发展生产性服务业和高端服务业（原毅军，2014）。

（3）服务业融合发展。从产业融合的视角，强调提升生产性服务业的"黏合剂"作用，促进生产性服务业与制造业融合发展、生产性服务业与农业融合发展，形成生产性服务业与先进制造业"双轮驱动"、生产性服务业与现代农业"双轮驱动"的发展格局，从而实现服务业升级发展（韩坚，2011；郭怀英，2012）。

（4）服务业集聚发展。从产业布局的视角，强调依托中心城市、中心城区、产业园区、服务业集聚区、制造业集聚区等空间载体，引导服务业企业集聚发展，优化服务业空间布局，提升服务业的规模经济和范围经济效应，促进服务业升级发展（管驰明、孙超玲，2013；李盾，2013）。

（5）服务业全球化发展。从开放发展的视角，强调通过对外开放，在全球范围内集聚、配置资源要素，引导服务业企业参与国际分工，促进国际服务贸易出口，推动国内服务业升级发展（陈凯，2009；原毅军，2014）。

（二）服务业结构演进

服务业结构优化问题长期以来都是服务业经济理论研究关注的重点，主要研究议题有服务业结构演进方向、服务业结构演进规律、服务业结构优化衡量方法等。

1. 服务业结构演进方向

学术界关于服务业结构演进方向问题的研究成果形成两种代表性观点，一种观点强调优先发展现代服务业，另一种观点强调优先发展生产性服务业。

（1）优先发展现代服务业。"现代服务业"是中国语境下的服务业新概念，它最早出现在党的文件中，党的十五大、十六大、十七大、十八大报告均强调加快发展现代服务业，提高服务业比重和水平。学术界沿用"现代服务业"概念，将服务业分为"现代服务业""传统服务业"两大类，强调"现代服务业"相对于"传统服务业"，具有知识密集度高、技术创新能力强、劳动生产率较高、对经济发展促进作用较强等显著特征，优先发展现代服务业能有效地促进服务业升级。有的研究文献以制造业、传统服务业为参照对象，考察现代服务业的相对劳动生产率增长规模，研究结果表明现代服务业部门的劳动生产率增速不仅高于一般服务业，而且也高于大多数制造业，能规避经济学家鲍莫尔刻画的服务业"成本病"现象（夏杰长等，2008；姚战琪，2009）。也有实证研究文献显示，现代服务业发展对提升经济增长质量具有重要影响和促进作用（匡远凤，2015）。

（2）优先发展生产性服务业。"生产性服务业"（或称"生产者服务业"）是欧美学者在20世纪60年代倡导的服务业概念术语，但关于生产性服务业分类问题尚未达成共识。中国颁布了本土化的《生产性服务业分类（2015）》国家标准。国内服务业经济学主流观点主张将服务业分为三大类，即满足生产需求的生产性服务业、满足消费需求的生活性服务业、满足社会公共需求的公共服务业。大量研究文献都强调，以优先发展生产性服务业为重心、突破口，推动服务业升级发展。其核心观点：生产性服务业的产业关联效应强，不仅能带动制造业快速发展，而且能推动服务业优化发展；生产性服务业通过报酬递增效应、产业融合效应和外溢效应，主导着服务型经济背景下的产业升级（王雪瑞，2014；邓丽姝，2015；韩峰等，2015）。大量的实证研究文献也表明，生产性服务业在服务业中的比重呈现出不断上升趋势（钟韵，2007；毕斗斗，2009），生产性服务业的发展对经济增长具有显著的促进作用（李筱乐，2014；吉亚辉、甘丽娟，2015）。

2. 服务业结构演进规律

学术界多侧重以发达国家为考察对象，分析其服务业发展史，总结服务业结构演进的一般规律，主要涉及以下内容。

（1）服务业在经济结构中的地位演变规律。发达国家的发展经验表明，随着工业化进程和经济发展，服务业增加值占 GDP 比重（简称"增加值比重"）、服务业就业总人数占全社会就业总人数比重（简称"就业比重"）均呈现不断上升趋势，与人均 GDP 存在显著的正向相关性，高收入国家服务业增加值比重明显高于中低收入国家（高收入国家为 70% 左右，中低收入国家为 40%～50%），服务业发展水平在人均 GDP 达到 1000～3000 美元时存在一个临界点，越过此临界点后，服务业增加值比重快速上升（何德旭、夏杰长，2009）。服务业增加值比重与服务业就业比重并非同步发展，发达国家服务业增加值比重在工业化初期达到40%，而其就业比重一般为 10%～20% 的水平；但在整个工业化时期服务业增加值比重上升幅度相对较小，而服务业就业比重上升相对较快，在工业化后期阶段达到大致相同的发展水平（45% 左右）（邓于君，2010）。

（2）服务业内部结构演进规律。在服务业持续发展过程中，从增加值比重、就业比重而言，生产性服务业所占比重显著上升，生活性服务业所占比重缓慢上升，公共服务业所占比重逐步下降（刘志彪，2006）。在不同工业化阶段，服务业发展的重点各不相同（见表 6-2）。但总体而言，生产性服务业和生活性服务业均呈现出由传统服务业态向现代服务业态升级的规律，且新兴的服务业态不断涌现。

表 6-2　不同工业化阶段的服务业发展重点

工业化阶段	服务业发展重点
工业化初期	以商业、交通运输、通信业为主
工业化中期	生产性服务业：以金融业、流通服务业、商务服务业为主。 生活性服务业：以个人和家庭服务（住宿、餐饮等）为主，与城市化相配套的生活性服务业（教育、文化、娱乐、公共卫生等）也相应发展
工业化后期	以知识经济为特征的服务业（信息服务业、研发服务业、商务服务业等）充分发展，房地产业、旅游业等服务业快速发展
后工业化时期	金融业、商务服务业持续发展，科技服务业、信息服务业、教育产业等服务业态成为主导

资料来源：根据相关文献整理。

（3）服务业需求结构演进规律。一般而言，由于服务业产出的用途以最终消费为主，服务业最终需求率一般高于服务业中间需求率。伴随产业间分工的不断深化，对服务中间需求逐渐提升，但始终低于服务业最终需求率。在服务业最终需求中，又以居民消费为主，其比重始终高于政府支出及其他相关最终需求比重（周振华，2013）。

3. 服务业结构优化衡量方法

服务业结构优化的衡量方法主要包括经济统计分析方法和计量经济分析方法两大类。

以经济统计分析方法衡量服务业结构优化的方式主要有以下几种。

（1）多指标统计分析法。采用服务业及其细分行业增加值比重、就业比重、固定资产投资比重、比较劳动生产率、就业吸纳弹性等指标评价服务业内部结构优化水平与趋势（杨立勋等，2006；陈凯，2009）。此类分析方法虽然计算简单、分析直观，但分析结果在部分情况下可能会产生严重偏差（周振华，2013）。

（2）偏离-份额分析法。将区域服务业增长动力分解为份额分量、结构偏离分量和竞争力偏离分量，评价区域服务业内部结构优劣、区域服务业竞争力强弱，识别区域具有相对竞争优势服务业部门。马风华等（2014）运用偏离-份额分析法考察1990~2012年上海市服务业结构变动与生产率增长之间的关系，结果表明上海市服务业劳动生产率的提高主要是服务业内部劳动生产率增长所引起的，服务业结构高级化对劳动生产率增长的贡献远大于服务业结构合理化对劳动增长率的贡献。金春雨等（2014）运用偏离-份额分析法考察2007~2010年东北地区、北部沿海、东部沿海、南部沿海、长江中游地区、黄河中游地区、西南地区和西北地区八大经济区服务业结构效应与空间效应的变迁，结果表明各经济区服务业增长存在显著差异，结构效应、区位效应和空间效应对经济区服务业增长贡献的方向并非完全一致，区位效应对经济区服务业增长的影响明显低于结构效应。

（3）投入产出分析法。运用投入产出表数据，结合感应力系数、影响力系数和直接消耗系数等分析服务业结构内部关联程度。李江帆等

（2014）采用投入产出分析法考察京沪1997年、2002年、2007年三年的生产性服务业发展水平、部门结构及其影响力，结果表明京沪服务型生产资料投入超过实物型生产资料，第三产业投入软化趋势明显，生产性服务投入对第三产业产出具有显著的促进作用。

计量经济分析方法的应用侧重于以下两方面。一是分析服务业内部结构与某一经济特征之间的关系。赵成柏（2011）关于1990～2009年江苏省服务业内部结构与服务业增加值比重关系的实证研究结果表明，江苏省生产性服务业、公共服务业增加值占服务业增加值比重与服务业增加值占地区生产总值比重正相关，生活性服务业增加值占服务业增加值比重与服务业增加值占地区生产总值比重负相关。二是分析服务业内部结构的影响因素。朱尔茜（2015）关于2004～2013年东部、中部、西部、东北部四大经济地带服务业内部结构影响因素的实证研究结果表明，尽管不同经济区域服务业内部结构影响因素各不相同，但技术水平、市场繁荣度、城市化水平、工业化相对发展水平是共同的影响因素。赵成柏（2011）关于1990～2009年江苏省服务业内部结构影响因素的实证研究结果表明，人均地区生产总值、城镇居民可支配收入以及第一、第二产业劳动生产率是影响江苏省服务业结构的重要因素。

（三）传统服务业升级和新兴服务业培育路径

传统服务业升级和新兴服务业培育是服务业升级的两个重要内容，学术界相关研究成果相对稀少，已有的相关研究主要侧重探讨传统服务业升级路径和新兴服务业培育路径。

1. 传统服务业升级路径

"传统服务业"是与"现代服务业"相对应的概念，它既包括生产性服务业态（如交通运输、通信服务等），也包括生活性服务业态（如传统批发和零售业，住宿、餐饮业，个人服务业等）。与现代服务业相比，传统服务业一般存在管理理念落后、服务能力不强、消费者服务满意度较低等突出问题。学术界多从创新发展视角探讨传统服务业升级路径，提出了以下三类传统服务业升级路径。

（1）依托技术创新促进传统服务业升级。通过信息技术、自动化技术，最大限度地实现服务产品的数字化生产管理、销售管理，加强传统服务业的信息化改造，推动传统服务业升级为现代服务业（夏杰长等，2008）。

（2）依托管理理念创新促进传统服务业升级。通过加强服务业企业品牌文化建设，提升企业管理效率，提高企业服务能力，以传统服务企业升级推动传统服务业升级（张小兵，2003）。

（3）依托商业模式创新促进传统服务业升级。发展连锁经营、超市、代理、物流配送、电子商务等新兴经营模式，提升传统服务业经营效率，促进传统服务业向高级化方向发展（任志成，2008；王新华、蔡小勇，2010）。

关于传统服务业转型升级阶段性问题，有的研究文献提出"传统服务业转型升级四阶段"论（刘重，2005），即从产业视角看，传统服务业升级大致要经历四个发展阶段：一是传统服务业主导阶段，服务业以为个人提供生活服务的基础服务业态为主，服务业发展基础较为薄弱；二是传统服务业规模扩张阶段，服务业增加值比重、就业比重均有所上升，相应生产技术也有提升；三是传统服务业升级阶段，传统服务业技术水平快速提高，自动化程度显著加强；四是传统服务业发展为现代服务业阶段，传统服务业生产力有了综合性、实质性发展，成为现代服务经济中的重要力量。

2. 新兴服务业培育路径

由于"新兴服务业"发展具有动态性特征，目前学术界关于"新兴服务业"分类标准众说纷纭。根据服务业产生方式的不同，新兴服务业大体上可分为三类：一是基于新的市场需求而滋生的新兴服务业，如节能服务业、海洋服务业等；二是基于传统服务业升级而衍生的新兴服务业，如电子银行业、电子认证服务业等；三是基于新的服务模式而延伸出的新兴服务业，如远程教育服务业、远程医疗服务业等（史丹、夏杰长，2012；夏杰长，2012）。根据服务对象的不同，新兴服务业又可分为新兴生产性服务业和新兴生活性服务业两类，其中，新兴生产性服务业主要包括电子商务服务业、科技服务业等；新兴生活性服务业主要包括体育产业、健康服务业、养老服务业等。学术界多从技术融合、集聚发展、产业融合等视角探讨新兴服务业培育发展路径，提出了以下三类新兴服务业培育发展路径。

（1）基于技术融合的路径培育发展新兴服务业。以信息技术、移动互联网技术为主的新技术与传统服务业相融合，催生出新兴的服务业态，如电子商务、远程医疗、电子银行等（史丹、夏杰长，2012）。

（2）基于集聚发展的路径培育发展新兴服务业。在服务业集聚过程中，新的服务业态会从原有的产业经济体系中逐渐分离出来，并独立地承担起专业性的服务职能，成为独立的新兴服务业态（原毅军，2014）。

（3）基于产业融合的路径培育发展新兴服务业。制造业与生产性服务业的互动融合，引致生产性服务业与制造业之间的界限逐渐模糊，不断催生出新兴的交叉部门，创造新兴服务业态、服务种类和服务产品（周振华，2013）。

（四）服务业集聚的成因、载体和效应

服务业集聚发展是服务业空间结构升级的集中表现，是服务业升级的重要内容，也是近年来服务业经济理论研究关注的热点，研究内容集中在服务业集聚成因、服务业集聚发展的空间载体、服务业集聚水平与效应研究。

1. 服务业集聚成因

服务业集聚是形成服务业集群的必要条件，促使服务业企业集聚、服务业集群化发展的成因主要来自外部经济效应和范围经济效应。

（1）外部经济动因。服务业企业在特定空间范围内集聚，企业通过共享本地市场、劳动力资源、基础设施，以及彼此信息传播、技术扩散，产生一种额外经济效益。这种外部经济效益在空间上存在递减特征，因而往往只有集聚区内企业才能享受，从而促使服务业集聚发展（韩坚，2011；管驰明、孙超玲，2013）。

（2）范围经济动因。集聚区内业务类型不同的服务企业通过分工协作，实现协同发展，联合提供质量更高的服务，进而实现更高的经济效益。这种紧密的联合模式在较小范围内产生，从而促使服务业集聚发展

（包晓雯，2011）。

2. 服务业集聚发展的空间载体

服务业集聚区是服务业集聚发展的重要空间载体。服务业集聚区不仅仅是服务业企业简单的地理集中区域，更重要的是要形成网络化分工协作体系的企业群落。服务业集聚区的类型多种多样，从形成动力角度而言，可分为市场主导自发型服务业集聚区、政府主导规划建设型服务业集聚区、市场主导－政府推动融合型服务业集聚区（朱桦，2012）；从形成机制角度而言，可分为原生型服务业集聚区、嵌入型服务业集聚区、内生－外生混合型服务业集聚区（唐珏岚，2010；赵海俊，2011）。

3. 服务业集聚水平与效应

（1）服务业集聚水平。服务业集聚水平衡量侧重研判某一目标区域服务活动的密集程度或服务企业集聚水平。反映服务业企业分布、经营状况的相关微观数据缺乏，因而研究服务业集聚水平的实证研究文献多采用宏观数据（服务业增加值、就业人数）。服务业集聚水平测度方法大致分为以下三类。一是经济统计分析法。主要包括区位熵、空间基尼系数、赫芬达尔指数、产业地理集中指数（EG指数）等（吴传清等，2013；谷永芬、洪娟，2013）。二是空间计量分析法。主要包括全局Moran's I指数、局部Moran's I指数等（吉亚辉、杨应德，2012）。三是地理信息分析法。侧重运用ArcGIS等地理信息分析软件，结合统计数据与地形数据，分析服务业空间分布特征（周珂慧等，2010；薛东前等，2011）。上述三种测度方法各有侧重、各有长短，在实际研究工作中，往往根据具体情况综合采用。

（2）服务业集聚效应。服务业空间集聚促进区域经济发展的积极效应，主要包括技术和知识溢出效应、规模经济效应、劳动力市场效应等（韩坚，2011；王晶晶等，2014）。相关的实证研究文献多采用计量经济分析方法，分析服务业集聚与劳动生产率增长（王晶晶等，2014）、区域经济增长（祝佳，2012）、服务业发展效率（宣烨，2012）之间的相关性。大多数研究文献表明，服务业集聚能显著地促进区域经济发展，也有少量研究文献提出相反的结论。后者如王琢卓等（2012）通过构建面板 VAR 模型研究 2000～2009 年中国城市生产性服务业集聚效应在城市经济增长方面的溢出效果，结果表明生产性服务业多样化无论是在长期还是在短期均促进了城市经济增长，但专业化对经济增长产生负向效应。

（五）服务业融合发展

服务业涵括的行业门类众多，服务业内部的各类服务业态互动融合发展，既有利于促进服务业效率、质量提升，也有利于促进服务创新、新兴服务业态蓬勃发展，是新时期服务业升级的重要内容。学术界关于服务业融合发展的相关研究成果较为丰富，关注的热点主要有以下方面。

1. 基于"互联网＋"的服务业融合发展

互联网是 20 世纪人类最伟大的技术发明之一，互联网发展历经了 PC 互联网主导、移动互联网主导、产业互联网主导三个阶段时期，利用互联网推动传统服务业转型、培育新兴服务业，是"互联网＋"时代服务业升级的大趋势。已颁布实施的《国务院关于积极推进"互联网＋"行动的指导意见》（国发〔2015〕40 号）等国家顶层设计文件均强调，推动互联网与金融业、物流业、商贸服务业、商务服务业、健康服务业、养老服务业、旅游业、教育服务业等服务业态融合发展，推进服务创新发展和转型升级。学术界关于这一领域的研究重点聚焦在以下几点。

（1）"互联网＋金融业"。着重研究互联网金融缘起及普惠特性（刘越等，2014；褚蓬瑜、郭田勇，2014）、互联网金融发展模式（谢平、邹传伟，2012；李博、董亮，2013）、互联网金融风险监管（魏鹏，2014；谢平、邹传伟，2012）、互联网金融和传统金融业务整合（张晓芬、张羽，2013；郑霄鹏、刘文栋，2014）等。

（2）"互联网＋物流业"。着重研究以互联网为手段提升物流信息的聚合、对接、使用效率，提升物流业运行效率（尹小勇，2012）等。

（3）"互联网＋其他服务业"。学术界对"互联网＋电子商务""互联网＋医疗""互联网＋健康养老""互联网＋教育""互联网＋政务"等问题也做了许多积极探索。

2. 基于"文化产业+"的服务业融合发展

文化产业具有知识密集度高、产业附加值高、产业融合性强等特点。学术界关于文化产业与相关服务业融合发展的研究主要聚焦在以下几点。

（1）"文化产业+旅游业"。着重研究文化产业与旅游业融合发展动因（但红燕、徐武明，2015）、融合发展模式（胡俊，2012；张海燕、王忠云，2013）、融合发展机制与路径（张海燕、王忠云，2010；姜永常，2013）等。

（2）"文化产业+信息服务业"。着重研究文化产业与信息服务业融合发展的新业态——数字内容产业（章光琼等，2015）。

（3）"文化产业+体育产业"。着重研究文化产业与体育产业互动关系、融合发展机制（张金桥、王健，2012）等。

3. 基于"健康+养老"的服务业融合发展

健康服务业、养老服务业是满足大众高品质消费需求、提高大众生活质量的新兴服务业态。学术界关于这一领域的研究主要聚焦探讨医疗卫生和养老服务相结合的体制机制建设、健康与养老服务业融合发展的路径模式（程亮，2015；耿爱生，2015）等。

4. 其他服务业态的融合发展

诸如基于"旅游业+信息服务业"，发展智能旅游；基于"旅游业+健康养老服务业"，发展休闲养生旅游；基于"养老服务业+金融业"，发展养老金融服务业、养老保险服务业；基于"健康养老服务业+房地产业"，发展健康地产、养老地产等新兴房地产业业态。

（六）生产性服务业与制造业互动发展

生产性服务业与制造业互动发展不仅是服务业升级的重要内容，也是新型工业化发展的重点领域，相关研究成果较为丰富，研究重点聚焦在二者互动关系类型厘定、互动发展水平衡量方法等。

1. 生产性服务业与制造业互动关系的类型

相关研究文献侧重从共生、协同、融合、集聚等视角探讨生产性服务业与制造业互动关系的类型，提出了如下四类代表性观点。

（1）共生关系。此类观点强调将生产性服务业与制造业互动发展视作一个二者交换能量、交换养分的动态过程，既相互交融又各自独立，表现为相互依存的"共生"状态，采用"共生度"（协同度）指标测度二者关系（徐雨森，2013）。

（2）协同关系。此类观点强调生产性服务业与制造业之间彼此影响、互为支撑，制造业不断将非生产活动外包，扩大生产性服务中间需求，促使生产性服务业发展壮大；生产性服务业水平提升又进一步增强其融入生产过程的能力，提升制造业生产效率，促进制造业转型升级发展（刘俊，2014；王江，2014）。

（3）融合关系。此类观点强调制造业与生产性服务业之间的界限逐渐模糊，制造企业从生产产品逐渐向生产服务转变，衍生出"服务型制造""制造业服务化"等概念（何哲、孙林岩，2012）。

（4）双集聚关系。此类观点强调生产性服务业集聚与制造业集聚之间呈现强烈的正相关关系，二者相互影响、相互促进，最终形成生产性服务业与制造业"双集聚"发展格局（张益丰、黎美玲，2011；李强，2013）。

2. 生产性服务业与制造业互动发展水平的衡量方法

（1）投入产出分析方法。大多数研究文献倾向采用投入产出分析法衡量生产性服务业与制造业互动水平。主要运用投入产出表数据，测算两者间的中间需求率、中间投入率、直接消耗系数、完全消耗系数、影响力系数、感应度系数等指标值，借此研判生产性服务业与制造业互动发展水平（何哲、孙林岩，2012；张洁梅，2013）。也有研究文献运用投入产出表数据，构建制造业服务化指数，评估服务业跨产业融合度水平（李美云，2007）。

（2）评价指标分析方法。研究范式主要有两种：一是通过相关指标衡量生产性服务业与制造业互动发展水平，如徐雨森（2013）通过产业"共生度"指标，衡量沈阳市、大连市1996～2009年生产性服务业与制造业共生发展水平；二是通过构建综合评价指标体系衡量生产性服务业与制造业互动发展关系，如刘俊（2014）通过构建耦合关联评价模型分析2000～2009年长三角制造业与生产性服务业的耦合关系。

（3）计量经济分析方法。不少实证研究文献运用计量经济分析方法衡量生产性服务业与制造业之间相互促进效果。何哲、孙林岩（2012）以经典生产函数模型为基础，评价中国 2002 年、2005 年服务业与制造业融合对制造业规模及绩效提升的作用，研究结果表明，制造业与服务业的关联对制造业产出有明显的促进作用。陆剑宝（2014）计量分析 2003～2009 年广东省制造业集聚对生产性服务业集聚影响的研究结果显示，广东省制造业集聚能显著促进生产性服务业集聚发展。

三　相关已有研究成果总体评价

"服务业"原属产业经济学研究的重要领域，随着服务业经济蓬勃发展、服务业经济理论研究的不断深入，"服务业经济学"正在独立发展成为产业经济学的一门新兴子学科。"服务业升级"是目前服务业经济持续健康发展的重要实践命题，也是服务业经济学理论体系建设的重要内容。学术界关于服务业升级问题的现有研究成果的突出贡献主要表现在：提出了一系列服务业升级理论研究命题，诸如服务业融合发展、服务业集聚区、生产性服务业与制造业双集聚、服务型制造、制造业服务化等；基于发达国家的发展经验，总结了服务业结构演进的一般性规律；推动了欧美生产性服务业与制造业融合发展理论在中国的传播和发展。

然而，通过梳理国内外相关研究成果发现，现有的服务业升级理论和实践研究成果尚有以下三个方面有待深化。

（1）研究内容有待拓广。目前学术界对于"服务业升级"的概念内涵尚未厘清，许多学者将"服务业结构优化"与"服务业优化"等同视之，服务业升级概念内涵太过狭隘。服务业升级的研究对象和研究内容有待明确。

（2）研究结论有待拓深。目前学术界对于"服务业升级的内在机制""服务业升级的动因""服务业升级的路径""服务业升级的促进机制""服务业升级的保障措施"等论题，现有研究成果虽有涉及，但仍缺少从服务业升级视角出发的系统性理论分析成果。

（3）实证研究成果有待丰富。现有研究成果主要运用官方统计数据对服务业升级内部某一领域内容进行实证分析，缺少对于城市服务业升级状态的整体监测评价研究，以及对于中国城市服务业升级所处阶段的总体判断。

第二节　城市服务业升级的内涵、 动因和阶段特征

本节着重探讨城市服务业升级相关理论问题。首先，本节在梳理相关概念的基础上，界定"城市服务业升级"概念，提炼"城市服务业升级"基本内涵。其次，本节从需求和供给两方面，分析城市服务业升级的动因。最后，总结城市服务业升级四个阶段的基本特征。

一　"城市服务业升级"的内涵

梳理国内外相关研究成果发现，学术界尚无对城市服务业升级的直接界定，因此本节首先分析界定"服务业"、"产业升级"和"城市"（这里城市用的是中国地级市标准）的概念，并以此为基础进一步界定"城市服务业升级"的概念。

（一）相关概念梳理

1. "服务业"概念

服务业是一个门类庞杂、性质迥异的集合体，其经济特征并不像农业、工业那样有一种简明的一致性，因此要高度抽象概括服务业的内涵十分困难，且往往无法反映服务业的全部特征。迄今为止，国内外学术界在服务业概念界定方面仍存在较大分歧，尚未形成一个广为接受的定义。总的来说，目前学术界对服务业的定义主要有两种范式：通过排他方式定义和通过服务性质定义。

通过排他方式定义的服务业，主要以三次产业分类法为基础，强调服务业概念与第三产业概念等同，即除第一产业和第二产业之外所有行业的总和。排他方式定义的服务业具有与国家标准一致且统计数据易得

的优势，但也有部分学者强调"服务业"与"第三产业"概念之间存在差异，认为这种定义方式欠妥。

通过服务性质定义服务业概念的观点认为，若某一产业的产品特征满足服务的基本特征，则可将其归类为服务业部门。服务产品的性质主要包括四个方面：一是无形性，即无法客观感受服务产品的形态、质地和大小，只能主观感受服务产品带来的效用；二是生产与消费的同时性，即服务产品提供的过程与其消费过程合二为一；三是易逝性，即服务产品难以储存和流通；四是异质性，即服务的过程是服务产品销售者与购买者交互的过程，其产品内容与质量可能存在较大波动。以服务性质定义的服务业具有界定明确且与服务业性质相一致的优势，但由于缺少官方统计数据支撑，往往只能应用于理论研究领域。

根据以上分析可以看出，两种服务业概念界定范式各有利弊。因而，本书在进行理论分析时采用服务性质定义方式，以服务业基本特征为出发点；在进行实证研究时采用排他性定义方式，以国家统计局关于"第三产业"的相关统计数据作为服务业分析的基础数据。因此，若无明确说明，本书中"服务业"和"第三产业"概念等同使用。

虽然学术界对于服务业内部的分类方式众说纷纭，但是有两种分类方法应用最为广泛，分别是服务业"三分法"和服务业"两分法"。

（1）服务业"三分法"。这种分类方法主要根据服务业的服务对象将服务业分为生产性服务业、生活性服务业和公共服务业三类。生产性服务业是主要为工业、农业及其他服务业提供中间服务投入的服务业门类，生活性服务业是主要为消费者提供最终服务产品的服务业门类，公共服务业则是为生产、生活提供公共服务产品的服务业门类。

（2）服务业"两分法"。这种分类方法主要根据服务产品生产方式的现代化水平将服务业分为现代服务业和传统服务业两大类。现代服务业主要指运用了信息技术、先进管理和经营理念的服务业门类，具有劳动生产率较高、服务产品附加值高、知识技术密集等特点，既包括现代技术应用中出现的新兴服务业，也包括经过现代技术和管理、经营理念改造升级后的传统服务业。与之相对应，传统服务业一般是指运用传统服务产品生产方式提供服务的服务业门类，一般存在管理理念落后、服务能力不强、消费者服务满意度较低等突出问题。传统服务业既包括生产性服务业态（如交通运输、通信服务等），也包括生活性服务业态（如传统批发和零售业，住宿、餐饮业，个人服务业等）。传统服务业与现代服务业之间并无明确的界限，传统服务业可以通过改造升级进化为现代服务业，而现在的现代服务业也可能因为长期发展停滞而变为未来的传统服务业。

2. "产业升级"概念

总结国内外学术界关于"产业升级"概念内涵的研究成果，"产业升级"的研究视角大致可以分为以下三类。

（1）基于产业结构高级化视角的"产业升级"定义说。此类观点认为，"产业升级"主要指国家或地区产业结构调整和优化，从而更加适应经济发展需求的过程（靖学青，2008；高燕，2006）。

（2）基于产业发展质量和效率视角的"产业升级"定义说。此类观点认为，"产业升级"是指产业发展的质量和效率逐步提升，产业从低技术、低附加值向高技术、高附加值转变的过程（刘志彪，2000；潘悦，2002）。

（3）基于全球价值链视角的"产业升级"定义说。此类观点认为，"产业升级"主要指一国（地区、企业）在全球价值链中顺着价值阶梯逐步提升，逐渐改变产业比较优势，从而提升其在国际分工体系中位置的过程（张向阳等，2005；张其仔，2008）。

根据上述分析，本书认为"产业升级"从内涵上而言是产业由低级状态向高级状态发展的过程，不仅表现为产业结构不断优化的态势，同时体现出产业发展质量和发展效率不断提升，以及产业层次不断提高，产业不断向着价值链高端攀升的发展趋势。

（二）"城市服务业升级"概念界定

"城市服务业升级"概念从本质属性而言是"城市产业升级"在"城市服务业"领域的专有概念，因而要在城市经济的领域内综合考量"产业升级"概念的内涵和"服务业"的基本特征。

从产业升级概念的内涵方面来看，"城市服务业升级"不仅表现为城市服务业总量规模的不断扩大，同时表现为城市服务业内部结构不断优化，城市服务业发展质量和发展效率不断提升，城市服务业发展层次不断提高，城市服务业向着价值链高端不断攀升的发展趋势。

从服务业基本特征方面来看，以现代通信技术、现代生产和经营理念为依托的"城市服务业升级"使得服务业基本特征产生了相应变化：服务产品借助相应媒介变得可触可感，不仅能够储存、运输并且可重复使用；面对面交流不再是服务产品生产的主流方式；以服务业制造化为趋势的服务业标准化生产使得服务业也呈现出一定的规模效应，服务业具有了不输于制造业的生产效率。

综合以上分析，本书认为"城市服务业升级"是指城市服务业发展由低级状态向高级状态转变的过程，不仅强调城市服务业总体规模的扩大，而且强调借由现代通信技术、现代生产和经营理念优化城市服务业结构，转变城市服务业发展方式，提升服务产品质量和生产效率，提高服务业发展层次，促使城市服务业全面升级发展。城市服务业升级是城市服务业发展过程中的重要阶段，城市只有在服务业发展到一定水平之后，才会启动服务业升级进程。

（三）"城市服务业升级"的基本内涵

根据"城市服务业升级"的概念，本书进一步提炼服务业升级的基本内涵，主要包括三个方面的内容：一是城市服务业总量提升，二是城市服务业结构优化，三是城市服务业质量提升。

1. 城市服务业总量提升

城市服务业总量提升是指城市服务业增加值和就业人数规模不断扩大，服务业在城市三次产业比重中不断提升的过程。根据产业结构演进理论，服务业增加值和就业人数的总体规模和比重在不同工业化发展阶段中均处于不断上升的趋势。城市服务业总量提升不仅仅是城市服务业发展的重要内容，更是城市服务业升级的基础条件。在整个城市服务业升级进程中，城市服务业总量将不断提升。

2. 城市服务业结构优化

城市服务业结构优化主要包括服务业结构合理化和服务业结构高级化两个部分。城市服务业结构合理化是指协调城市服务业各部门之间的关系与比例，使城市各产业之间形成耦合良好、有机联系的关系，从而适应社会经济发展需求的过程。城市服务业结构高级化是指城市服务业结构由低级向高级发展，服务业整体生产效率、经营效率和服务质量逐步提升，服务业层次不断提高的过程。服务业结构是一个不断发展的体系，技术进步、消费和需求结构变化等因素将导致服务业各部门之间发展水平和速度的变化，从而导致各部门间的原有比例与关系不协调、不合理，因而服务业结构的合理化和高级化的过程将一直发生。这种从服务业结构由不合理向合理进行调整，并在此基础上向高度化发展的过程即称为服务业结构优化发展过程。

城市服务业结构优化包括两个方面的内容：从服务业"三分法"角度看，城市服务业结构优化主要指的是城市服务业内部生产性服务业比重不断提升，生活性服务业和公共服务业比重保持在合适水平的过程；从服务业"两分法"角度看，城市服务业结构优化主要指的是城市服务业内部现代服务业的比重不断提升，传统服务业不断改造升级为现代服务业的过程。

3. 城市服务业质量提升

城市服务业升级不仅强调城市服务业总体规模的扩大和内部结构的不断优化，更重要的是强调城市服务业发展质量的不断提升。城市服务业质量提升主要包括三个方面的内容：从服务产品生产方面看，城市服务业质量提升主要是指城市服务业劳动生产率水平不断提升的过程；从服务企业组织方面看，城市服务业质量提升主要是指城市服务业集聚水平不断提升的过程；从服务产品供给方面看，城市服务业质量提升主要是指城市服务产品供给水平不断提升，城市服务业与其他产业良好互动机制的过程。

二　城市服务业升级的动因

城市服务业升级是一个综合性的问题，因而服务业升级的驱动也必然是多种因素共同作用的结果。本书以"需求－供给"分析框架从两个方面分析服务业升级的动因。

（一）需求方面动因

1. 中间需求的增加促使城市服务业升级

（1）工业化引致分工的不断细化，提升对城市服务业的中间需求。分工与专业化发展是现代生产方式变革的主要特征，是产业劳动生产率提升的重要动力。专业化分工伴随着工业化发展而逐渐深入，专业化分工的演进对于服务业的发展具有直接的推动作用：伴随着工业化的不断深入，生产专业化程度和生产关联复杂程度的逐渐提高，部门结构不断细化，使许多原来内含于生产部门的服务活动独立出来，成为独立的服务业门类，提供专业的生产性服务产品。分工的细化衍生出了对金融、物流、商务服务等生产性服务的大量需求。现代服务业的增长是劳动分工演进的结果。伴随着专业化分工的不断深入，产业链不断延长，交易费用不断上升。即便如此，专业化分工后的效率仍比分工之前有了显著提高。同时，专业化分工不断细化的过程，催生了大量的新生知识，进而推动了以知识的生产、扩散为主要特征的生产性服务业部门的发展和壮大。生产性服务业部门的发展和壮大又反过来促使生产过程变得越来越专业化，成为专业化分工的必然支撑，从而进一步推进现代服务业快速发展。

（2）城镇化引致生产企业在城市的集聚，扩大对城市服务业的中间需求。城镇化的发展使得劳动力、资本、技术、信息等生产要素在城市大量集聚，优化了城市生产环境，提升了城市对于生产企业的吸引力，从而促使生产企业在城市的大规模集聚。城市生产企业规模的扩张必将导致其对城市服务中间需求水平的进一步提升，从而又进一步促使服务业升级，由此构成了一个循环累积效应。

2. 最终需求的提升促使城市服务业升级

（1）工业化促使区域经济发展，增加城市服务业最终消费需求。伴随着工业化进程的不断深入，城市经济发展水平逐渐提升，城市居民的消费能力也在逐步提升。伴随着消费能力提升的还有城市居民的消费意识。根据马斯洛的需求层次理论和恩格尔定律，在收入水平较低时，人们消费支出主要用于满足吃、穿、住等基本生活需求；随着收入水平的提高，人们的消费支出将更多用于安全、社会交往、赢得尊重和自我实现等需求，这些需求更多的是由各种服务来满足，由此人们消费支出中服务比重将随收入水平的提高而上升。伴随着工业化进程的进一步深入，城市个人收入水平进一步增加，城市居民的服务需求将趋向于多层次化和多样化发展，并最终带动多层次的服务业结构递进升级。

（2）城镇化推动城市消费需求扩大，促使城市服务业升级。城镇化通过人口在城市的大量集聚，扩大了城市对于生活性服务业的消费需求，推动城市服务业升级。城镇化对于服务业消费需求的刺激主要体现在两个方面：一方面，城市人口的不断积聚提升了城市生活性服务业的消费总量，从而刺激了城市生活性服务业的供给数量和效率；另一方面，城镇化在人口积聚的同时也形成了收入相对较高、购买力较强的人群，这些人对生活性服务的需求层次较高，促进了生活性服务业向现代的高附加值、专业化服务方向转化，因此推动了城市服务业升级。

（二）供给方面动因

1. 人力资本的不断集聚促使城市服务业升级

"生产和消费的同时性"以及"易逝性"是服务的重要特征。服务的这种重要特征，使得服务产品的生产和消费必须同时同地发生，使得服务业的发展只好依托于人口、经济活动较为密集的城市展开。城镇化发展伴随着集聚特征，促使人力资本等生产要素在城市内不断集聚，为服务业升级提供动力资源。

随着经济的发展，人力资本在经济增长中的贡献越来越大。城镇化通过各类人才的不断积聚提升城市人力资本存量。城市的人力资本存量可分为劳动力数量的增加和劳动力质量的提高。劳动力数量的增加将有利于劳动密集型服务业的发展。劳动力质量的提高将有助于促进知识、技术密集型服务业发展。人力资本存量的提升是劳动力数量和质量的统一，只有劳动力数量和质量均得到有效提升，才能够推动城市服务业向着高级化方向升级。

2. 技术创新的引进促使城市服务业升级

服务业作为经济发展的支撑部门，在过去很长一段时间内不被看好。1967 年，鲍莫尔提出"成本病"理论，认为服务业的劳动生产率明显低于制造业，是经济发展的"停滞部门"，因而服务业的扩张将显著拖慢经济发展的速度。然而，信息通信技术（ICT）在服务业领域的运用与渗透，在服务业中掀起了创新之风，大大提高了服务业特别是现代服务业的劳动生产率，使得现代服务业成为经济中增长最快的部门之一，鲍莫尔"成本病"不治自愈。

（1）技术创新推动服务业服务水平提升，推动城市服务业升级。依托技术创新提升城市服务业服务水平主要可以从生产性服务业与消费性服务业两个方面予以阐述。第一，技术创新提升生产性服务业的生产效率和集聚水平。一方面，技术创新在生产性服务业领域的应用将显著提升生产性服务业的生产效率，促进制造企业增加生产性服务投入意愿，加强生产性服务外包活动；另一方面，高新技术与生产性服务业的耦合，将有助于创造吸引企业集聚的软环境，从而提升城市服务业和制造业的集聚水平。第二，技术创新提升生活性服务业服务体验。随着经济的不断发展，人民生活水平逐步提高，服务的消费者对于服务产品的需求也在逐渐提升。消费者在选择服务产品时，不仅考虑服务产品的内容和质量，同时也将服务产品购买的便捷性、可靠性和舒适性等因素纳入服务产品选择范围内。因此，生活性服务企业必须不断引进先进的技术改造服务生产和供给流程，从而不断提升服务产品的内容质量和消费体验。

（2）技术创新推动传统服务业改造升级，促使城市服务业升级。技术创新对传统服务业进行改造升级主要包括两个方面的内容。第一，对传统服务业进行的信息化改造。对传统服务业进行的信息化改造是建立在信息技术和自动化技术等高新、尖端技术的基础之上的。具体而言指的是通过将信息技术和自动化技术等高新技术和现代管理技术的融合，并在服务业的生产环节、销售环节、服务环节和管理环节等予以运用而实现对传统服务业的信息化改造，主要内容是在服务业产品的生产环节、销售环节、消费环节和控制环节最大限度地实现数字化，以及实现对服务业企业（机构、团体等）的数字化管理。第二，传统服务业的信息化融合。传统服务业的信息化融合是在传统服务业内涵的基础上，通过融入信息技术而赋予新的内容。传统服务业的信息化融合主要包括两个方面的内容，一是通过数字化信息的灵活性丰富传统服务业内涵，二是以信息技术为桥梁将原本相互分离的服务属性进行有机融合从而创造新的服务内容。

（3）技术创新培育发展新兴服务业，促使城市服务业升级。技术的创新能够对新兴服务业的发展产生决定性的影响，特别是高新技术通过促进信息的创造、传递、扩散和信息分析能力的提升而对新兴服务业发展的影响。技术创新对于新兴服务业的培育与发展的影响主要体现在三个方面。第一，高新技术和传统服务业的互动和融合形成新兴的服务业业务。基于高新、尖端技术，尤其是信息技术，与传统产业的互动、渗透和融合，众多新技术和新模式得以形成，并在传统服务业得以使用和推广。第二，新技术流量的产生和新技术存量的推广、使用等能够为新的服务业业态和新兴的服务产业的产生提供动力。信息技术、生物技术等高新技术的高速发展和扩散为应用新技术和新知识的新兴服务企业的产生和发展提供了基础。以数字技术、互联网技术、信息通信技术为主要特征的科技进步，对传统文化产业的传播方式形成了强烈冲击。信息技术通过对传统文化产业的整合和提升，催生了创意产业，体现了传统文化产业与信息产业之间互动融合的发展趋势。第三，高新技术产业为其他服务行业的能力提升、质量提高和效率改善提供了基础，这些服务业行业借助高技术产业形成了相对比较独立，并被赋予新的发展内涵的服务业态。在未来经济社会，以信息技术为代表的现代技术的普遍运用，将大大推进传统服务向新兴服务形式的转变。

3. 产业政策供给水平提升促使城市服务业升级

产业政策指的是在一定时期内，为了实现某一经济目标或政治目标，政府对产业生产等活动进行干预而制定的各种政策的总和，实质上是针对产业活动中出现的资源配置的"市场失灵"情况而实行的政策性干预。政府通过产业政策促进产业结构调整，培育主导产业和发展新兴产业是发展中国家和发达国家常见的一种做法。政府的产业政策从其实质上看，是选择性地促进某些产业部门发展的方式。产业政策可使得劳动力、资本等资源在产业部门之间实现重新分配，从而使得受到相关产业政策覆盖的产业部门得到较快的发展。政府的产业政策主要包括产业组织政策、产业结构政策、产业布局政策和产业技术政策等。

改革开放以来，国家对于产业发展的关注主要在工业和农业，对服务业发展的重视程度较低。由于服务业领域的进入门槛较低，其是一个更加充分竞争的市场，实施产业政策相对较少。然而，自党的十八大以来，国家对于服务业发展的关注持续升高，陆续出台了许多服务业发展的促进政策。2012年12月1日颁布的《服务业发展"十二五"规划》（简称《规划》）是国家"十二五"时期服务业发展专项规划，也是中华人民共和国成立以来第一个服务业发展专项规划。该《规划》明确了加快发展服务业在推进经济结构调整、产业结构优化升级、对外开放、提升综合国力、扩大就业、扩大内需方面的重要作用，提出了生产性服务业和生活性服务业并重，现代服务业与传统服务业并重的发展思路，明确了生产性服务业发展的十一大重点领域，生活性服务业发展的九大重点领域，农村服务业发展的重点和海洋服务业发展的三大重点。

同时，十八大以来，国家颁布了一系列与服务业相关的规划和政策。其中，除综合性政策、规划外，服务业专项政策、规划主要集中于信息服务业、现代物流业、金融业、养老服务业和文化产业。这些服务业专项政策、规划的出台，创造了良好的政策环境，从而推动了服务业升级。

4. 服务贸易的蓬勃发展促使城市服务业升级

世界经济发展表明，伴随着现代商品经济的发展，一国内部的生产分工与协作已无法满足现今生产活动的需要。在经济全球化不断发展和国际分工日渐广泛的背景下，企业在全球范围内寻找产业链上下游供应商已成为主流趋势。在这一趋势下，企业可以通过国际服务贸易实现国际范围内的产业、产品协调。服务贸易的规模和效率逐步提高。

服务贸易的蓬勃发展将有效增强地区服务业国际竞争力。根据相关数据表明，无论是发展中国家还是发达国家，服务产品出口增长都明显快于 GDP 增长和服务业增加值增长速度，说明服务产品出口对经济和服务业均具有拉动作用。服务贸易水平的提升，将显著提升地区服务业国际竞争力，从而进一步深化分工，缩减生产成本，促进服务业升级。

三　城市服务业升级的阶段特征

1. 城市服务业升级的起步阶段

城市服务业升级的起步阶段是城市服务业升级的第一阶段。城市服务业升级进程只有当城市服务业发展到一定程度后才会启动，因而城市服务业升级具有门槛。进入城市服务业升级进程的门槛主要表现为两个方面：一是城市经济规模和人均收入水平达到一定程度，能够有效支撑城市服务业升级发展；二是城市已具备一定的产业基础，工业和服务业发展具有一定规模，服务业增加值和就业人数比重与工业相若或略有超出，比重达到40%。

城市服务业升级起步阶段的总体特征主要表现为两个方面：一是城市服务业增加值和就业人数的规模和比重不断上升，比重逐渐上升至50%；二是城市服务业内部结构开始逐步优化，逐渐意识到生产性服务业对于城市服务业发展的重要作用，城市生产性服务业比重逐渐上升。

2. 城市服务业升级的成长阶段

城市服务业升级的成长阶段是城市服务业升级的第二阶段。城市服务业升级成长阶段的总体特征主要表现为五个方面：一是城市服务业增加值和就业人数的规模和比重均进一步上升，增加值和就业人数比重由50%上升至60%；二是城市服务业内部结构逐渐优化，生产性服务业比重进一步提升，公共服务业比重逐步下降；三是城市服务业业态层次不断提升，城市现代服务业的比重逐步增强，传统服务业逐渐通过现代生产、经营技术改造升级；四是开始有意识地通过构建城市服务业集聚区等方式提升城市服务业集聚水平；五是城市服务产品供给质量逐步提升，生产性服务业与制造业之间开始构建互动关联机制。

3. 城市服务业升级的成熟阶段

城市服务业升级的成熟阶段是城市服务业升级的第三阶段，此时城市服务业升级已较为成熟。城市服务业升级成熟阶段的总体特征主要表现在六个方面：一是城市服务业增加值和就业人数的规模和比重均进一步上升，增加值和就业人数比重由60%上升至70%，服务业增加值和就业人数比重达到较高水平；二是城市服务业内部结构进一步优化，生产性服务业比重进一步提升，成为城市服务业第一部门，生活性服务业和公共服务业比重维持在合适水平；三是城市服务业业态层次进一步提升，城市现代服务业的比重逐步增强，传统服务业大多通过现代生产、经营技术改造升级为现代服务业，同时不断培育新兴服务业壮大发展；四是逐渐构建以创新驱动城市服务业升级发展机制，进一步提升城市服务业相对劳动生产率；五是城市服务业组织形式进一步提升，城市服务业集聚水平与质量进一步升级；六是城市服务产品供给质量进一步提升，生产性服务业与制造业之间已构建有效的相互促进机制。

4. 城市服务业升级的高级化阶段

城市服务业升级的高级化阶段是城市服务业升级的第四阶段，此时城市服务业升级水平日臻完善。城市服务业升级高级化阶段的总体特征主要表现在五个方面：一是城市服务业增加值和就业人数的规模和比重根据城市自身情况进一步调整，整体比重维持在75%以上；二是城市服务业内部结构进一步优化，城市服务业现代化水平较高，生产性服务业成为支撑服务业发展的主要动力，新兴服务业部门不断涌现；三是构建较为完善的创新驱动城市服务业升级发展机制，城市服务业相对劳动生产率不断提升，远高于制造业劳动生产率；四是依托城市功能区和产业园区形成特色鲜明的城市服务业集聚区，服务业集聚发展成为城市服务业发展的主要组织形式；五是城市服务产品供给质量较高，生产性服务业与制造业之间构建"双轮驱动"互动机制，有效生产性服务业与制造业互动协调发展，生活性服务业服务产品种类丰富，能够满足居民不同层次、不同种类的服务需求。

第三节　城市服务业升级的路径和促进机制

本书着重从理论层面刻画城市服务业升级的机制。首先，分析城市服务业升级的三条主要路径（城市服务业结构优化发展路径、城市服务业集聚发展路径、城市服务业融合发展路径）；其次，阐释工业化、城镇化、服务创新和政策环境优化顺着城市服务业升级的三条路径推动城市服务业升级的促进机制。

一　城市服务业升级路径

根据城市服务业升级的概念内涵，本书认为城市服务业升级的路径主要包括城市服务业结构优化发展路径、城市服务业集聚发展路径和城市服务业融合发展路径。

（一）城市服务业结构优化发展路径

城市服务业结构优化是城市服务业结构合理化和高级化不断交替进行的过程。城市服务业结构优化发展路径包括三个方面的重要内容：城市现代服务业的优化发展与传统服务业的改造升级，城市生产性服务业、生活性服务业和公共服务业的优化发展，以及城市新兴服务业培育。

1. 城市现代服务业的优化发展与传统服务业的改造升级

以"现代服务业"和"传统服务业"的视角分析城市服务业结构优化问题，主要强调城市现代服务业的优化发展与传统服务业的改造升级两部分内容。

（1）城市现代服务业的优化发展。一是提升城市现代服务业比重。城市现代服务业相比传统服务业而言附加值更高、劳动生产率更高，对经济的带动能力更强，因而城市现代服务业的优化发展应着重于服务业中现代服务业增加值比重和就业人数比重结构的提升，从而优化城市服务业结构。二是提升城市现代服务业劳动生产率。学术界的实证研究表明，现代服务业是应用信息技术最广泛的部门，现代服务业部门的劳动生产率不仅高于一般服务业，而且也高于大多数制造业，能规避经济学家鲍莫尔刻画的服务业"成本病"问题。因而，进一步提升城市现代服务业的技术应用水平，提升城市现代服务业的劳动生产率，能有效促进城市现代服务业发展，推动城市服务业结构优化。三是提升城市现代服务业知识创造能力。现代服务业具有知识密集型的特点，是专业的知识生产和扩散部门。提升城市现代服务业知识创造能力，能极大地提高城市知识的生产与扩散速度，扩大知识的生产量与交易量，使得城市的知识生产分工进一步深化，提高知识的生产效率与交易效率，从而促进城市服务业结构的优化与城市经济的增长。

（2）城市传统服务业的改造升级。城市传统服务业的改造升级重点在于运用先进的信息技术与管理理念对传统服务业的生产、管理、营销方式予以改造，提升其现代化、信息化水平，从而转化升级成为城市现代服务业。城市传统服务业的改造升级路径主要包括以下三个方面。第一，依托技术创新促进传统服务业升级。通过信息技术、自动化技术，最大限度地实现服务产品的数字化生产管理、销售管理，加强传统服务业的信息化改造，推动传统服务业升级为现代服务业。第二，依托管理理念创新促进传统服务业升级。通过加强服务业企业品牌文化建设，提升企业管理效率，提高企业服务能力，以传统服务企业升级推动传统服务业升级。第三，依托商业模式创新促进传统服务业升级。发展连锁经营、超市、代理、物流配送、电子商务等新兴经营模式，提升传统服务业经营效率，促进传统服务业向高级化方向发展。

2. 城市生产性服务业、生活性服务业和公共服务业的优化发展

城市服务业结构优化对城市生产性服务业、生活性服务业与公共服务业优化均提出了相应要求，三者之间的优化方向与重点各不相同。

（1）城市生产性服务业优化着重于提升城市生产性服务水平。从目前中国城市生产性服务业与其他行业的互动融合发展水平上看，中国城市生产性服务业与其他行业的融合互动程度并不高，主要原因在于大多数城市的生产性服务业发展的层次不高，生产性服务业质量水平较低，难以与其他产业形成良性的互动融合关系。城市生产性服务业优化应着重于从两个方面提升。第一，提升城市生产性服务层次。虽然目前中国各个城市都开始提出发展生产性服务业，但是除北京、上海、广州、深圳等一线城市外，大多数城市的生产性服务业内部结构层级较低，大多以发展物流业等传统生产性服务业态为主，金融业、商务服务业等层次较高的城市生产性服务业态发展不足，城市生产性服务能力有待提升。

因而，城市生产性服务业优化应着重于城市生产性服务层次的提升，根据城市自身产业基础与发展条件，有针对性的发展金融服务业、商务服务业、科技服务业等层次较高、带动能力较强的生产性服务部门。第二，提升城市生产性服务质量。中国城市生产性服务业与制造业互动融合程度较低的另外一个原因是城市生产性服务供给质量较低，难以满足高端制造业的中间服务需求，因而应加大城市生产性服务业的服务创新，提升城市生产性服务质量，从而提升城市生产性服务业与制造业的互动融合水平。

（2）城市生活性服务业优化着重于加强城市生活性服务业满足城市多样化消费需求的能力。城市生活性服务业是主要为城市居民提供最终服务产品的服务业部门。城市生活性服务业升级重点在于满足城市居民日益多样化的服务需求。"长尾理论"充分表明，在互联网技术影响下，具有差异性的个性化服务产品将不断被城市居民选择并消费，个性化的服务市场整体份额将不断上升，成为未来消费性服务发展的主流趋势。因而，提供个性化的生活性服务供给将成为城市生活性服务业升级的重点。一是要以市场为导向，找准城市居民的生活性服务需求；二是加强个性定制，满足居民差异化的服务需求；三是加强技术应用水平，提升城市生活性服务供给水平与质量。

（3）城市公共服务业优化着重于提升城市公共服务的供给能力与水平。城市公共服务业是城市公共服务部门为城市居民提供日常公共服务产品的服务业门类。伴随着城镇化的不断发展、人均消费水平的不断提升，以及人们对于自我健康意识的不断增强，城市居民对于公共服务的需求程度日益升高。城市公共服务的供给能力虽然也在不断增长，但是与与日俱增的公共服务需求相比仍捉襟见肘，呈现出城市公共服务供给能力不足、供给水平低下等问题。城市公共服务业优化的重点是发展城市现代公共服务业，提升公共服务业的供给能力和供给水平。现代公共服务业是工业化发展到一定阶段而产生的，主要依托于信息技术和现代管理理念而发展起来的公共服务业，公共服务供给效率、供给水平较高是城市公共服务业的高级形态。由城市公共服务业向城市现代公共服务业进行转型升级的重点在于构建现代城市公共服务体系，主要包括以下两个方面。一方面，构建"多中心"的公共服务供给模式。"多中心"的公共服务供给模式强调公共服务的供给主体由原先的公共服务部门（政府），转变为政府、企业和社会的多元化主体结构。三者之间的竞争和协作，发挥各自的比较优势，实现公共服务供给的多元化，形成包括政府、企业和社会力量在内的"多中心"的公共供给模式，提高公共服务供给的效率和水平。另一方面，构建公共服务信息平台。以电子信息技术为基础，借助信息化手段构建开放性的公共服务信息平台，政府、企业、公众、公共产品四个公共事务管理要素纳入公共服务信息平台，构建开放性的生态系统，有利于实现公共服务资源配置的最优化和公共服务效益的最大化。

3. 城市新兴服务业培育

"新兴服务业"是一个动态的概念，随着城市服务业发展水平的提升而不断变化。"新兴服务业"反映了战略性新兴产业发展的趋势和方向，是社会运转的主要载体。城市新兴服务业的发达程度是反映城市服务业结构优化水平、城市新兴化程度高低和城市综合竞争力强弱的重要标准。着力培育城市新兴服务业对于优化城市服务业结构、提升城市经济发展和综合竞争力具有十分重要的意义。城市新兴服务业培育发展主要可以从技术融合、集聚发展、产业融合三条路径着手。

（二）城市服务业集聚发展路径

服务业集聚发展是服务业空间结构升级的集中表现，是服务业升级的重要内容。服务业集聚指的是在服务业领域内以某一服务业为核心，以信息技术为平台，以区域内相关产业为支撑的，具有现代管理理念、经营方式和组织方式的服务业及其关联机构在一定地理空间范围内的集聚。服务业集聚是形成服务业集群的必要条件，促使服务业企业集聚、服务业集群化发展的成因主要来自外部经济效应和范围经济效应。

城市服务业集聚区是城市服务业集聚发展的空间载体，是服务业集聚到一定程度的产物。城市服务业集聚区的形成主要有三种机制。

一是市场自发形成城市服务业集聚区机制，主要指服务业企业在市场作用下自发在特定区域内集聚而形成服务业集聚区的现象。市场自发形成的服务业集聚区形成条件较高，一般要求集聚区的区位、资源禀赋、基础设施、产业基础要适合某一类型的服务业产业的生产和发展，从而实现企业的自发集聚。市场自发形成的服务业集聚区一旦形成，将在市场作用下不断自我完善，不断加强自身集聚水平和层次。

二是政府主导规划建设城市服务业集聚区机制，主要指政府相关部门通过统一规划的方式，将一块特定区域设为服务业集聚区，并以完善的基础设施条件、优越的政策环境为吸引力，吸引特定行业内的企业入驻而形成服务业集聚区的现象。政府主导规划建设的城市服务业集聚区具有基础设施环境好、政策优惠高、发展资源充沛等特点，但其形成过程并非由企业自发集聚形成，因而其运作具有一定风险。

三是市场主导与政府推动相结合的城市服务业集聚区机制。市场主导与政府推动相结合的城市服务业集聚区机制结合了市场主导型城市服务业集聚区机制和政府主导规划建设城市服务业集聚区机制的优势。具体而言，这种城市服务业集聚区的建设首先依靠市场力量主导，由服务企业在市场作用下自发在特定区域内集聚形成服务业集聚区，随后政府通过制定科学的发展规划、完善集聚区基础设施环境和政策环境提高城市服务业集聚区的效应。

依托城市服务业集聚发展推动城市服务业升级的关键在于构建功能各异、相互协调的城市服务业集聚区。城市服务业集聚区的建设主要包括两个方面：依托城市功能区域构建城市服务业集聚区和依托工业园区构建城市服务业集聚区。

1. 依托城市功能区构建城市服务业集聚区

城市功能区是能实现相关社会资源空间集聚、有效发挥某种特定城市功能的地域空间，集中反映了城市的特征，是城市有机体的一部分，是现代城市发展的一种形式。城市功能区具有要素高度集聚、集聚辐射效应明显、经济社会效益显著、城市代表性强等特点，十分适合构建城市服务业集聚区。

依据各城市功能区的功能特点，以及各服务业门类特点，城市服务业集聚区主要包括以下类型。

（1）中央商务区（CBD、微型CBD）。城市中央商务区主要位于经济活动频繁、交通便利的城市核心区域，是企业总部或区域性总部的聚集地。城市中央商务区的集聚业态主要为知识密集型较高的现代服务业，主要包括金融业、商务服务业等高端生产性服务业，以及现代商贸服务业、房地产业等高端生活性服务业。城市中央商务区是城市功能的核心区域，其发达程度也是城市经济能力的重要体现。

（2）现代物流园。现代物流园是现代物流产业的重要载体。为节省运输成本，提高物流效率，现代物流园一般布局于各类公共交通枢纽附近。现代物流园内企业主要为第三方或第四方物流企业，其业务类型主要包括货物的简单加工与包装、货物的分拣与配送、货物的仓储保管服务、货物的运输服务等。与传统流通产业不同，现代物流业在进行传统流通服务的同时，更加注重整个流通过程的信息化水平。

（3）文化创意产业园。文化创意产业园是文化创意产业的重要载体。园区内企业以文化创意企业或独立创作者为主体。园区内的企业及个人主要以文化元素为基础，从事相关创意设计服务，包括研发设计、创意咨询、文化传媒等。文化创意产业园布局主要有两种模式：一是依托城区内的历史性建筑或废弃厂房建设文化创意产业园，这些建筑历史文化底蕴深厚，与文化创意产业的概念相符合；二是政府根据区域整体规划划定特定区域建设文化创意产业园，一般布局于专业性人才较为集中的区域。

（4）信息技术软件园。信息技术软件园是信息技术产业和软件业的重要载体。园区内企业以信息技术和软件的研发与设计为主。

（5）外包服务园。以从事服务外包业的企业为主体，重点布局于通信网络设施和配套设施齐备的区域。

（6）休闲度假旅游区。休闲度假旅游区是城市旅游业、文化产业、大健康产业等生活性服务业发展的重要载体，不仅能满足城市居民的精神消费需求，同时也作为城市名片吸引外地游客前往消费，从而刺激城市经济发展。休闲度假旅游区一般以秀美的自然景观、特定的文化遗迹或产业园区建设。

（7）商业区。商业区是指城市内部商业网点的集中区域。商业区主要包括两种类型：一是以大型综合性购物中心为核心，能满足消费者多种消费需求的商业区，主要位于城市的中心或城市居民的集中区域；二是以专业性商品服务网点集聚为特征，满足特定消费需求的专业性商业街区或楼宇，主要依托特定产业集聚区建设。

（8）综合型现代服务业集聚区。综合型现代服务业集聚区是多种类型的服务业集聚的空间场所，是集商务、物流、商贸、休闲、人居等功能为一体的，具备综合服务功能的现代服务业集聚区。

2. 依托工业园区构建城市服务业集聚区

工业园区作为一种成功的工业产业载体，能有效推动产业集聚、促进园区内企业协调发展，是现代城市经济发展的重要载体。服务业特别是生产性服务业是为生产制造提供中间服务的产业，因而与城市工业发展具有先天的融合性。工业园区内的生产性服务业主要指分布在园区内，为所在园区制造业企业提供生产性服务业的产业，不仅包括生产性服务企业提供的以营利为目的的服务业，同时也包括工业园区管理机构所提供的非营利性服务。

工业园区内的生产性服务业除具有一般生产性服务业的特性外，还具有三个方面的特殊特征：一是在服务范围方面，工业园区内的生产性服务业具有特定性，即工业园区生产性服务业主要服务范围为所在工业园区，为园区内现代制造业提供服务，与园区内制造业企业互动发展；二是在服务功能方面，工业园区内的生产性服务业与园区内其余产业具有关联性，即工业园区生产性服务业的功能、类型与园区的功能定位、产业类型有着密切关系；三是在服务内容方面，工业园区内的生产性服务业具有错位性，即工业园区内的生产性服务业的发展内容与所在城市内的生产性服务业发展内容侧重不同，互有分工。

依据工业园区生产性服务业发展的特征，适宜依托工业园区构建服务业集聚区的服务业类型包括①金融服务业，主要为园区内企业提供相关融资、保险服务；②现代物流业，主要为园区内企业提供仓储、运输和客货运代理服务等；③科技服务业，主要为园区内企业提供孵化、中试、科技研发、测试等服务；④商务服务业，主要为园区内企业提供会展、中介咨询、人才培训等服务。

（三）城市服务业融合发展路径

产业融合是相对于产业分化而言的，主要指原来各自分立的产业部门在其产业边界融合处成长为新型的产业形态，从而使原有产业边界模糊或消失的经济现象。产业融合的出现使得传统上具有明确产业边界的产业融合成长为新型产业形态，从而成为价值的主要增长点和经济增长最具活力的源泉，是产业研究方面的重要变革。

服务业的产生及其产品的特性决定了服务业不仅可作为最终消费品提供给消费者，同时可以作为中间消费品提供给生产性部门。服务业是天然的产业融合剂。城市服务业的融合发展不仅包括城市服务业与制造业的融合发展，同时也包括城市服务业与农业的融合发展、城市服务业自身的融合发展。虽然城市服务业与制造业的互动发展是学术界的主要关注点，但城市服务业与农业的融合发展、城市服务业自身的融合发展也是城市服务业融合发展的重要内容。

1. 城市服务业与制造业互动发展

城市服务业与制造业的互动发展一般指的是城市生产性服务业与制造业的互动发展。城市服务业与制造业的互动发展主要包括协同发展、融合发展和双集聚发展三个方面的内容。

（1）城市服务业与制造业的协同发展。生产性服务业是制造业专业化分工剥离产生的服务业态，因而生产性服务业与制造业之间有天然的联系。城市生产性服务业与制造业的协同发展主要指城市生产性服务业与制造业之间彼此影响、互为支撑，制造业不断将非生产活动外包，扩大生产性服务中间需求，促使生产性服务业发展壮大；生产性服务业水平提升又进一步增强其融入生产过程的能力，提升制造业生产效率，促进制造业转型升级的过程。

（2）城市服务业与制造业的融合发展。现代制造企业的制造和服务功能日益融合，使得产业边界逐渐模糊，城市制造业和服务业之间的关系日趋紧密、相互融合，产生了"制造业服务化""服务型制造"的现象。第一，制造业服务化。主要指伴随着消费者需求的升级，生产性服务业直接作用于制造业的生产流程，生产性服务业加速向现代制造业生产前期研发、设计，中期流程管理、融合和后期物流、销售、售后服务、信息反馈等全程渗透，现代制造业内部逐渐由以制造为中心向以服务为中心转变。制造业服务化主要表现为投入的服务化和产出的服务化。第二，服务型制造主要指把服务的理念与产品生产的全过程相结合，通过充分了解、满足顾客对于产品的全方位需求，提供完整的、个性化的产品服务解决方案的过程。

（3）城市服务业与制造业的双集聚发展。城市制造业特别是技术密集型制造业的价值链较长，与城市生产性服务业的互动效果较强，因而城市制造业的集聚与城市生产性服务业的集聚之间也会产生相互影响效果。然而，由于一个城市的空间范围内只能承受有限的经济能级，受城市空间范围大小以及城市化等多方面因素影响，城市制造业与生产性服务业集聚之间的相互影响作用不仅存在互补效应，同时也存在挤出效应。一个城市制造业集聚与生产性服务业集聚的"双集聚"究竟表现出互补效应还是挤出效应，取决于该城市制造业、生产性服务业的发展层次、市场容量等多方面因素。提升城市的市场容量和城市化水平，大力发展高端制造业，提升城市生产性服务业水平，将有效推动城市形成正向的"双集聚"发展格局。

2. 城市服务业与农业融合发展

城市服务业与农业融合发展的重点是发展都市农业。都市农业主要指位于城市周边地区的将生产、生活、生态功能有机融合，依托科技园区、市民农园、观光农园等模式，集农产品生产与观光、休闲、度假及生态环保于一体的新型产业。都市农业是城市现代服务业与现代农业融合的集中体现。在都市农业集聚区域内，农业发展依托城市的资金、技术、市场、营销、策划等专业服务体系，由市区内的服务企业直接向其提供服务。

都市农业发展的主要业态为农业旅游。农业旅游是农业与旅游融合的最典型业态。通过农业向旅游的延伸，深入挖掘农业产品的旅游资源价值，不仅能够有效丰富农业旅游产品的类型，而且可以极大地扩展城市旅游活动的内容。旅游向农业的扩展，使得农业生产不仅能够满足居民的物质生产需要，还能够满足城市居民更高层次的精神需求，不仅能够丰富农业生产的内涵，而且能够极大地提升农业的劳动生产率。

3. 城市服务业内部融合发展

城市服务业不仅可以与制造业、农业互动融合发展，同时城市服务业内部的不同部门之间也呈现出互动融合的发展趋势。服务业内部各类服务业态的互动融合发展，不仅有利于促进服务业效率、质量提升，而且有利于促进服务创新、新兴服务业态蓬勃发展。虽然城市服务业内部融合的方式五花八门，但是主要以三大主线进行，即基于"互联网＋"的服务业融合发展路径、基于"文化产业＋"的服务业融合发展路径以及基于"健康＋养老"的服务业融合发展路径。

（1）基于"互联网＋"的服务业融合发展路径。互联网是信息通信技术的核心，是传统服务业改造升级以及现代服务业快速发展的主要支撑。利用互联网推动传统服务业转型、培育新兴服务业，是"互联网＋"时代服务业升级的大趋势。已颁布实施的《国务院关于积极推进"互联网＋"行动的指导意见》（国发〔2015〕40号）等国家顶层设计文件均强调，推动互联网与金融业、物流业、商贸服务业、商务服务业、健康服务业、养老服务业、旅游业、教育服务业等服务业态融合发展，推进服务业创新发展和转型升级。

（2）基于"文化产业＋"的服务业融合发展路径。文化产业具有知识密集度高、产业附加值高、产业融合性强等特点。以文化产业为核心，可与旅游业融合发展，打造文化旅游产业；与信息服务业融合发展，打造数字内容产业；与体育产业融合发展，打造文化体育产业；与设计服务业融合发展，打造创意设计服务业。

（3）基于"健康＋养老"的服务业融合发展路径。健康服务业、养老服务业是满足大众高品质消费需求、提高大众生活质量的新兴服务业态，同时也不断与其他服务业态进行深入融合，打造相关服务产品，如健康服务业、养老服务业与房地产业融合，打造休闲养生度假区、养老地产等；健康服务业、养老服务业与旅游业融合，形成休闲养生旅游；养老服务业与金融业融合，形成养老金融、养老保险等。

二　城市服务业升级促进机制

本书着重探讨城市工业化、城镇化、服务创新和政策环境优化将如何推动城市服务业顺着城市服务业结构优化路径、服务业集聚发展路径、服务业融合发展路径升级的促进机制。

（一）工业化推动城市服务业升级的促进机制

工业化是城市经济发展的基础和产业结构调整的重点，也是城市服务业升级的动因。中国自十六大以来提出新型工业化的概念，强调将人脑智慧、电脑网络和先进物理设备与工业生产相结合，打造科技含量高、经济效益好、资源消耗低、环境污染少的智能工业。2015年5月19日，国务院出台的《中国制造2025》，明确了中国未来十年实施制造强国战略的发展方向，同时也指明了未来中国新型工业化发展道路。在新型工业化发展背景下，工业化发展促进城市服务业升级的机制（见图6-1）主要体现在以下三个方面。

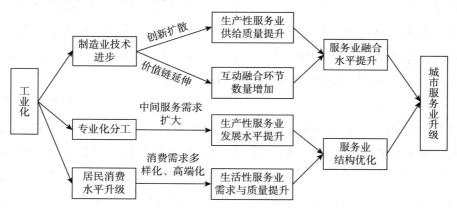

图6-1　工业化发展促进城市服务业升级机制

（1）进一步促进制造业领域技术进步，提升城市生产性服务业供给质量。一方面，制造业领域的技术进步必将带来制造业领域的革新，同时创新动力将通过协同作用扩散到相关的生产性服务领域，从而促使生产性服务业发展水平提升；另一方面，制造业领域创新将改变制造业生产方式和环节，延长制造业价值链长度，创造更多城市制造业与生产性服务业的互动融合环节，提升城市制造业与生产性服务业的互动融合水平。

（2）进一步促进专业化分工深入发展，提升城市生产性服务业发展水平。伴随着新型工业化进程的不断深入，制造业领域的专业化分工势必更加深化，从而进一步推动相应制造业企业将生产性服务环节剥离，同时以服务外包的形式获取中间服务，从而进一步提升城市生产性服务业发展水平，这将不仅有效提升城市生产性服务业比重，优化城市服务业结构，还将形成更为牢固高效的城市生产性服务业与制造业协同发展关系。

（3）进一步提升居民消费水平，提升城市生活性服务需求与质量。虽然中国已经进入"服务经济时代"，北京、上海、广州、深圳等城市也已形成以服务业为主导的城市格局，但是对于中国大多数工业化初、中、后期城市而言，工业特别是其中的制造业，仍旧是城市经济发展的支柱，同时也是城市居民消费水平提升的保障。新型工业化发展将通过转变城市工业发展方式进一步提升城市经济水平，提升居民消费水平和消费需求，不仅促进城市生活性服务需求激增，还推动城市生活性服务供给水平提升，以满足城市居民日益多样化、高端化的生活性服务需求。

（二）城镇化推动城市服务业升级的促进机制

城镇化是城市发展的重要内容。以往的城镇化以人口在城市的集聚和城镇空间的扩张为主要内容。为进一步加强中国城镇体系总体布局，推动城市发展升级，2014 年 3 月 18 日国务院出台的《国家新型城镇化规划（2014—2020 年）》，提出"走中国特色新型城镇化道路、全面提高城镇化质量"的新要求，明确了中国未来城镇化的发展路径、主要目标和战略任务。

新型城镇化的"新"是相对于以往片面注重和追求城镇规模扩大、空间扩张的城镇化发展方式而言的。新型城镇化的重点是提升城镇的产业质量、公共服务水平和文化内涵，推进人口城镇化即农民工市民化，真正使城镇成为具有较高品质的适宜人居之所，主要包括土地城镇化、人口城镇化、生态城镇化、经济城镇化和社会城镇化五个方面的内容。

具体到城市服务业升级方面，在新型城镇化背景下，以城镇化发展推动中国城市服务业升级的促进机制（见图6-2）主要包括以下三个方面的内容。

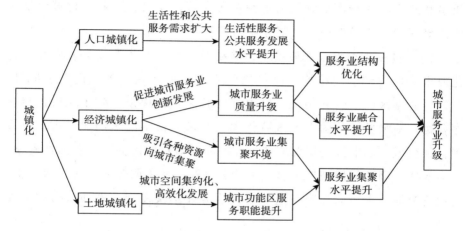

图6-2 城镇化发展促进城市服务业升级机制

（1）进一步加强人口城镇化，推动城市服务水平的提升。新型城镇化的人口城镇化要求的不仅是提升城市的城镇化率，更多的是要求进城务工人员切实转化为城市居民，在城市定居生活。而以集聚为特征的新型城镇化以企业的集聚和完善的城市软硬件设施为基础，使得城镇化集聚的人口更易于向城市居民转变。逐渐增多的城市人口不仅增加了城市对于生活性服务和公共服务的需求总量，与此同时也形成了相对收入较高、有旺盛购买力的人群，从而不仅从总量上提升了对城市的生活性服务和公共服务的要求，同时也促进了城市服务业经济从传统生产性服务向现代的高附加值、专业化的新兴服务业转变，刺激着城市服务业结构的不断优化，从而促使城市服务业升级。

（2）进一步加强经济城镇化，推动城市服务业发展效率提升。新型城镇化的经济城镇化要求城市经济发展适应"新常态"，进一步转变城市经济发展方式，着重于提升城市经济发展质量和效率。城市经济发展质量和效率的提升对于城市服务业升级具有重要的促进作用。一方面，城市经济发展质量和效率的提升有助于优化城市服务业创新发展环境，促进城市服务业创新，推动城市服务业质量升级，这不仅有助于优化城市服务业结构，还能有效促进城市生产性服务业与制造业形成更为紧密的互动关系，提升两者之间的互动融合水平；另一方面，城市经济发展质量和效率的提升将有效吸引各种资源向城市集聚，不断优化城市服务业集聚环境，从而推动城市服务业集聚发展。

（3）进一步加强土地城镇化，推动城市服务业集聚发展。新型城镇化要求优化城市空间结构，以集约紧凑、疏密有致、环境优先为原则，统筹中心城区的空间利用，严格限制新城区建设规模，防止城市边界无序蔓延。新型城镇化的土地城镇化内容要求城市空间集约化、高效化发展，强化城市功能区的服务职能，在有限的城市空间内产生更多的经济、社会效能，因而促使城市更多地推动金融业、商务服务业、科技服务业、现代物流业、电子商务服务业等现代服务业集聚发展，推动城市服务业升级。

（三）服务创新推动城市服务业升级的促进机制

自国家提出实施创新驱动发展战略，构建国家创新体系以来，创新发展一直是中国产业发展的重点内容。然而，以往的对于创新的关注点主要在技术层面，且多聚焦于制造业领域。相关学者指出，服务创新不仅仅是技术创新，更多的是非技术创新。服务创新对城市服务业升级的作用是全方位的。在国家"大众创业、万众创新"的发展趋势下，以创新发展推动中国城市服务业升级的促进机制（见图6-3）主要包括以下两个方面的内容。

（1）进一步增强技术进步在服务业领域的应用，推动城市服务业结构优化。虽然技术创新只是服务创新的一部分，但在服务业升级上起着重要的作用。首先，以信息与通信技术为代表的高新技术在服务业领域的应用，从根本上改变了服务业部门的生产和服务提供方式，从而极大地提高了应用高新技术服务业部门的生产效率和经营效率，使得这些部门相比于其他服务业部门更为快速的发展，从而不仅提升了服务业整体

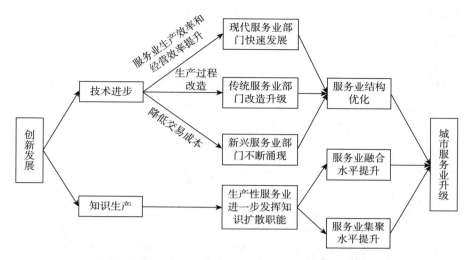

图 6 - 3　创新发展促进城市服务业升级机制

劳动生产率，还优化了服务业结构。其次，技术创新能够有效推动传统服务业转型升级，提升其服务生产效率和服务产品质量，将其转化为现代服务业，从而进一步提高现代服务业比重，优化服务业结构。最后，技术进步使得交易成本不断降低，因而极大地促进了创新型服务工具与服务方式的出现，促使服务业发生裂变，产生新兴的服务业态，丰富了服务业门类的多样性，优化了服务结构。

（2）进一步加强知识生产，提升城市生产性服务业知识扩散水平。创新的过程同时也是知识生产的过程。知识密集型的生产性服务业不仅是知识创造的重要部门，同时也承担着知识扩散的职能，对于提高知识的交易效率具有深远的意义。生产性服务业的知识扩散职能不仅能极大地提高知识的生产与扩散速度，同时将扩大知识的生产量与交易量，从而促使知识生产分工的进一步深入，进一步提高知识的生产效率与交易效率，促进生产性服务业与制造业紧密互动。同时，由于知识扩散具有随距离而逐渐衰减的特性，生产性服务业的知识扩散将促使相关制造企业和服务企业集聚发展，从而提升城市服务业集聚水平。

（四）政策环境优化推动城市服务业升级的促进机制

政策环境是产业升级的重要因素。城市服务业政策环境优化促进城市服务业升级的机制主要包括直接促进机制和间接促进机制两个方面（见图6-4）。

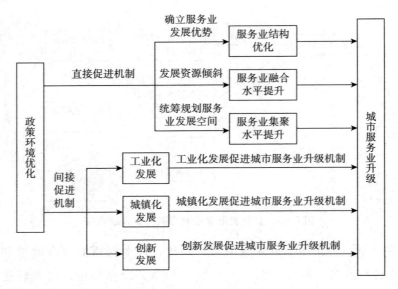

图6-4 政策环境优化促进城市服务业升级机制

政策环境优化推动城市服务业升级的直接促进机制主要指的是政府通过出台促进服务业升级的产业政策和规划，直接引导城市服务业顺着服务业结构优化发展路径、服务业集聚发展路径和服务业融合发展路径升级的机制。首先，城市服务业产业政策通过以主导产业选择政策、弱小产业扶植政策确定部分服务业的发展优势，特别是为传统服务业改造和新兴服务业培育发展创造条件，从而推动服务业结构优化。其次，以政策倾斜方式推动资源向服务业发展倾斜，进一步提升城市服务供给效率和质量，提升城市服务业与制造业互动融合水平。最后，以城市服务业规划对城市服务业发展空间进行统筹安排，依据现有发展基础规划服务业集聚区，确定服务业优先发展的空间范围和行业门类，从而提升服务业集聚水平和效率。

政策环境优化推动城市服务业升级的间接促进机制主要指的是城市政策环境优化也将通过各种途径刺激城市工业化水平、城镇化水平以及创新能力的提升，从而再次通过工业化、城镇化和创新发展促进城市服务业升级机制进而推动城市服务业升级发展。

通过对城市服务业升级的路径和促进机制等理论问题进行系统研究，本书可以得出以下基本结论。

1. 城市服务业升级的路径主要包括城市服务业结构优化发展路径、城市服务业集聚发展路径和城市服务业融合发展路径

城市服务业结构优化发展路径主要包括城市现代服务业的优化发展与传统服务业的改造升级，城市生产性服务业、生活性服务业和公共服务业的优化发展，城市新兴服务业培育三个方面的内容；城市服务业集聚发展路径主要包括依托城市功能区构建城市服务业集聚区和依托工业园区构建城市服务业集聚区两个方面的内容；城市服务业融合发展路径则包括城市服务业与制造业互动发展、城市服务业与农业融合发展，以及城市服务业内部融合发展三个方面的内容。

2. 工业化发展、城镇化发展、创新发展和政策环境优化能够有效促进城市服务业优化发展

工业化发展通过促进制造业领域技术进步，促进专业化分工深入发展，增强居民消费能力以促进城市服务业升级发展；城镇化发展通过进一步推进人口城镇化、经济城镇化和土地城镇化促进城市服务业升级发展；创新发展通过进一步增强技术进步在服务业领域的应用和进一步加强知识生产促进城市服务业升级发展；政策环境优化则不仅能通过促进城市服务业结构优化、集聚和融合水平提升来直接促进城市服务业升级发展，同时能通过推进城市工业化、城镇化和创新发展来间接促进城市服务业升级发展。

第七章　中国城市服务业升级
进展与综合评价

在对城市服务业升级相关理论问题进行分析研究的基础上，本书着重对中国城市服务业升级进展与综合水平进行全面分析与评价。在梳理中国现有城市类型划分标准的基础上，本书确定实证分析以中国 289 个地级及以上城市，以及不同工业化发展阶段样本城市为研究对象。在此基础上，本书从城市服务业总量现状、城市服务业内部结构现状和城市服务业发展质量现状三个方面分析中国城市服务业升级现状；以城市服务业升级路径为基础，构建中国城市服务业升级水平综合评价指标体系，并运用主成分分析法从横向和纵向两个方面对 2003~2014 年中国城市服务业升级水平进行综合评价。

第一节　中国城市服务业升级进展分析

城市服务业升级需要一定的基础条件才能展开。本书以服务业升级的基本内涵为基础，从城市服务业总量现状、城市服务业内部结构现状和城市服务业发展质量现状三个方面分析中国城市服务业升级现状，评估中国城市服务业升级阶段。本书将分析分为两个方面：一是分析中国289 个地级及以上城市服务业升级现状①，把握中国城市服务业升级的平

---

① 基于行政单位级别的中国城市等级划分标准包括直辖市、副省级城市、地级市、县级市四个级别。自中华人民共和国成立以来，虽然基于行政单位级别的中国城市等级划分标准变化不大，但是各类城市的数量和内容则在不停变动中。目前全国共有直辖市 4 个（北京、上海、天津和重庆）、副省级城市 15 个（大连、厦门、宁波、深圳、青岛、沈阳、长春、哈尔滨、南京、杭州、济南、武汉、广州、成都、西安）、地级市 270 个。因此，地级及以上城市共计 289 个。

均水平；二是分别分析后工业化阶段、工业化后期阶段和工业化中期阶段的城市服务业升级现状，明确不同工业化发展阶段城市服务业升级水平的差异性。

一　地级及以上城市服务业升级进展分析

（一）地级及以上城市服务业总量变化分析

从地级及以上城市三次产业增加值结构变动趋势来看（见表7-1），1994~2014年地级及以上城市三次产业增加值结构呈现出不断优化的趋势，第一产业增加值比重总体逐渐下降，并于2007年开始降至10%的水平；第二产业增加值比重并未产生太大变化，维持在45%左右的水平；第三产业增加值比重不断上升，并于2013年首次超过第二产业成为国民经济的第一大产业，但直至2014年地级及以上城市第三产业增加值比重仍未超过50%。

从地级及以上城市三次产业就业结构变动趋势来看（见表7-1），1994~2014年地级及以上城市三次产业就业结构呈现出与增加值结构类似的变动趋势，即第一产业就业比重不断降低，第二、第三产业就业比重总体上升，且第三产业就业比重高于第二产业。然而，虽然自1994年起中国城市第一产业就业比重就不断下降，并已下降20多个百分点，但其就业比重仍较高。直至2011年，中国城市第三产业就业比重超过第一产业，使第一产业就业比重退居第二位。截至2014年，中国城市第二产业就业比重首次高于第一产业。整体上看，农业劳动力就业占据主流地位的局面仍未打破。

表7-1　地级及以上城市三次产业结构

单位：%

年份	第一产业		第二产业		第三产业	
	增加值比重	就业比重	增加值比重	就业比重	增加值比重	就业比重
1994	19.9	54.3	46.6	22.7	33.6	23.0
1995	20.0	52.2	47.2	23.0	32.9	24.8
1996	19.7	50.5	47.5	23.5	32.8	26.0

年份	第一产业		第二产业		第三产业	
	增加值比重	就业比重	增加值比重	就业比重	增加值比重	就业比重
1997	18.3	49.9	47.5	23.7	34.2	26.4
1998	17.6	49.8	46.2	23.5	36.2	26.7
1999	16.5	50.1	45.8	23.0	37.8	26.9
2000	15.1	50.0	45.9	22.5	39.0	27.5
2001	14.4	50.0	45.2	22.3	40.5	27.7
2002	13.7	50.0	44.8	21.4	41.5	28.6
2003	12.8	49.1	46.0	21.6	41.2	29.3
2004	13.4	46.9	46.2	22.5	40.4	30.6
2005	12.1	44.8	47.4	23.8	40.5	31.4
2006	11.1	42.6	47.9	25.2	40.9	32.2
2007	10.8	40.8	47.3	26.8	41.9	32.4
2008	10.7	39.6	47.4	27.2	41.8	33.2
2009	10.3	38.1	46.2	27.8	43.4	34.1
2010	10.1	36.7	46.7	28.7	43.2	34.6
2011	10.0	34.8	46.6	29.5	43.4	35.7
2012	10.1	33.6	45.3	30.3	44.6	36.1
2013	10.0	31.4	43.9	30.1	46.1	38.5
2014	9.2	29.5	42.7	29.9	48.1	40.6

资料来源：整理自历年《中国城市统计年鉴》。

（二）地级及以上城市服务业内部结构变化分析

本书针对城市服务业内部结构的分析按照服务业"三分法"，将服务业分为生产性服务业、生活性服务业和公共服务业三类展开。① 相关

① 根据《国民经济行业分类》（GB/T 4754—2011）及国家统计局 2013 年 1 月 14 日发布的《三次产业划分规定》，服务业共包含 15 个门类、3 个大类。《中国城市统计年鉴》对其中 14 个主要门类进行了数据统计。本章确定生产性服务业统计大类包括交通运输、仓储和邮政业，信息传输、计算机服务和软件业，金融业，租赁和商务服务业，以及科学研究、技术服务和地质勘查业；生活性服务业统计大类包括批发和零售业，住宿和餐饮业，房地产业，居民服务和其他服务业，文化、体育和娱乐业；公共服务业统计大类包括水利、环境和公共设施管理业，教育，卫生、社会保障和社会福利业，公共管理和社会组织。

统计数据主要来自历年中国统计出版社出版的《中国城市统计年鉴》中服务业各细分行业单位就业人员数指标。

从 2003～2014 年中国地级及以上城市服务业内部就业结构方面看（见图 7－1），公共服务业的就业比重最高，远远超过生产性服务业和生活性服务业的就业比重。生产性服务业和生活性服务业的就业比重大致相当，生产性服务业就业比重略高于生活性服务业。中国地级及以上城市生产性服务业、生活性服务业和公共服务业结构大致为 2.5 : 2.5 : 5。从发展趋势上看，生产性服务业、生活性服务业就业比重在 2011 年以来有上升趋势，公共服务业就业比重则在 2011 年以后有下降趋势。

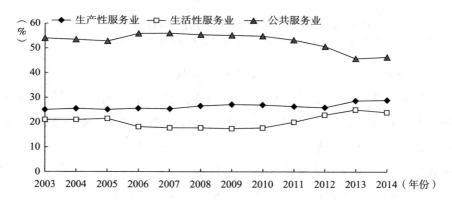

图 7－1 中国地级及以上城市服务业内部就业结构
资料来源：根据历年《中国城市统计年鉴》相关数据计算整理。

（三） 地级及以上城市服务业发展质量变化分析

1. 地级及以上城市服务业劳动生产率水平变化

本书运用服务业相对劳动生产率来衡量服务业劳动生产率水平，其计算公式为：

服务业相对劳动生产率＝服务业增加值比重/服务业就业比重

从地级及以上城市三次产业相对劳动生产率变动趋势来看（见图 7－2），第二产业、第三产业相对劳动生产率大于 1，且第二产业相对劳动生产率明显高于第三产业。由于第二产业增加值比重稳定和就业比重的持续提升，第二产业的相对劳动生产率总体在下降。第一产业相对劳动生产率则维持于 0.5 以下水平。

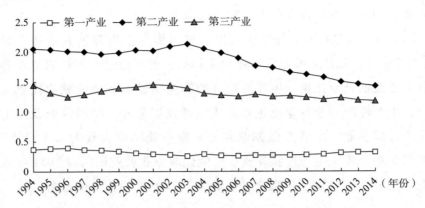

图 7 - 2   中国地级及以上城市三次产业相对劳动生产率
资料来源：根据历年《中国城市统计年鉴》相关数据计算整理。

2. 地级及以上城市服务业集聚水平现状

服务业集聚的测度指标较多，不同指标的适用性和针对性也各不相同。考虑到本书以城市为服务业集聚的测度对象，以及数据可得性问题，最终选取服务业区位熵、服务业地区专业化指数和服务业四产业集中度指数作为城市服务业集聚发展水平评价指标。

区位熵是反映地区产业专业化集聚水平的重要指标，具有计算简便、易于分析的特点。其计算公式如下：

$$LQ_i = \frac{p_{ij}/p_j}{p_i/p} \tag{7-1}$$

式（7-1）中，p_{ij}表示 i 城市 j 产业的单位从业人数；p_j表示 289 个地级及以上城市 j 产业的从业总人数；p_i表示 i 城市第三产业从业总人数；p 表示 289 个地级及以上城市第三产业从业总人数。特别地，在计算地级及以上城市服务业区位熵时，p_{ij}表示 289 个地级及以上城市 j 产业的单位从业总人数；p_j表示 j 产业的从业总人数；p_i表示 289 个地级及以上城市第三产业从业总人数；p 表示第三产业从业总人数。区位熵越大，表明该地区该产业集聚水平越高。$LQ_i > 1$ 表明该地区该产业呈现出一定的集聚现象，$LQ_i > 2$ 表明该地区该产业集聚水平突出，$LQ_i \leq 1$ 表明该地区该产业没有呈现出明显的集聚现象。

地区专业化指数（CS 指数）衍生自克鲁格曼专业化指数，是通过考察两个地区之间产业结构差异判定地区产业专业化程度的重要指标。其计算公式如下：

$$CS = \frac{1}{2} \sum_{k=1}^{n} | S_{ik} - S_k | \qquad (7-2)$$

式（7-2）中，S_{ik} 为 i 城市 k 产业从业人数在 i 城市第三产业从业人数中的比重，S_k 表示 289 个地级及以上城市 k 产业从业总人数在 289 个地级及以上城市第三产业从业总人数中的比重。在进行地级及以上城市地区专业化指数计算时，S_{ik} 为 289 个地级及以上城市 k 产业从业总人数在 289 个地级及以上城市第三产业从业总人数中的比重，S_k 表示 k 产业从业总人数在地级及以上城市第三产业从业总人数中的比重。CS 指数的取值范围为 [0，1]，值越大，表示该城市第三产业专业化程度越高。

产业集中度指数（SCR_n 指数）衍化自行业集中率指数（CR_n），主要用来衡量地区前几位产业就业人数所占的份额大小。

$$SCR_n = \sum_{k=1}^{n} S_k \qquad (7-3)$$

式（7-3）中，SCR_n 为该城市前 n 个产业就业人数所占的份额；S_k 表示该城市 k 产业的就业人数占该城市第三产业总就业人数的比重；n 为按从高到低排列的第三产业细分行业数量，一般取 1、4 或 8。SCR_n 值越大，表示该城市第三产业集聚程度越高。本书计算中 n 值取 4，即计算城市服务业四产业集中度指数。

基于区位熵、地区专业化指数和四产业集中度指数的城市服务业集聚水平测度结果显示（见图 7-3），地级及以上城市已初显服务业集聚发展态势，但集聚水平不高。三项指数的发展趋势均较为稳定，呈现出三条几乎水平的直线。2003～2014 年地级及以上城市服务业区位熵均值为 0.98，尚未达到初步集聚门槛（区位熵 >1）；地区专业化指数均值为 0.1，水平较低；四产业集中度指数较高，均值为 0.61，说明部分服务业行业的就业较为密集。从细分行业的角度看，地级及以上城市服务业就业大多集中于公共服务业中的教育、公共管理和社会组织，其次集中于生产性服务业的交通运输、仓储和邮政业和生活性服务业中的批发和零售业，整体集聚层次不高。

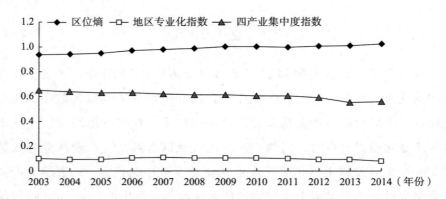

图 7 - 3　中国地级及以上城市服务业集聚度
资料来源：根据历年《中国城市统计年鉴》相关数据计算整理。

3. 地级及以上城市服务业与制造业互动发展水平变化

本书选用弹性系数和灰色关联系数测度城市服务业与制造业之间的互动发展水平。

弹性系数反映的是一个变量的变化引起另一个变量的变化程度，本书运用弹性系数法来分析服务业增加值变动对于制造业增加值变动的反馈程度。计算公式如下：

弹性系数 = 制造业增加值增长率/服务业增加值增长率

灰色关联分析法是分析两列变量之间关联性的重要方法。根据邓聚龙（1985）关于灰色关联度的定义和刘思峰（2014）关于灰色关联度的描述可知以下内容。

假设系统有行为序列 X_0，X_1，$\cdots$，X_i，$\cdots$，X_m，并且可以表述为如下形式：

$$X_0 = [x_0(1), x_0(2), \cdots, x_0(n)]$$
$$X_1 = [x_1(1), x_1(2), \cdots, x_1(n)]$$

$$\vdots$$

$$X_i = [x_i(1), x_i(2), \cdots, x_i(n)]$$

$$\vdots$$

$$X_m = [x_m(1), x_m(2), \cdots, x_m(n)] \tag{7-4}$$

则有：

$$\gamma[x_0(k), x_i(k)] = \frac{\min\limits_{i}\min\limits_{k} |x_0(k) - x_i(k)| + \xi\max\limits_{i}\max\limits_{k} |x_0(k) - x_i(k)|}{|x_0(k) - x_i(k)| + \xi\max\limits_{i}\max\limits_{k} |x_0(k) - x_i(k)|}$$

$$\gamma(X_0, X_i) = \frac{1}{n}\sum_{k=1}^{n} [x_0(k), x_i(k)] \tag{7-5}$$

其中，$\xi \in (0, 1)$，并被称作分辨系数。

$\gamma(X_0, X_i)$ 满足灰色关联公理，被称为 X_0 与 X_i 之间的灰色关联度。

在上述假设条件和具体系统行为序列的基础之上，灰色关联度的具体计算步骤如下。

第一步，求各个序列的均值像或者初值像。本书将计算的是各个行为序列的均值像，具体计算公式为：

$$X_i^* = \frac{X_i}{E(X_i)} = [x_i^*(1), x_i^*(2), \cdots, x_i^*(n)], i = 0, 1, 2, \cdots, m \tag{7-6}$$

第二步，求 X_0 和 X_i 的均值像所对应分量之差的绝对值序列。

$$\Delta_i(k) = |x_0^*(K) - x_i^*(k)|$$

$$\Delta_i = [\Delta_i(1), \Delta_i(2), \cdots, \Delta_i(n)] \tag{7-7}$$

其中，$i = 1, 2, \cdots, m$。

第三步，求第二步计算得出的绝对值序列的最大值和最小值，分别记为：

$$M = \max_{i}\max_{k}\Delta_i(k)$$

$$m = \min_{i}\min_{k}\Delta_i(k) \tag{7-8}$$

第四步，计算关联系数。

$$\lambda_{oi}(k) = \frac{m + \xi M}{\Delta_i(k) + \xi M}, \xi \in (0, 1) \tag{7-9}$$

其中，$k = 1, 2, \cdots, n$；$i = 1, 2, \cdots, m$。

基于弹性系数法和灰色关联分析法的中国地级及以上城市服务业与制造业互动水平分析结果显示（见图 7 - 4），中国地级及以上城市服务业与制造业互动发展格局初显。从弹性系数角度分析，2003 ~ 2014 年大多数年份地级及以上城市服务业的弹性系数大于 1，且 2009 年和 2013 年的弹性系数值大于 2，均值为 1. 26，说明中国城市服务业发展能够有效拉动第二产业发展。从灰色关联度角度分析，2003 ~ 2014 年中国城市生产性服务业与制造业就业之间的灰色关联度基本处于 0. 6 的水平，均值为 0. 62。2013 年为中国城市生产性服务业与制造业就业灰色关联度峰值点。

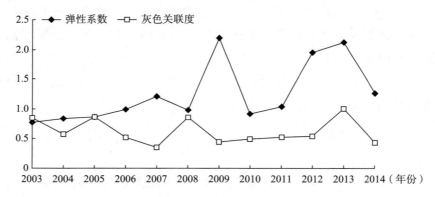

图 7 - 4　中国地级及以上城市服务业与制造业互动水平

资料来源：根据历年《中国城市统计年鉴》相关数据计算整理。

二　处于工业化不同阶段的典型城市服务业升级进展分析

（一）基于工业化阶段的城市类型划分标准

中国学术界关于工业化阶段划分的相关研究较多，但划分方式过多倚重工业和农业指标，对于服务业指标的涉及较少，且鲜有对城市工业化阶段进行划分的成果。本书以陈佳贵等（2012）提出的"工业化水平评价指标体系"的评价标准为基础，根据中国发展现实以及数据可得性对指标的设置及划分标准进行一定修改，并加入服务业指标，城市工业化阶段划分标准如表 7 - 2 所示。

本书依据中国统计出版社出版的《中国城市统计年鉴》相关城市级数据，对中国 289 个地级及以上城市工业化发展阶段进行划分。结果显示：中国后工业化阶段城市有 4 个，分别是北京市、上海市、广州市和深圳市；工业化后期阶段城市以天津市、杭州市、南京市和厦门市为代表，共计 41 个；工业化中期阶段城市以武汉市、沈阳市、大连市、长春市、济南市、青岛市、郑州市和长沙市为代表，共计 119 个；工业化初期阶段城市共计 120 个；前工业化阶段城市共计 5 个。

表 7 - 2　城市工业化阶段划分标准

基本指标	前工业化阶段	工业化初期阶段	工业化中期阶段	工业化后期阶段	后工业化阶段
人均地区生产总值	11199 元以下	11199 ~ 22399 元	22399 ~ 44791 元	44791 ~ 83947 元	83947 元以上
三次产业产值结构	$F > S$	$F > 20\%$，$S > F$	$F < 10\%$，$S > T$，且 $T < 30\%$，或 $10\% < F < 20\%$，$S > T$	$F < 10\%$，$S > T$，且 $T > 30\%$	$F < 10\%$，$S < T$
制造业增加值占第二产业增加值比重	20% 以下	20% ~ 40%	40% ~ 60%	60% ~ 75%	75% 以上
生产性服务业占第三产业就业比重	10% 以下	10% ~ 20%	20% ~ 30%	30% ~ 45%	45% 以上

　　注：人均地区生产总值根据陈佳贵等（2012）标准按照 2010 年美元兑人民币平均汇率计算，同时根据价格指数进行修订。F 代表第一产业产值比重，S 代表第二产业产值比重，T 代表第三产业产值比重。

（二）后工业化阶段城市服务业升级进展分析

　　选取北京市、上海市、广州市和深圳市作为后工业化阶段城市样本，分析中国后工业化阶段城市服务业升级水平。

　　1. 后工业化阶段城市服务业总量变化分析

　　从增加值结构角度分析（见表 7 - 3），2014 年北京市、上海市、广州市和深圳市第三产业增加值比重均超过 50%，远远超过中国城市平均水平（48.1%）。其中，北京市第三产业增加值比重最高，越过 70% 的水平；上海市和广州市第三产业增加值比重则处于第二梯队，处在60%的水平；深圳市第三产业增加值比重则处于第三梯队，为57.4%。从发展趋势方面看，四个城市第三产业增加值比重总体均处于上升趋势。

从就业结构角度分析（见表7-3），2014年北京市、上海市、广州市和深圳市第三产业就业比重也均超过50%，远远超过中国城市平均水平（40.6%）。其中，北京市第三产业就业比重最高，超过70%的水平；广州市和上海市第三产业就业比重则处于第二梯队，处在60%的水平；深圳市第三产业就业比重则处于第三梯队，处在50%的水平。从发展趋势方面看，四个城市第三产业就业比重总体也均处于上升趋势。

表7-3　中国后工业化阶段城市第三产业结构

单位：%

年份	北京市		上海市		广州市		深圳市	
	增加值比重	就业比重	增加值比重	就业比重	增加值比重	就业比重	增加值比重	就业比重
1994	48.9	48.0	39.5	34.3	47.6	50.0	45.0	31.5
1995	52.3	48.7	40.2	35.7	52.3	51.2	48.4	32.2
1996	55.9	49.6	43.0	35.8	53.6	53.8	50.3	38.8
1997	58.7	50.0	45.5	38.2	55.1	53.8	51.3	38.6
1998	61.3	52.2	47.8	41.5	58.2	58.5	50.6	40.5
1999	63.2	53.0	49.6	42.1	57.5	60.8	49.2	41.7
2000	64.8	54.4	50.6	44.9	55.2	58.5	49.6	42.2
2001	67.0	54.4	50.7	47.2	57.3	59.6	49.8	43.6
2002	69.1	55.4	51.0	48.9	58.6	58.5	50.1	43.5
2003	68.6	59.0	48.4	51.9	56.4	55.6	48.9	42.2
2004	67.8	65.5	47.9	54.2	55.6	55.7	48.1	41.9
2005	69.6	66.6	50.4	55.6	59.5	57.1	46.4	41.8
2006	71.9	68.9	50.6	56.9	59.4	56.9	47.2	42.2
2007	73.5	69.3	52.6	56.4	60.5	55.6	49.7	45.8
2008	75.4	72.4	53.7	55.0	61.3	56.9	50.3	45.8
2009	75.5	73.8	59.4	55.7	63.3	57.1	53.3	46.0
2010	75.1	74.4	57.3	55.5	63.3	58.0	52.7	48.5

续表

年份	北京市		上海市		广州市		深圳市	
	增加值比重	就业比重	增加值比重	就业比重	增加值比重	就业比重	增加值比重	就业比重
2011	76.1	74.0	58.0	56.3	63.2	55.5	53.5	49.9
2012	76.5	75.6	60.4	56.5	66.0	56.1	55.6	48.0
2013	76.9	76.7	63.2	56.7	67.1	61.4	56.5	51.4
2014	77.9	77.3	64.8	61.8	65.2	64.1	57.4	51.4

资料来源：整理自历年《北京统计年鉴》、《上海统计年鉴》、《广州统计年鉴》、《深圳统计年鉴》及中经网统计数据库相关数据。

2. 后工业化阶段城市服务业内部结构变化分析

从生产性服务业、生活性服务业和公共服务业的角度分析中国后工业化阶段城市服务业内部就业结构可以看出（见附录1），北京市、上海市、广州市和深圳市的生产性服务业、生活性服务业和公共服务业的就业比重基本呈现5:3:2的比例。四个后工业化阶段城市的公共服务业就业比重均基本维持于20%～30%的水平，生产性服务业与生活性服务业就业比重则在这一比例附近。

从生产性服务业就业比重变动趋势来看（见图7-5），四个后工业化阶段城市的生产性服务业就业比重均呈现出总体上升的趋势。从均值角度看，四个城市的生产性服务业就业比重均值由大到小依次为北京市、上海市、深圳市和广州市；从上升幅度看，四个城市的生产性服务业就

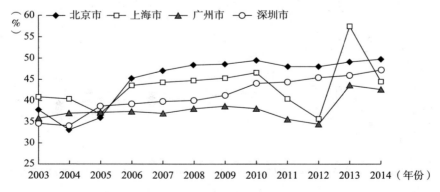

图7-5 中国后工业化阶段城市生产性服务业就业比重

资料来源：根据历年《中国城市统计年鉴》相关数据计算整理。

业比重上升幅度由大到小依次为上海市、深圳市、北京市和广州市。

从生活性服务业就业比重变动趋势来看（见图 7-6），2003～2013 年四个后工业化阶段城市中北京市和上海市的生活性服务业就业比重出现过较大幅度的波动：北京市的生活性服务业就业比重在 2005 年升至峰值后于 2006 年锐降了 18.2 个百分点，随后在 29% 左右徘徊；上海市的生活性服务业就业比重则在 2004～2006 年、2012～2014 年发生了较大波动，但波动回归平稳后则处于 25% 左右的水平。广州市和深圳市的生活性服务业就业比重较为平稳，基本在 25%～30% 的水平浮动。

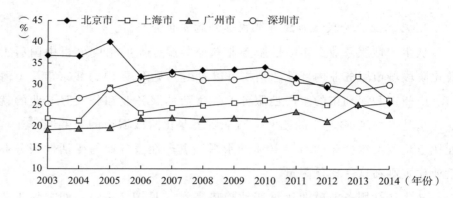

图 7-6　中国后工业化阶段城市生活性服务业就业比重
资料来源：根据历年《中国城市统计年鉴》相关数据计算整理。

从公共服务业就业比重变动趋势来看（见图 7-7），四个后工业化

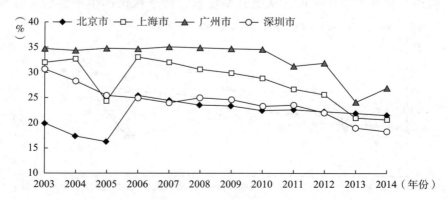

图 7-7　中国后工业化阶段城市公共服务业就业比重
资料来源：根据历年《中国城市统计年鉴》相关数据计算整理。

阶段城市在 2003 年的公共服务业就业比重起点虽然不同，但最后回归平稳，基本在 20% ~ 25% 的水平。上海市、深圳市和广州市在 2003 ~ 2014 年公共服务业就业比重基本处于总体下降的趋势；北京市 2003 ~ 2005 年公共服务业就业比重低于 20% 的水平，至 2006 年提升至 25%，随后维持在这一水平。

3. 后工业化阶段城市服务业发展质量现状分析

（1）后工业化阶段城市服务业劳动生产率水平变化

从相对劳动生产率角度分析，北京市、上海市、广州市和深圳市第三产业相对劳动生产率 1994 ~ 2014 年在 1.1 水平上下波动（见图 7 - 8）。北京市虽然在第三产业增加值比重和就业比重方面领先于另外三个后工业化阶段城市，但在相对劳动生产率方面并未体现出优势。北京市第三产业相对劳动生产率在 1998 年以后逐渐领先于其他城市，但这种领先优势在 2003 年后逐渐丧失。2014 年广州市、深圳市和上海市第三产业相对劳动生产率大致相同，而北京市第三产业相对劳动生产率相比之下略低。

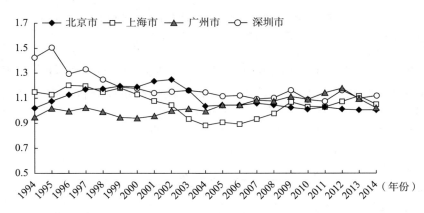

图 7 - 8 中国后工业化阶段城市第三产业相对劳动生产率

资料来源：根据历年《北京统计年鉴》、《上海统计年鉴》、《广州统计年鉴》、《深圳统计年鉴》及中经网统计数据库相关数据计算整理。

（2）后工业化阶段城市服务业集聚水平现状

从区位熵的角度分析，四个后工业化城市服务业集聚水平明显可分为三个层次（见图 7 - 9）。北京市为第一层次，其服务业区位熵于

2003～2014年一直呈现上升趋势，区位熵值由1.13上升到了1.62，超过1.5的水平，说明北京市服务业集聚优势较为明显；上海市和广州市为第二层次，其服务业区位熵于2003～2014年波动上升，区位熵均值分别为1.13和1.10，服务业显示出集聚发展态势；深圳市服务业区位熵则一直处于1以下，2003～2014年服务业区位熵均值为0.87，深圳市服务业集聚水平有待加强。

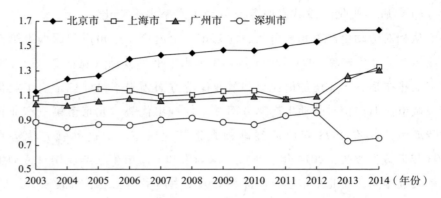

图7-9　中国后工业化阶段城市服务业区位熵

资料来源：根据历年《中国城市统计年鉴》相关数据计算整理。

从地区专业化指数角度分析，四个后工业化城市总体而言高于中国地级及以上城市平均水平（见图7-10）。从均值角度分析，四个城市地

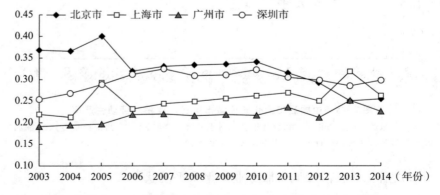

图7-10　中国后工业化阶段城市服务业地区专业化指数

资料来源：根据历年《中国城市统计年鉴》相关数据计算整理。

区专业化指数由大到小依次为北京市（0.326）、深圳市（0.298）、上海市（0.256）和广州市（0.217）。从发展趋势角度分析，上海市、广州市和深圳市在2003~2014年地区专业化指数整体呈现上升趋势，上升幅度分别为19.48%、18.01%和17.89%；北京市地区专业化指数则基本处于下降趋势，2003~2014年其地区专业化指数整体下降30.39%。

从四产业集中度角度分析（见图7-11），四个后工业化城市服务业四产业集中度水平波动不一。其中，上海市和深圳市在2014年的城市服务业四产业集中度指数较2003年有所上升，但上升幅度均不大，分别为0.35%和2.87%；北京市和广州市在2014年的城市服务业四产业集中度指数较2003年有所下降，下降幅度分别达到14.44%和7.42%。从集聚业态方面看，四个城市服务业就业主要集中于生产性和生活性服务行业。生产性服务业中主要集中于交通运输、仓储和邮政业，租赁和商务服务业，生活性服务业主要集中于批发和零售业、房地产业。

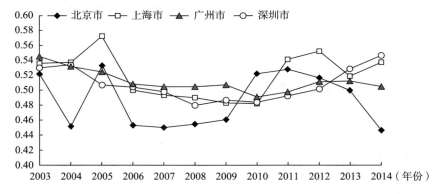

图7-11　中国后工业化阶段城市服务业四产业集中度指数
资料来源：根据历年《中国城市统计年鉴》相关数据计算整理。

（3）后工业化阶段城市服务业与制造业互动水平变化

从弹性系数角度分析发现，四个后工业化阶段城市服务业与制造业的弹性系数波动较大，但四个城市大多数年份的服务业与制造业弹性系数为正值，说明服务业增长能够有效拉动制造业增长（见图7-12）。从灰色关联系数角度分析发现，四个后工业化阶段城市生产性服务业与制造业的灰色关联系数值大体呈现先升后降的发展趋势，峰值时间点出现在 2005～2010 年（见图 7－13）。然而，仅北京市在 2014 年的生产性服务业与制造业灰色关联系数值高于 2003 年，其余三个后工业化阶段城市在 2003～2014 年灰色关联系数值上升幅度均低于其下降幅度。四个后工业化阶段城市生产性服务业与制造业灰色关联度大致为 0.68～0.8，高于全国城市平均水平。

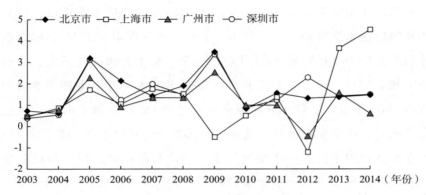

图 7－12　中国后工业化阶段城市服务业与制造业弹性系数

资料来源：根据历年《中国城市统计年鉴》相关数据计算整理。

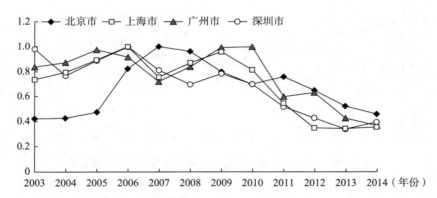

图 7－13　中国后工业化阶段城市生产性服务业与制造业灰色关联系数

资料来源：根据历年《中国城市统计年鉴》相关数据计算整理。

（三）工业化后期阶段城市服务业升级进展分析

选取天津市、杭州市、南京市和厦门市作为工业化后期阶段城市样本，分析中国工业化后期阶段城市服务业升级水平，分析主要从城市服务业总量现状、城市服务业内部结构现状和城市服务业发展质量现状三个方面展开。

1. 工业化后期阶段城市服务业总量变化分析

从增加值结构角度分析（见表7－4），2014年天津市、杭州市、南京市和厦门市第三产业增加值比重均超过45%，高于中国城市平均水平（48.1%）。其中，南京市、杭州市和厦门市第三产业增加值比重超过50%，天津市第三产业产值比重略低，为49.7%。从发展趋势方面看，除杭州市第三产业比重呈现出总体上升的趋势外，另外三个城市的第三产业比重均出现过"上升—下降—再上升"的变化趋势。

从就业结构角度分析（见表7－4），2014年天津市、杭州市、南京市和厦门市第三产业就业比重均超过40%，高于中国城市平均水平（40.6%）。其中，天津市和南京市第三产业就业比重较高，超过50%。从发展趋势方面看，四个城市第三产业就业比重总体处于上升趋势。

表7－4　中国工业化后期阶段城市第三产业结构

单位：%

年份	天津市		杭州市		南京市		厦门市	
	增加值比重	就业比重	增加值比重	就业比重	增加值比重	就业比重	增加值比重	就业比重
1994	37.0	35.0	36.5	28.8	44.1	41.0	45.1	34.7
1995	37.8	36	37.1	29.7	45.9	42.2	42.6	37.0
1996	39.7	36.8	38.1	31.4	47.7	43.9	43.3	39.1
1997	41.0	38.3	38.9	32.3	48.2	45.6	45.2	33.2
1998	43.8	38.2	39.7	33.4	49.8	48.4	46.2	35.9
1999	44.7	39.0	40.6	34.3	51.2	50.0	45.5	33.9
2000	44.9	37.7	41.2	36.1	50.9	50.9	45.2	31.8
2001	45.9	39.5	42.3	37.9	49.4	52.7	45.3	31.0
2002	46.4	41.6	43.0	37.1	47.9	54.1	43.4	28.5
2003	44.6	40.8	42.7	36.5	44.6	54.6	42.1	27.1
2004	42.4	41.9	44.4	32.7	43.7	56.6	42.0	26.1
2005	42.5	43	47.4	34.8	46.9	55.5	43.0	27.7
2006	42.6	43.9	48.9	37.2	48.0	54.6	46.2	28.0
2007	42.8	44.9	49.9	38.2	48.4	55.3	48.4	27.8

年份	天津市		杭州市		南京市		厦门市	
	增加值比重	就业比重	增加值比重	就业比重	增加值比重	就业比重	增加值比重	就业比重
2008	43.0	46.2	50.6	39.6	50.0	55.7	50.9	31.8
2009	45.3	47.3	53.3	40.0	51.3	53.4	51.6	30.7
2010	46.0	48.4	52.8	42.2	51.9	53.3	49.1	30.5
2011	46.2	49.0	53.4	43.3	52.4	51.6	47.9	31.3
2012	47.0	49.9	55.2	44.1	53.4	53.2	50.7	35.1
2013	48.1	50.1	57.1	44.4	54.4	49.0	51.6	40.1
2014	49.7	50.3	57.9	45.4	56.5	50.0	54.7	41.0

资料来源：整理自历年《天津统计年鉴》、《杭州统计年鉴》、《南京统计年鉴》、《厦门统计年鉴》及中经网统计数据库相关数据。

2. 工业化后期阶段城市服务业内部结构变化分析

从生产性服务业、生活性服务业和公共服务业的角度分析中国工业化后期阶段城市服务业内部就业结构，可以看出（见附录2），天津市、杭州市和南京市生产性服务业、生活性服务业和公共服务业的就业比重大致呈现出 3.5∶2.5∶4 的比例格局，在服务业中就业更偏向于公共服务业部门，生产性服务业就业比例也较高；厦门市三大服务业部门就业比例较为平均，几乎为 1∶1∶1。

从生产性服务业就业比重变动趋势来看（见图 7-14），四个工业化后期阶段城市在 2003～2014 年生产性服务业就业比重均呈现出总体上升的趋势。其中，杭州市和南京市的生产性服务业就业比重上升幅度较大，2003～2014 年分别上升了 6.3 个和 8.5 个百分点；天津市和杭州市的生产性服务业就业比重则呈现出波动上升发展趋势，2003～2014 年分别上升了 1.3 个和 3 个百分点。从均值角度看，四个城市生产性服务业就业比重均值由大到小依次为南京市（35.8%）、杭州市（35.3%）、厦门市（32.6%）和天津市（32.3%）。

从生活性服务业就业比重变动趋势来看（见图 7-15），2003～2014 年四个工业化后期阶段城市生活性服务业就业比重则总体呈现上升趋势，比重上升由大到小依次为南京市（8.2 个百分点）、天津市（7.7 个百分点）、

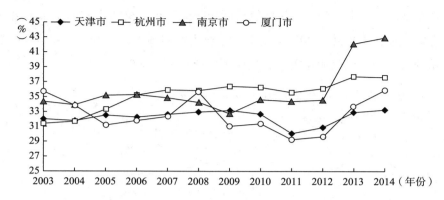

图 7－14　中国工业化后期阶段城市生产性服务业就业比重

资料来源：根据历年《中国城市统计年鉴》相关数据计算整理。

厦门市（6.8 个百分点）和杭州市（6.7 个百分点）。从均值角度看，厦门市生活性服务业就业比重较高，超过 30% 的水平，达到 34.7%；天津市和杭州市生活性服务业就业比重则超过 25%，分别达到 28.2% 和 25.7%；南京市生活性服务业就业比重低于 25% 的水平，为 23.9%。

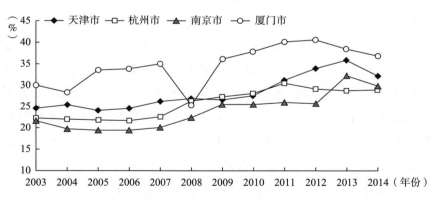

图 7－15　中国工业化后期阶段城市生活性服务业就业比重

资料来源：根据历年《中国城市统计年鉴》相关数据计算整理。

从公共服务业就业比重变动趋势来看（见图 7－16），四个工业化后期阶段城市表现不同：杭州市、南京市和厦门市在 2003～2014 年公共服务业就业比重大致呈现出下降的趋势，且下降幅度较大，比重下降分别为 13.0 个、16.7 个和 6.9 个百分点；天津市在 2003～2013 年公共服务业就业比重则呈现出缓慢上升的趋势，比重上升 7.7 个百分点，但又于 2013～2014 年锐降，总体比重下降 5.7 个百分点。从均值角度看，天津市、杭州市和南京市的公共服务业就业比重均处于 40% 的水平，分别达到 41.9%、38.9% 和 40.3%；厦门市的公共服务业就业比重与之相比则较低，为 32.0%。

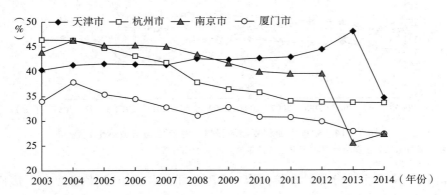

图 7－16　中国工业化后期阶段城市公共服务业就业比重

资料来源：根据历年《中国城市统计年鉴》相关数据计算整理。

3. 工业化后期阶段城市服务业发展质量变化分析

（1）工业化后期阶段城市服务业相对劳动生产率水平变化

从相对劳动生产率角度分析，1994～2014 年四个工业化后期阶段城市第三产业相对劳动生产率均值均大于 1（见图 7－17）。其中，天津市和南京市第三产业相对劳动生产率在 1 上下波动，1994～2014 年城市服务业相对劳动生产率均值分别为 1.03 和 1.00；杭州市第三产业相对劳动生产率在 1.2 上下波动，1994～2014 年城市服务业相对劳动生产率均值为 1.24；厦门市第三产业相对劳动生产率则呈现出先升后降的发展趋势，近年来服务业就业比重相对于增加值比重持续快速上升，导致第三产业相对劳动生产率持续下降，1994～2014 年城市服务业相对劳动生产率均值为 1.46，高于其余三个工业化后期阶段城市。

（2）工业化后期阶段城市服务业集聚水平变化

从区位熵角度分析，四个后工业化城市基于区位熵的服务业集聚水平并不高。从区位熵值角度明显可分为两个层次（见图 7－18）：天津市、杭州市和南京市的区位熵值在 0.9 和 1.2 之间，区位熵均值由大到小依次为南京市（1.04）、杭州市（0.97）和天津市（0.94），服务业态

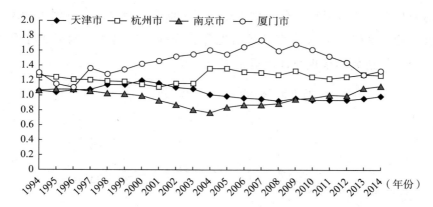

图 7-17　中国工业化后期阶段城市第三产业相对劳动生产率

资料来源：根据历年《天津统计年鉴》、《杭州统计年鉴》、《南京统计年鉴》、《厦门统计年鉴》及中经网统计数据库相关数据计算整理。

势处于初步显现和不显现之间，与全国平均水平相若；厦门市服务业的区位熵值相比之下则更低，为 0.58，远低于全国平均水平，说明厦门市尚未形成服务业集聚优势，但厦门市服务业区位熵呈现出总体上升的趋势，未来厦门市服务业集聚水平将进一步提升。

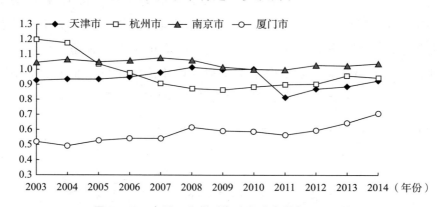

图 7-18　中国工业化后期阶段城市服务业区位熵

资料来源：根据历年《中国城市统计年鉴》相关数据计算整理。

从地区专业化指数角度分析（见图 7-19），四个工业化后期阶段城市服务业地区专业化指数均高于全国城市平均水平，但也可分为两个层次：厦门市服务业地区专业化指数均值较高（0.24），为第一层次；天津市、杭州市和南京市服务业地区专业化指数均值与厦门市相比则较低，分别为 0.15、0.16 和 0.16。从发展趋势方面看，天津市、杭州市和厦门市服务业地区专业化指数均呈现出先升后降的发展趋势，南京市服务业地区专业化指数均呈现总体上升的发展趋势。

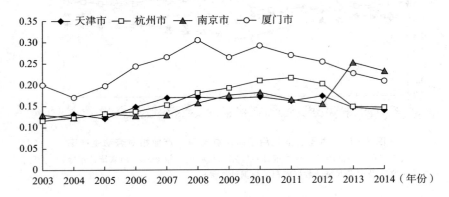

图 7-19　中国工业化后期阶段城市服务业地区专业化指数

资料来源：根据历年《中国城市统计年鉴》相关数据计算整理。

　　从四产业集中度角度分析（见图 7-20），四个工业化后期阶段城市服务业四产业集中度大致呈现出缓慢下降的趋势，下降幅度分别为 19.6%、18.5%、10.6% 和 9.7%。从集聚业态方面看，四个城市服务业就业集中部门惊人相似，生产性服务业主要集中于交通运输、仓储和邮政业；生活性服务业主要集中于批发和零售业；公共服务业主要集中于教育、公共管理和社会组织，服务业就业集中层次不高。

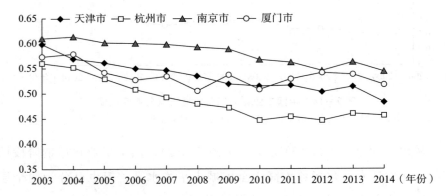

图 7-20　中国工业化后期阶段城市服务业四产业集中度指数

资料来源：根据历年《中国城市统计年鉴》相关数据计算整理。

（3）工业化后期阶段城市服务业与制造业互动水平变化

从弹性系数角度分析发现，四个工业化后期阶段城市服务业与制造业的弹性系数整体为正值，且呈现波动上升趋势（见图7–21）。从均值角度分析，四个工业化后期阶段城市服务业与制造业的弹性系数均值均大于1，且杭州市和厦门市大于1.5，说明服务业增长能够有效拉动制造业增长。从灰色关联系数角度分析，四个工业化后期阶段城市生产性服务业与制造业的灰色关联系数波动幅度较大，峰值时间点出现在2006～2012年（见图7–22）。四个工业化后期阶段城市生产性服务业与制造业的灰色关联度大致为0.62～0.75，高于全国城市平均水平，但低于后工业化阶段城市。

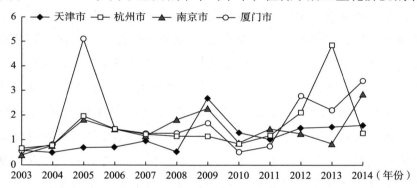

图7–21　中国工业化后期阶段城市服务业与制造业弹性系数

资料来源：根据历年《中国城市统计年鉴》相关数据计算整理。

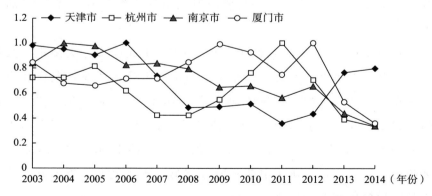

图7–22　中国工业化后期阶段城市生产性服务业与制造业灰色关联系数

资料来源：根据历年《中国城市统计年鉴》相关数据计算整理。

（四）工业化中期阶段城市服务业升级进展分析

本部分将以武汉市、沈阳市、大连市、长春市、济南市、青岛市、郑州市和长沙市作为工业化中期阶段城市样本，分析中国工业化中期阶段城市服务业发展水平，着重探讨工业化中期阶段城市服务业升级水平，主要从服务业结构现状、服务业集聚现状和服务业与制造业互动现状三个方面予以分析。

1. 工业化中期阶段城市服务业总量变化分析

从增加值结构角度分析，2014 年武汉市、沈阳市、大连市、长春市、济南市、青岛市、郑州市和长沙市第三产业增加值比重为 40% ~ 65%，大多数城市与中国城市平均水平（48.1%）相当（见附录 3）。从均值角度分析可以将 8 个工业化中期阶段城市分为三个层次：郑州市和长沙市为第一层次，第三产业增加值比重大多在 55% 以上；武汉市、沈阳市、大连市和济南市为第二层次，第三产业增加值比重大多为 50% ~ 55%；长春市和青岛市为第三层次，第三产业增加值比重大多低于 50%。从发展趋势方面分析，8 个工业化中期阶段城市主要可以分为三种类型：武汉市、济南市和青岛市为一个类型，其城市第三产业增加值比重基本呈现不断上升的趋势；郑州市和长沙市为一个类型，其城市第三产业增加值比重呈现出先升后降的发展趋势；沈阳市、大连市和长春市为一个类型，其城市第三产业增加值比重基本维持在一个特定的水平上。

从就业结构角度分析（见附录 3），2013 年武汉市、沈阳市、大连市、长春市、济南市、青岛市、郑州市和长沙市第三产业就业比重也为 40% ~ 65%，高于中国城市平均水平（40.6%）。从均值角度分析，1994 ~ 2013 年第三产业就业比重均值长沙市最高（60.4%），青岛市最低（43.3%），其余 6 个工业化中期阶段城市均处于 50% 水平附近。从发展趋势方面看，各工业化中期阶段城市第三产业就业比重上升趋势要慢于其增加值比重上升趋势。

2. 工业化中期阶段城市服务业内部结构变化分析

从生产性服务业、生活性服务业和公共服务业的角度分析中国工业化中期阶段城市服务业内部就业结构可以看出（见附录4、附录5），公共服务业就业比重较高是这8个工业化中期阶段城市的共同特点，其公共服务业就业比重大多为45%~50%；这8个工业化中期阶段城市生产性服务业和生活性服务业就业比例则基本呈现出1:1或3:2的格局。并且2003~2014年的相关数据显示，这种比例格局并没有特别明显的变化趋势。

3. 中国工业化中期阶段城市服务业发展质量变化分析

（1）工业化中期阶段城市服务业相对劳动生产率水平变化

从相对劳动生产率角度分析，8个工业化中期阶段城市在1995~2013年第三产业相对劳动生产率水平差别较大（见图7-23、图7-24）。其中，郑州市在1995~2014年第三产业相对劳动生产率整体水平在这8个城市中最高，第三产业相对劳动生产率均值为1.23；武汉市、大连市、济南市和青岛市在1995~2013年第三产业相对劳动生产率水平整体为0.9~1.1；沈阳市、长春市和长沙市在1995~2012年第三产业相对劳动生产率水平呈现出总体下降的发展趋势，但沈阳市和长春市第三产业相对劳动生产率水平在2013~2014年有所回升。

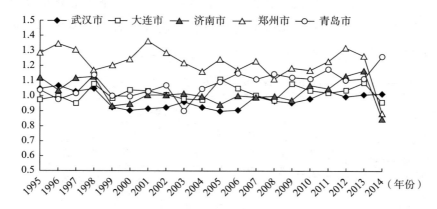

图7-23　中国工业化中期阶段城市第三产业相对劳动生产率

资料来源：根据历年《武汉统计年鉴》、《大连统计年鉴》、《济南统计年鉴》、《郑州统计年鉴》、《青岛统计年鉴》及中经网统计数据库相关数据计算整理。

（2）中国工业化中期阶段城市服务业集聚水平现状

从区位熵的角度分析，8个工业化中期城市基于区位熵的服务业集

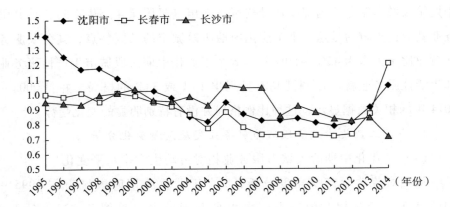

图7-24 中国工业化中期阶段城市第三产业相对劳动生产率

资料来源：根据历年《沈阳统计年鉴》、《长春统计年鉴》、《长沙统计年鉴》及中经网统计数据库相关数据计算整理。

聚水平并不高，从区位熵值角度可分为三个层次（见图7-25）：沈阳市、长春市和长沙市为第一层次，区位熵值整体在1.1和1.2之间浮动；武汉市、大连市、济南市和郑州市为第二层次，区位熵值整体在1左右徘徊；青岛市为第三层次，其服务业区位熵与其余7个工业化中期阶段城市有较大差距，2003~2014年青岛市服务业区位熵均值为0.74，低于全国平均水平，说明青岛市尚未形成服务业集聚优势。

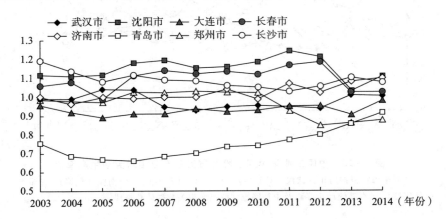

图7-25 中国工业化中期阶段城市服务业区位熵

资料来源：根据历年《中国城市统计年鉴》相关数据计算整理。

从地区专业化指数角度分析（见图7－26），8个工业化中期阶段城市服务业地区专业化指数也呈现出两个层次：武汉市、沈阳市、大连市和长沙市为第一层次，其2003～2014年服务业地区专业化指数均值为0.13～0.15，略高于全国城市平均水平；长春市、济南市、青岛市和郑州市为第二层次，其2003～2014年服务业地区专业化指数均值为0.08～0.11，与全国城市平均水平相若。从发展趋势方面看，武汉市、济南市和长沙市服务业地区专业化指数整体呈现上升趋势，其余5个工业化中期阶段城市服务业地区专业化指数基本保持波动状态。

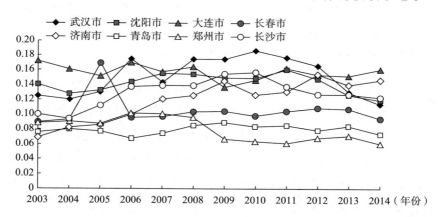

图7－26 中国工业化中期阶段城市服务业地区专业化指数
资料来源：根据历年《中国城市统计年鉴》相关数据计算整理。

从四产业集中度角度分析（见图7－27），8个工业化中期阶段城市服务业四产业集中度大致呈现出不变或逐渐下降的趋势。其中，武汉市、沈阳市和郑州市服务业四产业集中度呈现出波动发展趋势；大连市、长春市、济南市和长沙市服务业四产业集中度整体呈现下降趋势，下降幅度分别为16.1%、15.9%、14.4%和13.9%；青岛市服务业四产业集中度变化不大，且均值为8个工业化中期阶段城市最高（0.62）。从集聚业态方面看，生产性服务业主要集中于交通运输、仓储和邮政业；生活性服务业主要集中于批发和零售业；公共服务业主要集中于教育、公共管理和社会组织，服务业就业集中层次不高。

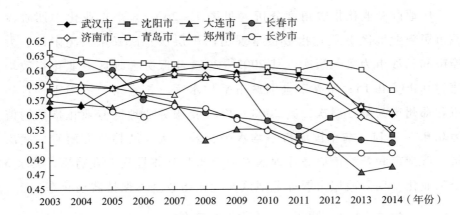

图 7 - 27　中国工业化中期阶段城市服务业四产业集中度指数

资料来源：根据历年《中国城市统计年鉴》相关数据计算整理。

（3）工业化中期阶段城市服务业与制造业互动水平变化

从弹性系数角度分析发现，8 个工业化中期阶段城市服务业与制造业的弹性系数整体为正值，说明城市服务业发展能够有效带动制造业发展且呈现波动上升趋势（见图 7 - 28）。从均值角度分析，8 个工业化中期阶段城市可分为三个层次：济南市和郑州市为第一层次，城市服务业与制造业的弹性系数大多为 1.3 以上；武汉市、大连市和青岛市为第二层次，城市服务业与制造业的弹性系数大多为 1 ~ 1.3；沈阳市、长春市

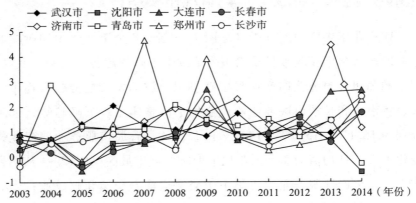

图 7 - 28　中国工业化中期阶段城市服务业与制造业弹性系数

资料来源：根据历年《中国城市统计年鉴》相关数据计算整理。

和长沙市为第三层次，城市服务业与制造业的弹性系数大多在 1 以下。从灰色关联系数角度分析，8 个工业化中期阶段城市生产性服务业与制造业灰色关联系数波动幅度较大（见图 7-29），城市生产性服务业与制造业灰色关联度大致为 0.59～0.75。

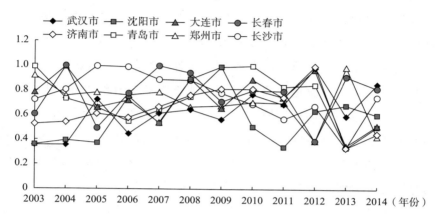

图 7-29　中国工业化中期阶段城市生产性服务业与制造业灰色关联系数
资料来源：根据历年《中国城市统计年鉴》相关数据计算整理。

据本书关于中国 289 个地级及以上城市，以及不同工业化发展阶段样本城市服务业升级现状的分析可以发现，中国城市服务业升级水平存在梯度性。

从服务业总量方面看，城市工业化发展阶段越高，城市服务业总量越高。整体而言，后工业化阶段城市服务业增加值和就业在三次产业中的比重最高，工业化后期阶段城市次之，工业化中期阶段城市最低。部分工业化中期城市刚迈入服务业升级门槛。中国地级及以上城市服务业增加值和就业比重平均水平与部分工业化中期阶段城市相若。

从服务业内部结构方面看，城市工业化发展阶段越高，城市服务业内部三大部门之间的比例关系也越合理。中国后工业化阶段城市生产性服务业、生活性服务业和公共服务业的就业结构为 5：3：2；中国工业化后期阶段城市生产性服务业、生活性服务业和公共服务业的就业结构为 3.5：2.5：4；中国工业化中期阶段城市与地级及以上城市服务业内部结构相若，生产性服务业、生活性服务业和公共服务业就业结构大致为

2.5∶2.5∶5。由此可以看出，伴随着工业化的发展，城市生产性服务业就业比重不断提升，公共服务业就业比重不断下降，城市服务业内部结构不断优化，这与服务业内部结构优化的理论相吻合。

从服务业发展质量方面看，不同工业化阶段城市服务业发展质量的梯度性虽然仍存在，但不同梯度之间的差距并没有服务业总量和内部结构那样明显。整体而言，后工业化阶段城市在服务业相对劳动生产率、服务业集聚水平和服务业互动发展水平方面仍领先于其他城市。

总体而言，后工业化阶段城市整体处于服务业升级的第三阶段，其中北京市在部分方面已达到服务业升级的第四阶段，工业化后期阶段城市整体处于服务业升级的第二阶段，工业化中期阶段城市和中国地级及以上城市整体处于服务业升级的第一阶段。工业化中期阶段城市大都能够跨过服务业升级进程的门槛，启动服务业升级进程。

第二节 中国城市服务业升级水平综合评价

在对中国城市服务业升级进展进行分析的基础上，本书以城市服务业升级路径为基础，构建中国城市服务业升级水平综合评价指标体系，并运用主成分分析法从横向和纵向两个方面对 2003~2014 年中国 289 个地级及以上城市，以及不同工业化发展阶段样本城市的服务业升级水平进行综合评价，总结中国城市服务业升级综合水平及发展规律。

一 评价指标、方法和数据来源

1. 评价指标体系

城市服务业升级水平综合评价指标体系的构建以城市服务业升级路径为依托，旨在对城市服务业的升级水平予以全面、客观的评价。基于这个目的，本书从三个方面来衡量中国城市服务业升级水平：城市服务业结构优化水平、城市服务业集聚发展水平、城市服务业融合发展水平（见图 7-30）。

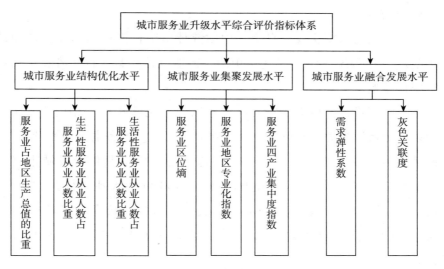

图 7－30　城市服务业升级水平综合评价指标体系

2. 评价方法

本部分首先以横截面数据为对象，运用主成分分析法分析 2003～2014 年全国及 16 个地级及以上城市服务业升级综合评价指数，明确历年全国服务业升级的水平以及各城市相对于全国而言的位置。随后，本书将以时间序列数据为对象，运用主成分分析法分析 2003～2014 年全国及 16 个地级及以上城市服务业升级的变化规律及升级速度。

本书采用主成分分析法对城市服务业升级水平予以综合评价。主成分分析（Principal Component Analysis，PCA）是一种通过线性变换等方式将多个变量转变成少个重要变量的多元统计分析方法，其理论基础是变量之间的相关性。一般来说，研究时所涉及的多个变量之间大多具有一定相关关系。然而，研究涉及变量过多会增加研究的复杂性和难度，从而隐蔽关键信息。因此，可通过主成分分析法将多个具有信息重叠的变量合成少个含有重要信息的变量，从而达到提取主要信息，降低研究难度的作用。主成分分析的核心思想：将多个具有重叠信息的变量合成少个具有重要信息的新变量，这个过程其实也是数学上降维的过程。本书在进行具体主成分分析步骤时，采用 SPSS 15 内的模块予以运行。

3. 数据来源

本书采用的数据主要来自历年中国统计出版社出版的《中国城市统计年鉴》、《中国统计年鉴》、《中国第三产业统计年鉴》以及各城市历年官方统计年鉴。

由于数据量过于庞大，本书以《中国城市统计年鉴》中的 289 个地级及以上城市数据为依据计算中国地级及以上城市服务业升级平均水平。在此基础上，以工业化阶段为标准，选择处于后工业化阶段城市（北京、上海、广州、深圳）、工业化后期阶段城市（天津、杭州、南京、厦门）、工业化中期阶段城市（武汉、沈阳、大连、长春、济南、青岛、郑州、长沙）作为分析样本，分析不同工业化阶段城市服务业升级状况。

二 评价结果

（一）城市服务业升级综合水平的横向比较分析

以主成分分析法对中国 289 个地级及以上城市，及其中 16 个不同工业化发展阶段典型城市 2003～2014 年服务业升级水平进行横截面分析的结果表明（见表 7-5）：各城市服务业升级综合发展水平较为稳定，城市服务业升级综合发展水平与城市工业化发展阶段密切相关。

1. 地级及以上城市服务业升级水平的横向比较分析

对中国 289 个地级及以上城市服务业升级水平进行综合评价的结果显示，2003～2014 年中国地级及以上城市服务业升级综合评价得分大多在 0.6 和 1.5 之间波动，均值为 1.11。与 16 个不同工业化发展阶段样本城市相比较，除 2006 年、2007 年两年评价得分较低之外，其余年份中国地级及以上城市服务业升级水平综合评价得分均大致与工业化中期城市相当。进一步分析比较中国地级及以上城市与工业化中期阶段城市服务业升级水平差异发现，在大多数年份，中国地级及以上城市服务业升级综合评价得分高于郑州、青岛等工业化中期阶段城市，但又明显低于武汉、大连、沈阳、长沙等处于工业化中期并向工业化后期阶段迈进的城市。

2. 后工业化阶段城市服务业升级水平的横向比较分析

对北京市、上海市、广州市和深圳市这四个后工业化阶段城市服务业升级水平进行综合评价的结果显示，2003～2014 年这四个城市服务业升级水平综合评分均在 3 以上，明显高于其余城市，处于无可动摇的第一梯队。

进一步分析比较四个后工业化阶段城市服务业升级水平差异发现，四个城市中北京市的服务业升级水平最高。2003～2014 年北京市服务业升级水平综合评价得分大多在 3.8 和 5.8 之间波动，均值为 5.16。与其余三个后工业化阶段城市比较，北京市历年服务业升级水平综合评价得分均高于上海市、广州市和深圳市。上海市、广州市和深圳市服务业升级水平大体相当，历年综合评价得分排序并不固定。2003～2014 年，上海市、广州市和深圳市服务业升级水平综合评价得分均值分别为 3.57、3.32 和 3.43。

3. 工业化后期阶段城市服务业升级水平的横向比较分析

对天津市、杭州市、南京市和厦门市这四个工业化后期阶段城市服务业升级水平进行综合评价的结果显示，2003～2014 年这四个城市服务业升级水平综合评分均大多在 2 和 3 之间波动，整体而言高于工业化中期城市，处于第二梯队。

进一步分析比较四个工业化后期阶段城市服务业升级水平差异发现，2003～2014 年四个城市的综合评价得分排序并不固定。从城市服务业升级水平综合评价得分均值角度看，杭州市、南京市和厦门市服务业升级水平相对较高，得分均值在 2 以上，分别为 2.25、2.18 和 2.23；天津市服务业升级水平综合评价得分均值相较之下略低（1.88），与部分工业化中期城市（武汉市、大连市、沈阳市、长沙市等）之间的差距已不明显。

4. 工业化中期阶段城市服务业升级水平的横向比较分析

对武汉市、大连市、沈阳市、长沙市等八个工业化中期阶段城市服务业升级水平进行综合评价的结果显示，2003～2014 年这八个城市服务业升级水平综合评分大多在 2 以下，处于第三梯队。

表 7－5 2003～2014 年中国城市服务业升级水平的横向评价结果

地区	2003年	2004年	2005年	2006年	2007年	2008年	2009年	2010年	2011年	2012年	2013年	2014年	平均数
全国	1.019611	1.050954	1.252741	0.692343	0.639956	1.077443	1.190408	1.068512	1.451863	1.489157	1.533980	0.808407	1.106281
北京	5.151540	5.821387	5.211274	5.474208	5.591618	5.581761	5.494838	3.877389	5.163913	5.358868	4.471382	4.774689	5.164406
上海	3.245345	3.553059	3.525624	3.489889	3.482755	3.653863	4.014647	3.338959	3.496224	3.362467	4.182742	3.546498	3.574339
广州	3.163285	3.534894	3.355142	3.761742	3.276356	3.372055	3.390349	2.941539	3.351485	3.259333	3.449679	3.04197	3.324819
深圳	3.433291	3.544646	2.579265	3.325809	3.673529	3.754209	3.637838	3.761709	3.508794	3.617462	2.812440	3.478899	3.427325
天津	2.234916	1.803462	1.606948	2.162771	1.859333	1.878692	1.964375	2.24151	1.554177	1.889252	1.586277	1.814357	1.883006
杭州	1.846025	2.159715	2.102339	2.149537	1.757968	2.220365	2.584816	2.999193	2.588967	2.615069	2.268881	1.735504	2.252365
南京	1.662221	1.706487	2.110114	2.305111	2.232479	2.122994	2.025725	1.986596	2.355068	2.198942	2.651721	2.799744	2.179767
厦门	2.517326	2.017887	1.502506	2.230048	2.426256	2.406288	2.070437	3.458903	1.892853	1.810798	1.809075	2.637032	2.231618
武汉	2.065911	2.280236	2.068004	1.648975	1.603862	1.765370	1.617695	1.744106	1.670785	1.429251	1.319703	1.699765	1.742805
沈阳	2.079730	2.343919	2.030509	2.028377	1.370441	1.759253	1.772187	1.714626	1.779604	1.962955	1.353967	1.212123	1.783974
大连	2.233981	2.234078	2.192460	1.666287	1.152552	1.797700	1.720960	1.920104	1.498331	1.509901	1.833401	1.142674	1.741869
长春	1.103687	1.289951	2.080956	1.124929	1.678308	1.401493	1.151681	1.303732	1.212637	1.809394	0.975456	0.656185	1.315701
济南	1.139244	1.147659	1.615840	1.381403	2.009811	1.895414	1.857417	1.470922	2.314884	1.985936	2.051608	2.080793	1.745911
青岛	0.821927	0.608838	0.796324	0.262009	0.820150	0.642228	0.762357	0.678434	1.519737	0.674944	1.05722	1.294635	0.828234
郑州	1.192933	1.083632	1.408778	1.393602	1.612445	0.736420	0.681906	0.839833	0.213785	0.579964	0.604081	1.110085	0.954788
长沙	1.724362	1.928726	2.130876	2.385786	2.163403	1.582340	1.428808	2.221738	0.613985	1.327903	1.431582	1.427299	1.697234

　　进一步分析比较八个工业化中期阶段城市服务业升级水平差异发现，八个工业化中期阶段城市服务业升级水平差异较大，大致可以分为三个层次。武汉市、沈阳市、大连市、济南市和长沙市为第一层次，2003～2014 年城市服务业升级水平综合评价得分大多为 1.3～2.3，已触及这一区间的上限。武汉市、沈阳市、大连市、济南市和长沙市服务业升级水平综合评价得分均值分别为 1.74、1.78、1.74、1.75 和 1.70，远高于其余三个工业化中期阶段城市。长春市服务业升级水平为第二层次，2003～2014 年城市服务业升级水平综合评价得分大多为 0.9～2.0，均值为 1.32，高于青岛市和郑州市，与中国地级及以上城市服务业升级水平相当。青岛市和郑州市服务业升级水平为第三层次，2003～2014 年城市服务业升级水平综合评价得分大多为 0.6～1.6，均值分别为 0.83 和 0.95，不仅为八个工业化中期阶段城市服务业升级水平之末，同时也低于中国地级及以上城市服务业升级水平。

（二）城市服务业升级综合水平的纵向比较分析

　　以主成分分析法对中国 289 个地级及以上城市以及 16 个各工业化发展阶段样本城市 2003～2014 年服务业升级综合水平分别进行时间序列分析的结果表明：2003～2014 年中国城市服务业升级综合水平整体上处于不断上升的趋势，但各城市的升级速度、幅度和时机各不相同。分析归纳中国地级及以上城市及 16 个城市 2003～2014 年服务业升级水平的发展趋势，可以总结出三种基本模式："上坡"型、"台阶"型和"山峦"型。

　　1."上坡"型城市服务业升级水平发展趋势

　　"上坡"型城市服务业升级水平发展趋势主要表现为大多数年份城市服务业升级水平提升程度较高，整体升级速度较快，发展曲线形似一条倾斜的山坡，故而称之为"上坡"型服务业升级趋势。服务业升级水平综合评分曲线呈现出"上坡"型发展趋势的城市包括中国地级及以上城市、北京市、杭州市、深圳市、天津市和济南市，其中又以中国地级及以上城市、北京市和杭州市的服务业升级趋势最为典型。

　　（1）地级及以上城市的服务业升级水平发展趋势。中国地级及以上城市服务业升级水平发展趋势是典型的"上坡"型（见图 7 – 31）。除 2011 年略有下降外，2003～2014 年的其余各个年份服务业升级水平均有不同程度的提升。2003～2014 年，中国地级及以上城市服务业升级水平综合评价得分年均增长率为 37.65%。其中，2003～2009 年、2012～2013 年中国地级及以上城市服务业升级水平综合评价得分提升最快，年均增长率分别达到 60.71% 和 58.26%。

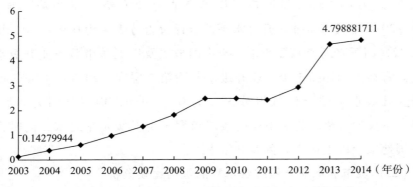

图 7 – 31　中国地级及以上城市服务业升级水平发展趋势

（2）北京市服务业升级水平发展趋势。北京市服务业升级水平发展趋势虽然也呈现出"上坡"型，但其与中国地级及以上城市的发展趋势明显不同（见图 7 – 32）。除 2003～2004 年略有下降外，2004 年之后北京市服务业升级水平一直处于上升趋势，但北京市服务业升级水平综合评价得分上升的主要时期在 2005～2006 年，2006～2014 年北京市服务业

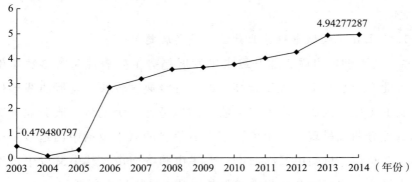

图 7 – 32　北京市服务业升级水平发展趋势

升级水平综合评价得分上升趋势较为平缓。2003～2014 年，北京市服务业升级水平综合评价得分年均增长率为 23.63%，其中，2005～2006 年北京市服务业升级水平综合评价得分年均增长率高达 378.94%，而 2006～2013 年北京市服务业升级水平综合评价得分年均增长率则仅为 7.20%。2005～2006 年的快速发展为北京市服务业升级水平提升奠定了基础，随后北京市服务业升级水平进一步提升。

（3）杭州市服务业升级水平发展趋势。杭州市服务业升级水平综合评价得分曲线与中国地级及以上城市和北京市相比而言较为平滑（见图 7－33）。除 2012～2013 年略有下降外，2003～2014 年其余各个年份杭州市服务业升级水平一直处于上升趋势，其服务业升级水平综合评价得分呈现出一条平滑、上升的曲线，并于 2014 年达到峰值。2003～2014 年，杭州市服务业升级水平综合评价得分年均增长率为 20.81%。其中，2004～2009 年杭州市服务业升级水平综合评价得分提升最快，年均增长率达到 39.02%。

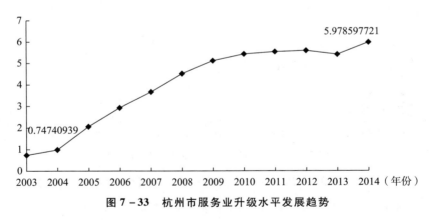

图 7－33 杭州市服务业升级水平发展趋势

2. "台阶"型城市服务业升级水平发展趋势

"台阶"型城市服务业升级水平发展趋势主要表现为部分年份城市服务业升级水平提升较快，但其余年份城市服务业升级水平的上升或下降趋势不明显，发展较为平稳。上升期和平稳期相互交错出现，使得城市服务业升级水平综合评价得分曲线形似一级一级的台阶，故称之为"台阶"型城市服务业升级水平发展趋势。呈现"台阶"型城市服务业升级水平发展趋势主要取决于部分快速增长年份的提升幅度。服务业升级水平综合评分曲线呈现出"台阶"型发展趋势的城市包括上海市、广州市和南京市。

（1）上海市服务业升级水平发展趋势。上海市服务业升级水平综合评价得分曲线主要包括三个上升期和四个平缓期，平缓期和上升期交错出现，呈现出台阶状发展趋势（见图7-34）。其中，上升期为2004~2005年、2007~2009年和2012~2013年，平稳期为2003~2004年、2005~2007年、2009~2012年和2013~2014年。2003~2014年，上海市服务业升级水平综合评价得分年均增长率为16.00%，上升期2004~2005年和2012~2013年的综合评价得分年均增长率则分别高达111.78%和59.96%。可见，上海市服务业升级水平的提升主要源于2004~2005年和2012~2013年的快速发展。

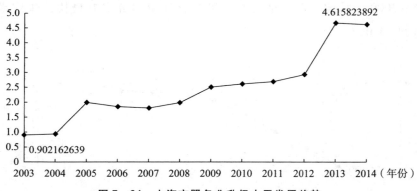

图7-34　上海市服务业升级水平发展趋势

（2）广州市服务业升级水平发展趋势。广州市服务业升级水平发展趋势与上海市类似，服务业升级水平综合评价得分曲线包括三个上升期和三个平缓期（见图3-35）。其中，上升期为2004~2006年、2010~2011年和2012~2013年，平稳期为2003~2004年、2006~2010年和2013~2014年。2003~2014年，广州市服务业升级水平综合评价得分年均增长率为21.00%，2004~2006年、2010~2011年和2012~2013年的综合评价得分年均增长率则分别为76.02%、48.83%和67.24%。可以看出，广州市服务业升级的三个上升期从整体上提升了广州市服务业升级水平。

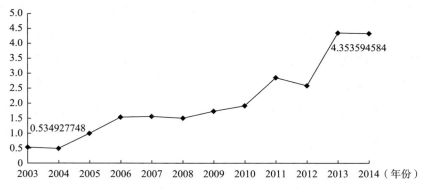

图7-35 广州市服务业升级水平发展趋势

（3）南京市服务业升级水平发展趋势。南京市服务业升级水平综合评价得分曲线的"台阶"更为明显，同样包括三个上升期和三个平缓期（见图7-36）。其中，上升期为2004～2005年、2007～2010年和2012～2013年，平稳期为2005～2007年、2010～2012年和2013～2014年。2003～2014年，南京市服务业升级水平综合评价得分年均增长率为14.18%，上升期2004～2005年、2007～2010年和2012～2013年的综合评价得分年均增长率则分别为89.93%、30.68%和61.45%，而平稳期2005～2007年、2010～2012年和2013～2014年的服务业升级水平则基本维持不变。

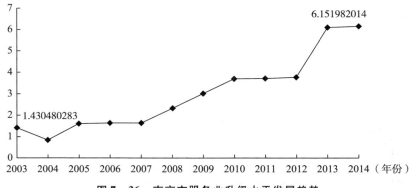

图7-36 南京市服务业升级水平发展趋势

3. "山峦"型城市服务业升级水平发展趋势

"山峦"型城市服务业升级水平发展趋势主要表现为城市服务业升级趋势不固定,城市服务业升级水平综合评价得分的上升与下降趋势相互交错,发展轨迹形似有峰有谷的"山峦",故而称之为"山峦"型城市服务业升级水平发展趋势。服务业升级水平综合评分曲线呈现出"山峦"型发展趋势的城市包括武汉市、青岛市、沈阳市、厦门市、大连市、长春市、郑州市和长沙市,其中以武汉市和青岛市的服务业升级水平发展趋势最为典型。

(1) 武汉市服务业升级水平发展趋势。武汉市"山峦"型服务业升级水平综合评分曲线(见图7-37)主要包括三个峰期(2009年、2011年和2014年)和三个谷期(2004年、2010年和2013年)。武汉市服务业升级水平的上升期和下降期相互交错,上升期为2004~2009年、2010~2011年和2013~2014年,下降期为2003~2004年、2009~2010年和2011~2013年。武汉市服务业升级水平在2004~2009年、2010~2011年逐渐上升,且上升趋势较好,2003~2011年武汉市服务业升级水平综合评价得分年均增长率为14.92%。然而武汉市2011~2013年城市服务业升级水平综合评价得分剧烈下滑,降至与2005年几乎相同的水平,一个可能的原因是武汉市自2012年开始的"工业倍增计划"使得城市对于服务业升级的关注度不足。虽然2013~2014年武汉市服务业升级水平有所回升,但尚未提升至2011年的最高水平。

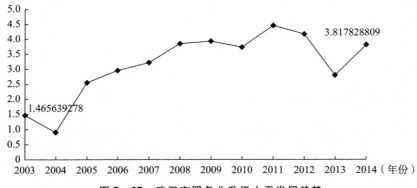

图7-37 武汉市服务业升级水平发展趋势

（2）青岛市服务业升级水平发展趋势。青岛市的服务业升级之路也较为波折（见图7-38），城市服务业升级水平综合评分曲线主要包括四个峰期（2005年、2009年、2011年和2014年）和三个谷期（2006年、2010年和2012年）。虽然青岛市服务业升级水平综合评分曲线有峰有谷，但总的来看还是呈现上升趋势的。2003～2014年，青岛市服务业升级水平综合评价得分年均增长率为14.36%，上升期为2006～2009年、2012～2014年的综合评价得分年均增长率则分别为58.83%和56.09%。

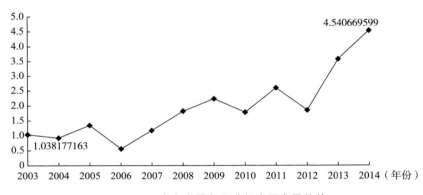

图7-38　青岛市服务业升级水平发展趋势

第三节　研究结论

本书以中国289个地级及以上城市，以及后工业化阶段城市、工业化后期阶段城市、工业化中期阶段城市为研究对象，分析中国城市服务业升级现状，并对中国城市服务业升级水平进行综合评价，可以得出以下基本结论。

1. 中国城市服务业在总量上逐渐成为城市经济的第一大产业

从城市服务业占城市三次产业比重角度看，无论是增加值比重还是就业比重，城市服务业在三次产业中占比逐渐上升的规律确实在中国城市中呈现，中国城市服务业逐渐成为城市经济的第一大产业，但服务业相对于工业的比重优势仍不够明显。中国289个地级及以上城市服务业增加值比重在2013年首次超过工业，就业比重则更早。不同工业化阶段城市的服务业增加值、就业比重差距较大，工业化程度越高的城市服务业比重相对越高：2014 年，后工业化阶段城市服务业增加值比重在 55% 以上，就业比重在 50% 以上，北京市服务业增加值和就业比重均为 77% 以上；工业化后期阶段城市服务业增加值比重主要在 45%～55%，就业比重主要在 45%～55%；工业化中期阶段城市服务业增加值比重主要在 40%～55%，就业比重主要在 40%～50%。

2. 中国城市服务业内部结构逐步优化

从城市服务业内部三大服务部门（生产性服务业、生活性服务业和公共服务业）的就业比重角度看，伴随着城市服务业发展，城市服务业内部结构会呈现出如下基本规律。一是城市生产性服务业就业比重总体上升。2014 年，后工业化阶段城市生产性服务业就业比重基本在 45%～50% 水平，工业化后期阶段城市则基本在 35%～40% 水平，工业化中期阶段城市则基本在 30%～35% 水平，中国 289 个地级及以上城市则基本在 25%～30% 水平。二是城市生活性服务业的就业比重基本维持不变，为 20%～25%。三是公共服务业就业比重逐渐下降。城市公共服务业就业比重逐渐下降是各城市反映出来的普遍规律。2014 年，中国 289 个地级及以上城市公共服务业的就业比重下降至 50%；工业化中期阶段城市公共服务业就业比重基本为 45%～50%，与全国平均水平持平；工业化后期阶段城市公共服务业就业比重基本为 40%～45%；后工业化阶段城市公共服务业就业比重则基本为 20%～25%，远低于全国平均水平。

从服务业内部发展的业态方面看，目前中国城市服务业业态层次较低。生产性服务业主要集中于交通运输、仓储和邮政业，生活性服务业主要集中于批发和零售业，公共服务业主要集中于教育、公共管理和社会组织。后工业化阶段城市在金融业，租赁和商务服务业，科学研究、技术服务和地质勘查业方面的发展水平相对较高。

3. 中国城市服务业发展质量有待加强

以相对劳动生产率测度中国城市服务业劳动生产率的结果显示，中国城市服务业相对劳动生产率大多超过 1，但相对于工业而言尚未显示出其在劳动生产率方面的优越性。这说明具有劳动生产率优势的现代服务业仍未成为中国城市服务业的主体，中国城市服务业在通过服务创新方式提升服务业现代化方面还有待加强。

以服务业区位熵、地区专业化指数和四产业集中度指数测度中国289 个地级及以上城市，以及后工业化阶段城市、工业化后期阶段城市、工业化中期阶段城市服务业集聚水平的结果显示，中国城市服务业呈现出一定的集聚发展态势，但无论是从集聚度的高低还是从集聚业态的层次方面看，均仍处于较为低级的阶段。

以弹性系数和灰色关联系数测定城市服务业与制造业互动水平的结果显示，中国城市服务业与制造业之间拥有一定的互动关系，这种关联并不紧密，体现出中国城市生产性服务产品质量不足，城市服务业与工业互动层次低下的问题。

4. 中国城市服务业升级水平与其工业化阶段密切相关

从城市服务业升级水平现状方面分析，中国城市服务业升级水平存在明显的梯度性。中国后工业化阶段城市的服务业总量、服务业结构优化水平和服务业质量水平方面均明显优于工业化后期阶段城市和工业化中期阶段城市；工业化后期阶段城市在服务业总量、服务业结构优化水平和服务业质量水平方面整体优于工业化中期阶段城市，但部分工业化中期阶段城市在某些方面优于工业化后期城市。

中国地级及以上城市与工业化中期阶段城市的服务业升级水平相若，均迈过了服务业升级门槛，进入服务业升级第一阶段；工业化后期阶段城市整体处于服务业升级的第二阶段；后工业化阶段城市整体处于服务业升级的第三阶段，其中北京市在部分方面已达到服务业升级的第四阶段。

从城市服务业升级水平综合评价结果方面看，中国城市服务业升级水平大致可以分为三大梯队：以北京、上海、广州、深圳为代表的后工业化阶段城市处于第一梯队，以天津、杭州、南京、厦门为代表的工业化后期阶段城市处于第二梯队，以武汉、沈阳、大连、长春、济南、青岛、郑州、长沙为代表的工业化中期阶段城市处于第三梯队。全国城市服务业升级平均水平大致与工业化中期城市服务业升级水平相当。中国城市服务业升级水平综合评价结果与中国城市服务业升级水平的现状分析结果基本吻合。

5. 中国城市服务业升级水平发展趋势大致存在三种基本模式

中国城市服务业升级水平发展趋势大致存在三种基本模式："上坡"型、"台阶"型和"山峦"型。"上坡"型城市服务业升级水平发展趋势主要表现为大多数年份城市服务业升级水平提升程度较高，整体升级速度较快，发展曲线形似一条倾斜的山坡。服务业升级水平综合评价得分曲线呈现出"上坡"型发展趋势的城市包括中国地级及以上城市、北京市、杭州市、深圳市、天津市和济南市，其中又以中国地级及以上城市、北京市和杭州市的服务业升级水平发展趋势最为典型。"台阶"型城市服务业升级水平发展趋势主要表现为部分年份城市服务业升级水平提升较快，但其余年份城市服务业升级水平的上升或下降趋势不明显，发展较为平稳。上升期和平稳期相互交错出现，使得城市服务业升级水平综合评价得分曲线形似一级一级的台阶。呈现"台阶"型城市服务业升级水平发展趋势主要取决于部分快速增长年份的提升幅度。服务业升级水平综合评分曲线呈现出"台阶"型发展趋势的城市包括上海市、广州市和南京市。"山峦"型城市服务业升级水平发展趋势主要表现为城市服务业升级水平发展趋势不固定，城市服务业升级水平综合评价得分的上升与下降趋势相互交错，发展轨迹形似有峰有谷的"山峦"。服务业升级水平综合评价得分曲线呈现出"山峦"型发展趋势的城市包括武汉市、青岛市、沈阳市、厦门市、大连市、长春市、郑州市和长沙市，其中以武汉市和青岛市的服务业升级水平发展趋势最为典型。

第八章 中国城市服务业升级促进 机制的实证分析

在第七章对中国城市服务业升级水平综合评价分析基础上,进一步实证检验本书提出的城市服务业升级促进机制的适用性,实证检验城市工业化水平、城市城镇化水平、城市创新能力、城市服务业政策环境对城市服务业升级的促进作用。

第一节 研究方法

一 模型设定

本书设定的模型如下:

$$ServeUp = c_0 + c_1 Industry + c_2 Urban + c_3 Innov + c_4 Policy \qquad (8-1)$$

式(8-1)中,因变量 $ServeUp$ 表示城市服务业升级水平,自变量 $Industry$ 表示城市工业化水平,$Urban$ 表示城市城镇化水平,$Innov$ 表示城市创新能力,$Policy$ 表示城市服务业政策环境。

为消除异方差性,对该模型各变量进行对数化处理。模型变化为:

$$\ln ServeUp = c_0 + c_1 \ln Industry + c_2 \ln Urban + c_3 \ln Innov + c_4 \ln Policy \qquad (8-2)$$

二 变量选取

根据上述假设以及考虑数据的可得性,本书对各个影响因素的量化指标进行了筛选,具体指标如表8-1所示。

（1）城市服务业升级水平 *ServeUp*。主要运用第七章计算的中国城市服务业升级指数（时间序列）予以衡量。

（2）城市工业化水平 *Industry*。以工业化水平的常用指标——工业化率予以衡量。工业化率＝工业增加值／地区生产总值。

（3）城市城镇化水平 *Urban*。以城市历年城镇化率予以衡量。受数据可得性限制，常住人口城镇化率（城镇常住人口／总常住人口）无法计算，因而以户籍人口城镇化率（城镇非农人口／户籍人口）予以替代。

（4）城市创新能力 *Innov*。以衡量创新能力的常用指标——城市历年专利授权数予以衡量。

（5）城市服务业政策环境 *Policy*。由于政策效果难以量化处理，中国学术界在这方面往往采用间接性指标进行评价，如政府非公共财政支出比重、国有事业单位从业人员比重等。但考虑到本书以服务业政策为对象，因而选取城市服务业促进政策数量作为指标（全国城市的相应研究以国家级整体政策数量为指标）。考虑到政策效果的延续性、滞后性和有效性，本书借鉴固定资产投资计算常用的"永续盘存法"计算历年服务业促进政策存量。

表 8 - 1　城市服务业升级促进机制计量分析模型变量说明

变量	含义	指标	单位
ServeUp	城市服务业升级水平	城市服务业升级指数	—
Industry	城市工业化水平	城市工业化率	%
Urban	城市城镇化水平	城市城镇化率	%
Innov	城市创新能力	城市专利授权数	件
Policy	城市服务业政策环境	城市服务业促进政策存量	个

三　数据来源

本书的数据主要来自历年中国统计出版社出版的《中国城市统计年鉴》、《中国统计年鉴》、《北京统计年鉴》、《杭州统计年鉴》和《武汉统计年鉴》，部分数据来自中经网统计数据库。政策数量的数据统计来自"中国法律信息网"、"中国政府网"、"中国发展和改革委"及相应部委官方网站，以及北京、杭州、武汉的政府门户网站。

第二节　实证结果分析

一　地级及以上城市服务业升级促进机制的实证分析

（一）平稳性检验

为防止时间序列数据在进行回归分析时产生"伪回归"，一般需要对数据的平稳性进行检验。本书采用 ADF 方式进行数据的平稳性检验，滞后期长度以 SIC 原则确定。检验结果如表 8 - 2 所示。

通过检验结果可以看出（见表 8 - 2），5 个变量在二阶差分后均达到 1% 的显著性水平，因此表明这 5 个变量是二阶单整的，即 I（2），可以进一步进行协整检验。

表 8 - 2　中国地级及以上城市服务业升级的平稳性检验

检验项	ADF 统计值	1% 临界值	阶数
ln$ServeUp$	- 3.107224	- 2.886101	2
ln$Industry$	- 4.304023	- 2.886101	2
ln$Urban$	- 5.680518	- 2.886101	2
ln$Innov$	- 3.711352	- 2.886101	2
ln$Policy$	- 3.670531	- 2.886101	2

（二）协整检验

以上述变量进行协整检验的结果表明（见表 8 - 3），方程拟合效果较好，R^2 达到 97%，大部分相关变量显著，说明中国地级及以上城市的城市服务业升级水平与城市工业化水平、城市城镇化水平、城市创新能力以及城市服务业政策环境之间存在长期均衡关系。

表 8 - 3　中国地级及以上城市服务业升级的协整检验

项目	ln*Industry*	ln*Urban*	ln*Innov*	ln*Policy*	C	R^2	A - R^2	F 检验值
系数	0.0936	3.0497	0.1319	0.4845	10.438	0.9737	0.9563	55.6693
t 检验值	3.0516**	0.1950*	0.6617	1.9494*	1.6409	—	—	—

注：* 表示该系数在 10% 的检验水平下显著，** 表示该系数在 5% 的检验水平下显著。

（三）实证结果分析

根据协整检验结果（见表 8 - 3），中国地级及以上城市服务业升级路径方程可表示为：

$$\ln ServeUp = 0.0936\ln Industry + 3.0497\ln Urban + 0.1319\ln Innov +$$
$$0.4845\ln Policy + 10.438 \qquad (8-3)$$

从显著性角度分析，城市工业化水平、城市城镇化水平以及城市服务业政策环境能够显著促进中国地级及以上城市的服务业升级，其显著性由大到小依次为城市工业化水平、城市服务业政策环境、城市城镇化水平。城市创新能力对于推动中国地级及以上城市的服务业升级的显著性不足，说明从整体上来看中国尚未形成良好的创新驱动机制，创新能力有待提升。

从变量影响效果角度分析，城市城镇化水平促进中国地级及以上城市的服务业升级的效果最好，1% 的城市城镇化水平提升将带来 3.05% 的中国地级及以上城市的服务业升级水平提升。变量影响效果由大到小依次为城市城镇化水平、城市服务业政策环境、城市创新能力、城市工业化水平。

二　后工业化阶段城市服务业升级促进机制的实证分析——以北京市为例

（一）平稳性检验

以 ADF 方式进行数据的平稳性检验的结果表明（见表 8 - 4），5 个变量在二阶差分后均达到 1% 的显著性水平，因此表明这 5 个变量为二阶单整，即 I（2），可以进一步进行协整检验。

表 8 - 4　北京市服务业升级的平稳性检验

检验项	ADF 统计值	1% 临界值	阶数
$\ln ServeUp$	− 6.673020	− 4.803492	2
$\ln Industry$	− 3.656809	− 2.886101	2
$\ln Urban$	− 2.998879	− 2.886101	2
$\ln Innov$	− 4.333279	− 2.886101	2
$\ln Policy$	− 4.016034	− 2.886101	2

（二）协整检验

以上述变量进行协整检验的结果表明（见表 8 - 5），方程拟合效果较好，R^2 达到 96%，相关变量均显著，说明北京市的服务业升级水平与城市工业化水平、城市城镇化水平、城市创新能力以及城市服务业政策环境之间存在长期均衡关系。

表 8 - 5　北京市服务业升级的协整检验

项目	$\ln Industry$	$\ln Urban$	$\ln Innov$	$\ln Policy$	C	R^2	A − R^2	F 检验值
系数	− 2.4666	− 12.2077	0.3835	0.9912	62.768	0.9658	0.943	55.6693
t 检验值	− 3.2291 **	− 2.2345 *	2.5883 **	2.2823 *	1.4888	—	—	—

注：* 表示该系数在 10% 的检验水平下显著，** 表示该系数在 5% 的检验水平下显著。

（三）实证结果分析

根据协整检验结果（见表 8 - 5），北京市服务业升级路径方程可表示为：

$$\ln ServeUp = - 2.4666\ln Industry - 12.2077\ln Urban + 0.3835\ln Innov +$$
$$0.9912\ln Policy + 62.768 \tag{8 - 4}$$

从显著性角度分析，城市工业化水平、城市城镇化水平、城市创新能力以及城市服务业政策环境均能够显著促进北京市服务业升级，其显著性由大到小依次为城市工业化水平、城市创新能力、城市城镇化水平、城市服务业政策环境。

从变量影响效果角度分析，城市工业化水平、城市城镇化水平对北京市服务业升级具有负效应：北京市城镇化水平每提升 1% 将削弱北京市服务业升级水平 12.21%，说明北京市城镇化水平已达到较高的程度，进一步提升北京市城镇化水平将形成"挤出效应"，抑制北京市服务业升级；北京市工业化水平每提升 1% 将削弱北京市服务业升级水平 2.47%，这是因为以城市工业化率（城市工业增加值/地区生产总值）作为城市工业化发展水平对于后工业化阶段城市具有一定的偏颇性，随着城市工业化发展，城市工业化率将呈现出"倒 U 型"结构，后工业化阶段城市的工业化率逐渐下降并不代表工业化发展水平逐渐降低，因而与北京市的实际情况相符。城市服务业政策环境、城市创新能力对北京市服务业升级具有正效应，北京市服务业政策环境、城市创新能力每提升 1% 将分别提升北京市服务业升级水平 0.99% 和 0.38%。

三 工业化后期阶段城市服务业升级促进机制的实证分析——以杭州市为例

（一）平稳性检验

以 ADF 方式进行数据的平稳性检验的结果表明（见表 8 - 6），5 个变量在二阶差分后均达到 1% 的显著性水平，因此表明这 5 个变量为二阶单整，即 I（2），可以进一步进行协整检验。

表 8 - 6　杭州市服务业升级的平稳性检验

检验项	ADF 统计值	1% 临界值	阶数
ln$ServeUp$	- 6.306056	- 4.803492	2
ln$Industry$	- 4.429904	- 2.886101	2
ln$Urban$	- 2.930531	- 2.886101	2
ln$Innov$	- 4.119262	- 2.886101	2
ln$Policy$	- 10.26431	- 6.292057	2

（二）协整检验

以上述变量进行协整检验的结果表明（见表 8 - 7），方程拟合效果较好，R^2 达到 98%，大部分相关变量显著，说明杭州市服务业升级水平与城市工业化水平、城市城镇化水平、城市创新能力以及城市服务业政策环境之间存在长期均衡关系。

表 8 - 7　杭州市服务业升级的协整检验

项目	ln$Industry$	ln$Urban$	ln$Innov$	ln$Policy$	C	R^2	$A - R^2$	F 检验值
系数	0.7058	3.8737	0.0172	0.8092	- 19.36	0.9881	0.9802	124.655
t 检验值	0.5385	2.6606 **	2.1253 *	2.2267 *	- 2.69 **	—	—	—

注：* 表示该系数在 10% 的检验水平下显著，** 表示系数在 5% 的检验水平下显著。

（三）实证结果分析

根据协整检验结果（见表 8 - 7），杭州市服务业升级路径方程可表示为：

$$\ln ServeUp = 0.7058\ln Industry + 3.8737\ln Urban + 0.0172\ln Innov +$$
$$0.8092\ln Policy - 19.36 \qquad (8 - 5)$$

从显著性角度分析，城市城镇化水平、城市服务业政策环境、城市创新能力能够显著促进杭州市服务业升级，其显著性由大到小依次为城市城镇化水平、城市服务业政策环境、城市创新能力。城市工业化水平则未表现出显著性。细观杭州市工业化率数据发现，杭州市工业化率自2008 年以来开始呈现出逐年下降的趋势，初步表明杭州市工业化率已经过"倒 U 型"的拐点，杭州市逐渐由后工业化阶段城市向工业化后期阶段城市转型。

从变量影响效果角度分析，经过显著性检验的三个变量（城市城镇化水平、城市创新能力、城市服务业政策环境）均对杭州市服务业升级具有正效应，变量影响效果由大到小依次为城市城镇化水平、城市服务业政策环境、城市创新能力。其中，城市城镇化水平的影响效果最为明显，杭州市城镇化水平每提升 1% 将提升杭州市服务业升级水平 3.87%；城市创新能力的带动效用最低，1% 的提升幅度仅能带来杭州市服务业升级水平 0.0172% 的提升，说明杭州市创新发展水平不足，尚不能有效支撑服务业升级。

四 工业化中期阶段城市服务业升级促进机制的实证分析——以武汉市为例

(一) 平稳性检验

以 ADF 方式进行数据的平稳性检验的结果表明（见表 8-8），5 个变量在二阶差分后均达到 1% 的显著性水平，因此表明这 5 个变量为二阶单整，即 I (2)，可以进一步进行协整检验。

表 8-8 武汉市服务业升级的平稳性检验

检验项	ADF 统计值	1% 临界值	阶数
ln*ServeUp*	-5.009629	-4.803492	2
ln*Industry*	-6.642179	-4.803492	2
ln*Urban*	-4.544815	-2.937216	2
ln*Innov*	-4.673613	-2.886101	2
ln*Policy*	-8.183818	-5.835186	2

(二) 协整检验

以上述变量进行协整检验的结果表明（见表 8-9），方程拟合效果较好，R^2 达到 98%，大部分相关变量显著，说明武汉市服务业升级水平与城市工业化水平、城市城镇化水平、城市创新能力以及城市服务业政策环境之间存在长期均衡关系。

表 8-9 武汉市服务业升级的协整检验结果

项目	ln*Industry*	ln*Urban*	ln*Innov*	ln*Policy*	C	R^2	A - R^2	F 检验值
系数	1.0056	5.7154	0.0397	0.1670	-18.629	0.9827	0.9804	111.2909
t 检验值	2.7417 **	3.0565 **	0.7876	2.1104 *	-0.8936	—	—	—

注：* 表示该系数在 10% 的检验水平下显著，** 表示该系数在 5% 的检验水平下显著。

(三) 实证结果分析

根据协整检验结果（见表 8-9），武汉市服务业升级路径方程可表示为：

$$\ln ServeUp = 1.0056\ln Industry + 5.7154\ln Urban + 0.0397\ln Innov +$$

$$0.167\ln Policy - 18.629 \tag{8-6}$$

从显著性角度分析，城市工业化水平、城市城镇化水平以及城市服务业政策环境能够显著促进武汉市服务业升级，其显著性由大到小依次为城市城镇化水平、城市工业化水平、城市服务业政策环境。城市创新能力对于推动武汉市服务业升级的显著性不足，说明武汉市尚未形成有效的创新驱动机制，创新驱动发展效率和质量有待提升。

从变量影响效果角度分析，经过显著性检验的三个变量（城市工业化水平、城市城镇化水平和城市服务业政策环境）均对武汉市服务业升级具有正效应，变量影响效果由大到小依次为城市城镇化水平、城市工业化水平、城市服务业政策环境。其中，城市城镇化水平的影响效果最为明显，武汉市城镇化水平每提升 1% 将提升武汉市服务业升级水平 5.72%；城市服务业政策环境的带动效用最低，1% 的提升幅度仅能带来武汉市服务业升级水平 0.167% 的提升，说明武汉市尚未形成良好的促进服务业升级的政策软环境。

第三节　研究结论

本书以中国 289 个地级及以上城市，以及以北京市为代表的后工业化阶段城市、以杭州市为代表的工业化后期阶段城市和以武汉市为代表的工业化中期阶段城市为研究对象，运用计量经济学分析方法，实证检验城市工业化水平、城市城镇化水平、城市创新能力和城市服务业政策环境对城市服务业升级的促进作用。

根据中国城市服务业升级路径的实证分析结果，可以基本认为城市服务业升级促进机制对于中国城市的适用性，但促进效果因城市而各异。从整体上看，城市工业化水平、城市城镇化水平、城市创新能力和城市服务业政策环境均是推动城市服务业顺着服务业结构优化、服务业集聚发展、服务业融合发展三大路径升级的重要因素。但从个体方面看，不同城市中四大促进机制的作用效果各不相同，这与城市的工业化发展阶段密切相关。本书分析可以得出以下基本结论。

1. 城市工业化水平对城市服务业升级具有显著促进效果，但促进效果随城市工业化不断深入而削弱

从中国地级及以上城市和以武汉市为代表的工业化中期阶段城市的实证分析结果可以看出，城市工业化水平的提升，对于大多数城市的作用效果比较显著，说明提升城市工业化水平能够有效促进城市服务业升级。但从以杭州市为代表的工业化后期阶段城市和以北京市为代表的后工业化阶段城市的实证分析结果可以看出，城市工业化水平提升的促进效果随着城市工业化的不断深入而逐渐削弱，削弱的拐点大致发生在城市发展到工业化后期阶段。

2. 城市城镇化水平对城市服务业升级的促进效果较为显著，但随着过高的城镇化水平将产生"挤出效应"

从中国地级及以上城市、以杭州市为代表的工业化后期阶段城市和以武汉市为代表的工业化中期阶段城市的实证分析结果可以看出，城市城镇化水平对于大多数城市的作用效果十分显著，说明提升城市的城镇化水平能够有效促进城市服务业升级。但从以北京市为代表的后工业化阶段城市的实证分析结果可以看出，城市的城镇化水平提升到一定阶段后，进一步推动城市城镇化水平提升将产生"挤出效应"，对城市服务业升级将产生抑制效果。

3. 城市创新能力对城市服务业升级具有促进作用，但作用效果难以显现

从中国地级及以上城市和以武汉市为代表的工业化中期阶段城市的实证分析结果可以看出，城市创新能力对于大多数城市的作用尚未体现，说明对于大多数城市而言尚未形成良好的创新驱动促进机制。以杭州市为代表的工业化后期阶段城市的实证分析结果可以看出，创新能力的提升对城市服务业升级的作用在部分城市中已得到体现，但促进效果仍较低。以北京市为代表的后工业化阶段城市的实证分析结果可以看出，部分城市已建立起较好的创新驱动促进机制，创新能力对于城市服务业升级的作用逐步显现。

4. 城市服务业政策环境确实对服务业升级具有促进作用

从中国地级及以上城市和各工业化发展阶段典型城市的实证分析结果可以看出，城市服务业政策环境确实能够有效促进服务业升级。城市服务业政策环境的优良与否，主要取决于政府支持服务业发展的决心。因而优化服务业发展环境从而促进城市服务业升级对于每个城市都适用。

参考文献

〔英〕阿尔弗雷德·马歇尔：《经济学原理》，朱志泰译，商务印书馆，1964。

〔德〕阿尔弗雷德·韦伯：《工业区位论》，李刚剑等译，商务印书馆，2009。

〔美〕艾伯特·赫希曼：《经济发展理论》，曹征海、潘照东译，中国经济出版社，1991。

安同信、范跃进、刘祥霞：《日本战后产业政策促进产业转型升级的经验及启示研究》，《东岳论丛》2014年第10期。

白玲、石琳：《中低技术产业技术创新与转型升级》，《理论与现代化》2013年第4期。

白仲尧：《服务经济论》，东方出版社，1991。

包晓雯：《大都市现代服务业集聚区理论与实践——以上海为例》，中国建筑工业出版社，2011。

毕斗斗：《生产服务业发展研究》，经济科学出版社，2009。

曹海峰：《文化产业转型升级的现实分析与研究意义》，《广西社会科学》2011年第9期。

曹建云：《广东省城市现代服务业竞争力研究》，《西北人口》2010年第4期。

陈继勇、姚博明：《中国服务经济结构演进的机制选择研究——基于政府与市场关系的视角》，《珞珈管理评论》2012年第1期。

陈家海：《全球性城市的服务业结构与上海的远期发展》，《城市规划学刊》2009 年第 6 期。

陈建军、陈国亮、黄洁：《新经济地理学视角下的生产性服务业集聚及其影响因素研究——来自中国 222 个城市的经验证据》，《管理世界》2009 年第 4 期。

陈洁、王耀中：《产业关联、空间效应与生产性服务业集聚——基于中国城市面板数据的研究》，《山西财经大学学报》2015 年第 7 期。

陈凯：《工业园区生产性服务业发展和空间布局研究》，硕士学位论文，苏州科技学院，2011。

陈凯：《服务业内部结构高级化研究》，经济科学出版社，2009。

陈丽红：《美国大都市区中心城市产业结构转型研究（1920—1970)》，硕士学位论文，东北师范大学，2003。

陈曦、吕斌：《中小城市服务业集聚区发展模式研究》，《经济地理》2014 年第 4 期。

陈宪：《中国现代服务经济理论与发展战略研究》，经济科学出版社，2011

程大中：《服务经济的兴起与中国的战略选择》，经济管理出版社，2010。

程大中：《中国服务业存在"成本病"问题吗？》，《财贸经济》2008 年第 12 期。

程大中：《中国服务业的增长、技术进步与国际竞争力》，经济管理出版社，2006。

程大中：《服务业发展与城市转型：理论及来自上海的经验分析》，《中国软科学》2009 年第 1 期。

程大中：《中国服务需求弹性的估计：基于 Baumol 模型的分析》，《南大商学评论》2004 年第 2 期。

程大中：《中国服务业增长的地区与部门特征》，《财贸经济》2003 年第 8 期。

程大中：《中国服务业增长的特点、原因及影响——鲍莫尔－富克斯假说及其经验研究》，《中国社会科学》2004 年第 2 期。

程亮：《医养融合：养老机构发展新路径探究》，《中州学刊》2015年第4期。

褚蓬瑜、郭田勇：《互联网金融与商业银行演进研究》，《宏观经济研究》2014年第5期。

崔亮：《新疆产业结构服务化的实证研究》，硕士学位论文，新疆财经大学，2008。

〔美〕丹尼尔·贝尔：《后工业社会的来临——对社会预测的一项探索》，高铦等译，新华出版社，1984。

但红燕、徐武明：《旅游产业与文化产业融合动因及其效应分析——以四川为例》，《生态经济》2015年第7期。

邓丽姝：《服务经济条件下生产性服务业主导产业升级研究》，《北京工商大学学报》（社会科学版）2015年第4期。

邓于君：《服务业结构演进：内在机理与实证分析》，科学出版社，2010。

邓于君：《服务业内部结构演变趋势研究》，人民出版社，2006。

邓于君：《服务业内部结构演进规律与中国服务业结构优化策略研究》，经济科学出版社，2014。

丁健：《现代城市经济》，同济大学出版社，2005。

董利民：《城市经济学》，清华大学出版社，2011。

董亮、刘兰娟：《智慧城市进程中生产性服务业聚集趋势研究》，《科技管理研究》2015年第12期。

方远平、闫小培：《大都市服务业区位理论与实证研究》，商务印书馆，2008。

〔法〕佛朗索瓦·佩鲁：《略论增长极概念》，李仁贵译，经济学译丛，1988。

高铂睿、李珊珊：《现代金融体系支持产业转型升级的时间序列分析——以广州市为例》，《经济地理》2015年第3期。

高传胜、汪德华、李善同：《经济服务化的世界趋势与中国悖论：基于WDI数据的现代实证研究》，《财贸经济》2008年第3期。

〔美〕格瑞里奇斯：《服务部门产出的测算》，程大中译，格致出版社，2013。

耿爱生：《养老模式的变革取向："医养结合"及其实现》，《贵州社会科学》2015 年第 9 期。

辜胜阻：《非农化及城镇化理论与实践》，武汉大学出版社，1999。

谷永芬、洪娟：《城市群服务业集聚与经济增长——以长三角为例》，《江西社会科学》2013 年第 4 期。

顾乃华：《我国城市生产性服务业集聚对工业的外溢效应及其区域边界——基于 HLM 模型的实证研究》，《财贸经济》2011 年第 5 期。

顾乃华：《我国服务业、工业增长效率对比及其政策内涵》，《财贸经济》2006 年第 7 期。

顾乃华：《我国服务业发展的效率特征及其影响因素——基于 DEA 方法的实证研究》，《财贸研究》2008 年第 4 期。

顾乃华、李江帆：《中国服务业技术效率区域差异的实证分析》，《经济研究》2006 年第 1 期。

顾乃华、夏杰长：《服务业发展与城市转型：基于广东实践的分类研究》，《广东社会科学》2011 年第 4 期。

顾乃华、夏杰长：《生产性服务业崛起背景下鲍莫尔 - 富克斯假说的再检验——基于中国 236 个样本城市面板数据的实证分析》，《财贸研究》2010 年第 12 期。

管驰明、高雅娜：《我国城市服务业集聚程度及其区域差异研究》，《城市发展研究》2011 年第 2 期。

管驰明、孙超玲：《新时期服务业集聚研究——机理、影响及发展规划》，东南大学出版社，2013。

郭怀英：《生产性服务业：创新与升级》，山西经济出版社，2012。

韩峰、王琢卓、赖明勇：《中国城市生产性服务业集聚效应测度》，《城市问题》2015 年第 9 期。

韩峰、王琢卓、李玉双：《生产性服务业集聚与城市经济增长——基于湖南省地级城市面板数据分析》，《产业经济研究》2011 年第 6 期。

韩坚:《生产性服务业、城镇化与中国经济发展》,人民出版社,2011。

何德旭、夏杰长:《服务经济学》,中国社会科学出版社,2009。

何璇、张旭亮:《浙江省产业转型升级对劳动力需求的影响》,《经济地理》2015 年第 4 期。

何哲、孙林岩:《中国制造业服务化——理论、路径及其社会影响》,清华大学出版社,2012。

贺有利:《三产化/服务化:中国特色第三产业/服务业道路探讨》,人民出版社,2008。

胡春林:《产业结构服务化问题研究综述》,《经济研究导刊》2012 年第 28 期。

胡俊:《文化与旅游产业融合发展研究》,《山西财经大学学报》2012 年第 S3 期。

胡霞:《产业特性与中国城市服务业集聚程度实证分析》,《财贸研究》2009 年第 2 期。

胡霞:《中国城市服务业发展差异研究》,经济科学出版社,2009。

胡霞:《中国城市服务业空间集聚变动趋势研究》,《财贸经济》2008 年第 6 期。

胡晓鹏、朱瑞博:《产业结构转型——从制造经济到服务经济》,人民出版社,2013。

黄繁华、洪银兴:《制造业基地发展现代服务业的路径》,南京大学出版社,2010。

黄建宏:《中国服务经济发展解难》,人民出版社,2006。

黄少军:《服务业与经济增长》,经济科学出版社,2000。

黄维兵:《现代服务经济理论与中国服务业发展》,西南财经大学出版社,2003。

吉亚辉、甘丽娟:《生产性服务业集聚与经济增长的空间计量分析》,《工业技术经济》2015 年第 7 期。

吉亚辉、杨应德:《中国生产性服务业集聚的空间统计分析》,《地域研究与开发》2012 年第 1 期。

纪玉俊、丁科华、张鹏：《我国沿海地区城市服务业集聚的影响因素分析》，《经济与管理》2014 年第 5 期。

〔瑞典〕简·欧文·詹森：《服务经济学》，史先诚译，中国人民大学出版社，2013。

简新华、黄锟：《中国城镇化水平和速度的实证分析与前景预测》，《经济研究》2010 年第 3 期。

简新华、杨艳琳：《产业经济学》，武汉大学出版社，2009。

江小涓：《服务经济——理论演进与产业分析》，人民出版社，2014。

姜永常：《旅游产业融合发展的动力、机制与策略研究——以文化旅游业为例》，《哈尔滨商业大学学报》（社会科学版）2013 年第 4 期。

金春雨、孙滨齐：《我国服务业结构效应与空间效应的区位变迁——来自我国八大经济区服务业的经验证据》，《求是学刊》2014 年第 2 期。

〔美〕克里斯·安德森：《长尾理论》，乔江涛译，中信出版社，2006。

匡远凤：《现代服务业、产业结构与经济增长关系实证研究——以武汉市为例》，《城市问题》2015 年第 1 期。

雷蕾、刘宛洁：《大珠江三角洲地区城市服务业竞争力比较研究》，《工业技术经济》2010 年第 5 期。

李博、董亮：《互联网金融的模式与发展》，《中国金融》2013 年第 10 期。

李程骅：《中国城市转型研究》，人民出版社，2013。

李创：《河南省主要城市服务业竞争力对比研究》，《商业研究》2009 年第 3 期。

李盾：《中国城市服务业集聚路径研究》，中国市场出版社，2013。

李惠娟：《中国城市服务业集聚测度——兼论服务业集聚与制造业集聚的关系》，《经济问题探索》2013 年第 4 期。

李建华、孙蚌珠：《服务业的结构和"成本病"的克服——Baumol 模型的扩展和实证》，《财经研究》2012 年第 11 期。

李江帆：《三次产业结构演变与服务经济前沿问题研究》，人民出版社，2009。

李江帆、蓝文妍、朱胜勇：《京沪第三产业生产服务业的水平、结构与影响》，《北京工商大学学报》（社会科学版）2014 年第 2 期。

李立勋：《后工业社会的经济服务化趋向》，《人文地理》1997 年第 4 期。

李丽：《第三产业内部结构优化及对策研究》，知识产权出版社，2007。

李美云：《服务业的产业融合与发展》，经济科学出版社，2007。

李强：《基于城市视角下的生产性服务业与制造业双重集聚研究》，《商业经济与管理》2013 年第 1 期。

李强：《中国服务业统计与服务业发展》，中国统计出版社，2014。

李芮：《产业融合：我国产业结构转型升级的路径选择》，《现代管理科学》2015 年第 6 期。

李涛：《资源约束下中国碳减排与经济增长的双赢绩效研究——基于非径向 DEA 方法 RAM 模型的测度》，《经济学》（季刊）2013 年第 2 期。

李文秀：《服务业的城市集聚机理理论与实证研究——来自纽约、东京的例证及其对我国的启示》，《产经评论》2012 年第 4 期。

李相合：《中国服务经济——结构演进及其理论创新》，经济科学出版社，2007。

李晓钟：《FDI 对我国产业结构转型升级的影响》，《社会科学家》2014 年第 9 期。

李筱乐：《政府规模、生产性服务业与经济增长——基于我国 206 个城市的面板数据分析》，《国际贸易问题》2014 年第 5 期。

李勇坚、夏杰长：《制度变革与服务业成长》，中国经济出版社，2009。

李志坚：《服务业转型升级新视角——广东启示》，中国经济出版社，2012。

厉无畏：《以创意产业带动地区产业结构转型升级》，《经济体制改革》2012 年第 1 期。

厉无畏、王慧敏：《世界产业服务化与发展上海现代服务业的战略思考》，《世界经济研究》2005 年第 1 期。

梁帅、韩学广：《民间投资影响产业转型升级：作用、机理及实证分析》，《上海经济研究》2014 年第 11 期。

蔺雷、吴家喜：《科技中介服务论》，清华大学出版社，2014。

刘辉煌、雷艳：《中部城市生产性服务业集聚及其影响因素研究》，《统计与决策》2012 年第 8 期。

刘继国：《制造业服务化发展趋势研究》，经济科学出版社，2009。

刘佳、陈瑛：《生产性服务业空间集聚特征研究——以西安市为例》，《贵州师范大学学报》（自然科学版）2009 年第 4 期。

刘建兵、柳卸林：《服务业创新体系研究》，科学出版社，2009。

刘江华等：《迈向服务经济——广州的实践与思考（2011）》，中山大学出版社，2011。

刘俊：《都市圈视角下的制造业与生产性服务业互动发展研究》，科学出版社，2014。

刘晓博：《都市生产性服务业发展研究》，西南财经大学出版社，2013。

刘越、徐超、于品显：《互联网金融：缘起、风险及其监管》，《社会科学研究》2014 年第 3 期。

刘志彪：《论现代生产者服务业发展的基本规律》，《中国经济问题》2006 年第 1 期。

刘志彪、郑江淮等：《服务业驱动长三角》，中国人民大学出版社，2008。

刘重：《现代服务业发展与预测》，社会科学院出版社，2005。

卢为民、马祖琦：《土地政策与产业转型升级路径研究》，《浙江学刊》2011 年第 6 期。

陆剑宝：《基于制造业集聚的生产性服务业协同效应研究》，《管理学报》2014 年第 3 期。

马风华、李江帆：《城市服务业结构变动与生产率增长关系的实证研究——基于上海的经验数据》，《上海经济研究》2014 年第 5 期。

马龙龙：《服务经济》，人民出版社，1994。

马云泽：《产业结构软化理论研究》，中国财政经济出版社，2006。

〔美〕迈克尔·波特：《国家竞争优势》，李明轩、邱如美译，中信出版社，2007。

潘宏亮：《创新驱动引领产业转型升级的路径与对策》，《经济纵横》2015年第7期。

庞春：《服务经济的微观分析——基于生产与交易的分工均衡》，《经济学》（季刊）2010年第3期。

裴长洪、李程骅：《论我国城市经济转型与服务业结构升级的方向》，《南京社会科学》2010年第1期。

邱灵、方创琳：《生产性服务业空间集聚与城市发展研究》，《经济地理》2012年第11期。

〔法〕让-克洛德·德劳内、让·盖雷：《服务经济思想史：3个世纪的争论》，江小涓译，人民出版社，2011。

〔法〕让·巴蒂斯特·萨伊：《政治经济学概论》，陈福生、陈振骅译，商务印书馆，1997。

任栋、李新运：《劳动力年龄结构与产业转型升级——基于省际面板数据的检验》，《人口与经济》2014年第5期。

任志成：《创新升级与南京服务业发展》，《南京社会科学》2008年第11期。

邵骏、张捷：《产业结构服务化进程中的制度因素研究——基于全球27个新兴工业化国家面板数据的比较分析》，《产经评论》2014年第2期。

沈家文：《生产性服务业与中国产业结构演变关系的量化研究》，经济管理出版社，2012。

史丹、夏杰长：《中国服务业发展报告2012——新兴服务业发展战略研究》，社会科学文献出版社，2012。

史丹、夏杰长：《中国服务业发展报告2013——中国区域服务业发展战略研究》，社会科学文献出版社，2013。

史东辉：《工业化、去工业化、后工业化与服务经济的形成——上海产业结构转型的历史透视》，上海大学出版社，2012。

孙佳：《中国制造业产业升级及生产性服务业发展研究——基于分工的视角》，人民大学出版社，2013。

孙智君：《产业经济学》，武汉大学出版社，2010。

谭裕华：《工业城市的生产型服务业集聚研究——以东莞为例》，《科技管理研究》2014 年第 5 期。

唐珏岚：《原生与嵌入：上海生产性服务业集聚区形成的两种模式》，《当代经济管理》2010 年第 12 期。

陶侃、娄钰华、王振：《地方商会在推进产业转型升级中的作用机制研究——以中国轻纺城商会为例》，《企业经济》2011 年第 11 期。

王丹丹：《我国特大城市形成以服务经济为主的产业结构的研究》，硕士学位论文，山西师范大学，2012。

王江：《生产性服务业的创新战略——北京市生产性服务业发展的理论与实践》，中国商务出版社，2014。

王金武：《我国生产性服务业和制造业互动分析及其对策研究》，武汉理工大学，2005。

王晶晶、黄繁华、于诚：《服务业集聚的动态溢出效应研究——来自中国 261 个地级及以上城市的经验证据》，《经济理论与经济管理》2014 年第 3 期。

王先庆、武亮：《城市与行业结构交互效应下的现代服务业集聚研究——基于广东省的实证分析》，《河南社会科学》2013 年第 4 期。

王晓娟：《长三角地区制造业与服务业融合发展研究》，社会科学出版社，2013。

王新华、蔡小勇：《武汉传统服务业改造升级策略研究》，《武汉工业学院学报》2010 年第 4 期。

王选庆：《加快商贸物流发展促进流通业转型升级》，《中国流通经济》2012 年第 12 期。

王雪瑞：《生产性服务业集聚效应研究》，《管理学报》2014 年第 8 期。

王琢卓、韩峰、赵玉奇：《生产性服务业对经济增长的集聚效应研究——基于中国地级城市面板 VAR 分析》，《经济纬》2012 年第 4 期。

〔英〕威廉·配第：《政治算数》，陈东野译，商务印书馆，1978。

〔美〕维克托·R. 富克斯：《服务经济学》，许微云、万慧芬、孙光德译，商务印书馆，1987。

魏楚、沈满红：《结构调整能否改善能源效率：基于中国省级数据的研究》，《世界经济》2008 年第 11 期。

魏江、周丹：《生产性服务业与制造业融合互动发展——以浙江省为例》，科学出版社，2011。

魏鹏：《中国互联网金融的风险与监管研究》，《金融论坛》2014 年第 7 期。

〔德〕沃尔德·克里斯塔勒：《德国南部中心地原理》，常正文、王兴中等译，商务印书馆，1998。

吴传清：《区域经济学原理》，武汉大学出版社，2008。

吴传清、龚晨：《国内服务业升级理论研究进展与展望》，《学习与实践》2016 年第 2 期。

吴传清、龚晨、罗明磊：《长江中游城市群服务业集聚水平及其影响因素研究》，《学习与实践》2013 年第 11 期。

吴殿廷、杨欢：《县域经济的转型与跨越发展》，东南大学出版社，2013。

吴海瑾：《论现代服务业集聚区与中国城市转型发展》，《山东社会科学》2011 年第 10 期。

〔美〕西蒙·库兹涅茨：《现代经济增长：速度、结构与扩展》，戴睿、易诚译，经济学院出版社，1989。

夏传文、刘亦文：《长株潭城市群服务业竞争力的实证分析》，《人文地理》2010 年第 3 期。

夏杰长：《中国新兴服务业发展的动因与政策建议》，《学习与探索》2012 年第 12 期。

夏杰长、李勇坚、刘奕、霍景东：《迎接服务经济时代来临——中国服务业发展趋势、动力与路径研究》，经济管理出版社，2010。

夏杰长、王朝阳、刘奕：《中国服务经济理论前沿（1）》，社会科学文献出版社，2014。

夏杰长、姚战琪、李勇坚：《中国服务业发展报告 2014——以生产性服务业推动产业升级》，社会科学文献出版社，2014。

夏杰长等：《高新技术与现代服务业融合发展研究》，经济管理出版社，2008。

向娟：《中国城市固定资本存量估算》，硕士学位论文，湖南大学，2011。

谢平、邹传伟：《互联网金融模式研究》，《金融研究》2012 年第 12 期。

徐雨森：《城市生产性服务业发展机制研究》，科学出版社，2013。

宣烨：《生产性服务业空间集聚与制造业效率提升——基于空间外溢效应的实证研究》，《财贸经济》2012 年第 4 期。

宣烨：《我国服务业地区协同、区域集聚及产业升级》，中国经济出版社，2012。

薛东前、石宁、公晓晓：《西安市生产者服务业空间布局特征与集聚模式研究》，《地理科学》2011 年第 10 期。

薛继亮：《技术选择与产业结构转型升级》，《产业经济研究》2013 年第 6 期。

薛领等：《转型升级与区域服务业发展：理论、规划与案例》，北京大学出版社，2013。

〔英〕亚当·斯密：《国民财富的性质和原因的研究》，郭大力、王亚南译，商务印书馆，1972。

颜芳芳：《城市功能区发展模式研究》，《经济研究导刊》2010 年第 12 期。

杨名：《服务创新与服务经济发展研究》，中国时代经济出版社，2012。

杨艳琳、翟超颖：《中国城镇化质量与就业质量的度量及其相关性分析》，《东北大学学报》（社会科学版）2016 年第 1 期。

杨永忠等：《服务业结构优化：以福州市鼓楼区为例》，西南财经大学出版社，2009。

杨治：《产业经济学导论》，中国人民大学出版社，1985。

姚凤阁、仲深、周忠元：《服务业对区域经济增长影响的实证检验——基于 1990 - 2008 年中国三大经济圈城市面板数据》，《城市问题》2011 年第 1 期。

姚战琪：《技术进步与现代服务业：融合、互动及对增长的贡献》，社会科学文献出版社，2009。

叶南客等：《中国城市发展：转型与创新》，人民出版社，2011。

易善策：《产业结构演进与城镇化》，社会科学文献出版社，2013。

尹建国、黄绥彪、梁戈夫、陈运华：《发展创业投资促进产业结构转型升级》，《学术论坛》2014 年第 6 期。

尹小勇：《基于互联网平台的协同物流系统研究》，《统计与决策》2012 年第 7 期。

原毅军：《服务业创新与服务业的升级发展》，科学出版社，2014。

张海燕、王忠云：《旅游产业与文化产业融合发展研究》，《资源开发与市场》2010 年第 4 期。

张海燕、王忠云：《旅游产业与文化产业融合运作模式研究》，《山东社会科学》2013 年第 1 期。

张浩然：《生产性服务业集聚与城市经济绩效——基于行业和地区异质性视角的分析》，《财经研究》2015 年第 5 期。

张洪、潘辉、张洁：《安徽省旅游业转型升级研究——以承接长三角产业转移为例》，《资源开发与市场》2012 年第 4 期。

张华：《产业融合：制造业转型升级的重要途径》，《求是》2010 年第 15 期。

张洁梅：《现代制造业与生产性服务业互动融合发展研究——以河南省为例》，中国经济出版社，2013.

张金桥、王健：《论体育产业与文化产业的融合发展》，《上海体育学院学报》2012 年第 5 期。

张军：《资本形成、工业化与经济增长：中国的转轨特征》，《经济研究》2002年第6期。

张培刚、张建华：《发展经济学》，北京大学出版社，2009。

张三峰：《我国生产者服务业城市集聚度测算及其特征研究——基于21个城市的分析》，《产业经济研究》2010年第3期。

张湘赣：《产业结构调整：中国经验与国际比较》，《中国工业经济》2011年第1期。

张小兵：《运用现代经营方式和服务技术改造传统服务业》，《企业经济》2003年第6期。

张晓芬、张羽：《互联网金融的发展对商业银行的影响》，《兰州学刊》2013年第12期。

张益丰、黎美玲：《先进制造业与生产性服务业双重集聚研究》，《广东商学院学报》2011年第2期。

张颖熙：《城市转型与服务业发展：国际经验与启示》，社会科学文献出版社，2010。

张志彬：《生产性服务业与城市协调发展研究述评与展望》，《经济纵横》2013年第2期。

章光琼、严定友、刘清堂：《数字内容产业服务模式探析》，《科技与出版》2015年第1期。

赵成柏：《江苏第三产业内部结构特征实证分析》，《华东经济管理》2011年第4期。

赵海俊：《我国现代服务业集聚区建设的关键领域探讨》，《商业时代》2011年第22期。

郑吉昌：《服务经济论》，中国商务出版社，2005。

郑凯捷：《分工与产业结构发展——从制造经济到服务经济》，复旦大学出版社，2008。

郑克强、彭迪云、胡春林、卢有红：《江西产业结构服务化拐点预测及其政策涵义》，《江西社会科学》2008年第8期。

郑霄鹏、刘文栋：《互联网金融对商业银行的冲击及其对策》，《现代管理科学》2014 年第 2 期。

钟韵：《区域中心城市与生产性服务业发展》，商务印书馆，2007。

周大鹏：《制造业服务化对产业转型升级的影响》，《世界经济研究》2013 年第 9 期。

周珂慧、甄峰、余洋、姜煜华：《中心城区金融服务业空间集聚过程与格局研究——以潍坊市奎文区为例》，《人文地理》2010 年第 6 期。

周梅华、徐杰、王晓珍：《地区科技服务业竞争力水平综合评价及实证研究——以江苏省 13 个城市为例》，《科技进步与对策》2010 年第 8 期。

周振华：《城市转型与服务经济发展》，格致出版社，2009。

周振华：《服务经济发展——中国经济大变局之趋势》，人民出版社，2013。

周振华：《服务经济发展与制度环境——案例篇》，汉语大词典出版社，2011。

周振华：《服务经济发展与制度环境——理论篇》，汉语大词典出版社，2011。

朱尔茜：《我国区域服务业发展内部结构影响因素测度》，《江汉论坛》2015 年第 4 期。

朱桦：《上海现代服务业集聚区发展模式探讨》，《上海经济研究》2012 年第 8 期。

朱振东：《北京区县产业转型升级与城市化互动关系研究》，《调研世界》2014 年第 10 期。

祝佳：《产业集聚效应的行业差异分析——基于广东服务业的实证研究》，《中央财经大学学报》2012 年第 6 期。

Aida, K., W. W. Cooper, J. T. Pastor, et al., Evaluating Water Supply Services in Japan with RAM: A Measure of Inefficiency Range Adjusted, *Omega*, Vol. 26（2）, 1998.

Andersson, M., Co-location of Manufacturing and Producer Services: A Simultaneous Equation Approach, in Karlsson C., Johnasson B., and Stough

R. , eds. , *Entrepreneurship and Dynamics in the Knowledge Economy*, New York: Routledge, 2006.

Barras , R. , Towards a Theory of Innovation in Services, *Research Policy*, Vol. 15 (4), 1986.

Baumol, W. , S. Blackman, E. Wolff, Unbalanced Growth Revisited: Asymptotic Stagnancy and New Evidence, *The American Economic Review*, Vol. 75 (4), 1985.

Baumol, W. J. , Macroeconomics of Unbalanced Growth: The Anatomy of Urban Crisis, *The American Economic Review*, Vol. 57 (3), 1967.

Baumol, W. , S. Blackman, E. Wolff, Unbalanced Growth Revisited : Asympto –

Baumol, W. J. , Macroeconomics of Unbalanced Growth: The Anatomy of Urban Crisis, *The American Economic Review*, Vol. 57 (3), 1967.

Bell, D. , *The Coming of the Post-Industrial Society*, New York: Harper Colophon Books, 1974.

Bell, D. , *The Coming of the Post-Industrial Society: A Venture in Social Forecasting*, New York: Basic Books, 1976.

Bell, D. , *The Coming of Post – Industrial Society*, New York: Harper Colophon Books, 1974.

Bhagwati, J. , Splintering and Disembodiment of Services and Developing Nations, *The World Economy*, Vol. 7 (2), 1984.

Boudeville, J. R. , *Problems of Regional Economic Planning*, Edinburgh: Edinburgh University Press, 1966.

Caselli, F. , W. J. Coemanll, The U. S. Structural Transformation and Regional Convergence: A Reinterpretation, *Journal of Political Economy*, Vol. 19 (3), 2001.

Chenery, H. , M. Sycqquin, *Patterns of Development*: 1950-1970, Oxford: Oxford University Press, 1975.

Chenery, H. , S. Robinson, M. Sycqquin, *Industrialization and Growth*: *A*

Comparative Study, Oxford: Oxford University Press, 1986.

Clark, C., *The Conditions of Economic Progress*, London: MacMillan, 1940.

Cooper, W. W., K. S. Park, J. T. Pastor, RAM: A Range Adjusted Measure of Efficiency, *Journal of Productivity Analysis*, Vol. 11, 1999.

Daniels, P. W., P. O'Connor, T. A. Hutton, The Planning Response to Urban Service Sector Growth: An International Comparison, *Growth and Change*, Vol. 22 (4), 1991.

Daniels, P. W., J. R. Bryson, Manufacturing Services and Servicing Manufacturing: Knowledge-based Cities and Changing forms of Production, *Urban Studies*, Vol. 39 (5), 2002.

Daniels, P. W., *Services Industries in the World Economy*, Oxford: Blackwell Publishers, 1993.

Diaz, F. D., On the Limits of Post-Industrial Society: Structural Change and Service Sector Employment in Spain, *International Review of Applied Economics*, Vol. 13 (1), 1999.

Drennan, M. P., Gateway Cities: The Metropolitan Sources of US Producer Service Exports, *Urban Studies*, Vol. 2, 1992.

Eswaran, M., A. Kotwal, Agriculture, Innovation Ability, and Dynamic Comparative Advantage of LDCs, *The Journal of International Trade and Economic Development*, Vol. 3, 2001.

Fishier, A. G. B., *The Clash of Progress and Security*, London: Macmillan, 1935.

Francois, J. F., Producer Services, Scale, and the Division of Labor, *Oxford Economic Papers*, Vol. 42 (4), 1990.

Fuchs, V. R., *The Service Economy*, New York: National Bureau of Economic Research, 1968.

Fuchs, V. R., *The Service Economy*, New York: National Bureau of Economic Research, 1968.

Gadrey, J., F. Gallouj, The Provider-customer Interface in Business and

Professional Pervices, *The Service Industries Journal*, Vol. 2, 1988.

Gallouj, F., Beyond Technological Innovation: Trajectories and Varieties of Services Innovation, *Services and the Knowledge-Based Economy*, Vol. 3, 2000.

Gallouj, F., M. Savona, Innovation in Services: A Review of the Debate and a Research Agenda, *Journal of Evolutionary Economics*, Vol. 19 (2), 2009.

Goe, W. R., The Producer Services Sector and Development within the Deindustrializing Urban Community, *Social Forces*, Vol. 72 (4), 1994.

Greenfield, H., *Manpower and the Growth of Producer Services*, New York: Columbia University Press, 1966.

Griliches, Z., Productivity, R&D, and the Data Constraint, *American Economic Review*, Vol. 1, 1994.

Guerrieri, P., V. Meliciani, International Competitiveness in Producer Services, paper presented at the SETI Meeting in Rome, Vol. 3, 2004.

Hansda, S. K., Sustainability of Services-Led Growth: An Input-Output Analysis of Indian Economy, *RBI Occasional Working Paper*, Vol. 1, 2001.

Hansen, N., The Strategic Role of Producer Services in Regional Development, *International Regional Science Review*, Vol. 1, 1994.

Hertog, D. P., Knowledge-Intensive Business Services as Co-Producers of Innovation, *International Journal of Innovation Management*, Vol. 4, 2000.

Hirschman, A. O., Investment Policies and "Dualism" in Underdeveloped Countries, *American Economic Review*, Vol. 47, 1957.

Hoffman, W. G., *The Growth of Industrial Economics*, Manchester University Press, 1958.

Hollander, M., D. Wolfe, *Nonparametric Statistical Methods*, New York: John Wiley and Sons Inc., 1999.

Hutton, T. A., Service Industries, Globalization and Urban Restructuring within the Asia-Pacific: New Development Trajectories and Planning Responses, *Progress in Planning*, Vol. 61 (1), 2004.

Jason , J. O. , *The Economics of Services*: *Development and Policy*, Cheltenham: Edward Elgar Publishing Limited, 2006.

Joanthan, Gershuny, *After Industrial Society? The Emerging Self － service Economy*, London: The Macmillan Press, 1978.

Katouzian, M. A. , The Development of the Service Sector: A New Approach, *Oxford Economic Papers*, Vol. 22 (3), 1970.

Koichi , Emi, Employment Structure in the Service Industries, *The Developing Economies*, Vol. 7 (2), 1969.

Kongsamut, P. , S. Rebelo, D. Xie, Beyond Balanced Growth, *The Review of Economic Studies*, Vol. 4, 2001.

Kuznets, S. , *Economic Growth of Nations*: *Total Output and Production Structure*, Cambridge: The Belknap Press of Harvard University Press, 1971.

Kuznets, S. , *Modern Economic Growth*: *Rate*, *Structure*, *and Spread*, New Haven: Yale University Press, 1966.

Kuznets, S. , *Economic Growth of Nations*: *Total Output and Production Structure*, Cambridge: The Belknap Press of Harvard University, 1971.

Lucas, R. , On the Mechanics of Economic Development, *Journal of Monetary Economics*, Vol. 22, 1988.

Machlup, F. , *The Production and Distribution of Knowledge in the United States*, New Lersey: Princeton University Press, 1962.

Makower, J. , *The Clean Revolution*: *Technologies from the Leading Edge*, paper presented at the Global Business Network Worlding Meeting, 2001.

Markusen, J. , Trade in Producer Services and in Other Specialized Intermediate Inputs, *American Economic Review*, Vol. 1, 1989.

Miles, I. , N. Kastrinos, K. Flanagan, R. Bilderbeek, D. P. Hertog, *Knowledge-Intensive Business Services*: *Users*, *Carriers and Sources of Innovation*, Luxembourg: EIMS Publication, 1995.

Mydral, G. , *Economic Theroy and Undeveloped Region*, London: Duckworth, 1957.

Nelson, P. , Information and Consumer Behavior, *Journal of Political E-conomy*, Vol. 2, 1970.

Ngai, L. R. , C. A. Pissarides, Structural Change in a Multisector Model of Growth, *American Economic Review*, Vol. 97, 2007.

Noyelle, T. J. , T. M. Stanback, *The Economic Transformation of American Cities*, Totowa, New Jersey: Rowman and Allanbel, 1984.

Park, S. H. , K. S. Chan, A Cross-Country Input-Output Analysis of Inter-sectoral Relationships between Manufacturing and Services and Their Employment Implications, *World Development*, Vol. 17 (2), 1989.

Perroux, F. , Economic Space: Theory and Application, *Quarterly Journal of Economics*, Vol. 64, 1950.

Preissl, B. , The German Service Gap or Re-organizing the Manufacturing Services Puzzle, *Metroeconomica*, Vol. 3, 2007.

Quinn, B. , The Internationalization Process of a Franchise System: An Ethnographic Study, *Asia Pacific Journal of Marketing and Logistics*, Vol. 2, 1998.

Riddle, D. , *Service-Led Growth: The Role of the Service Sector in World Development*, New York: Praeger, 1986.

Robinson, T. , C. M. Clarke-Hill, R. Clarkson, Differentiation through Service: A Perspective from The Commodity Chemicals Sector, *The Service Industries Journal*, Vol. 3 (22), 2002.

Romer, P. , Increasing Returns and Long Run Growth, *Journal of Political Economy*, Vol. 94 (5), 1986.

Rostow, W. W. , *Politics and the Stages of Growth*, Cambridge: Cambridge University Press, 1971.

Rostow, W. W. , *The Stages of Economic Growth: A Non – Communist Manifesto*, Cambridge: Cambridge University Press, 1960.

Rostow, W. W. , *The Stages of Economic Growth: A Non-Communist Manifesto*, Cambridge: Cambridge University Press, 1960.

Rowthorn, R. , R. Ramaswamy, Growth, Trade and Deindustrialization, *IMF Staff Papers*, Vol. 46 (1), 1999.

Sampson, G. , R. Snape, Identifying the Issues in Trade in Services, *The World Economy*, Vol. 8 (2), 1985.

Sassen, S. , *The Global City: New York, London, Tokyo*, Princeton, New Jersey: Princeton University Press, 2001.

Sassen, S. , A. Portes, Miami: A New Global City? *Contemporary Sociology*, Vol. 22 (4), 1993.

Shelp, R. K. , *The Role of Service Technology in Development*, in *Service Industries and Economic Development-Case Studies in Technology Transfer*, New York: Praeger Publishier, 1984.

Shelp, R. K. , J. C. Stephenson, N. Truitt, B. Wasow, *Service Industries and Economic Development*, New York: Praeger, 1984.

Singelmann, J. , *From Agriculture to Services: The Transformation of Industrial Employment*, New Delhi: Sage Publcations, 1978.

Strambach, S. , Knowledge-Intensive Business (KIBS) as Drivers of Multilevel Knowledge Dynamics, *Services Technology and Management*, Vol. 10 (4), 2008.

Sundbo, J. , F. Gallouj, Innovation as a Loosely Coupled System in Services, *International Journal of Services Technology and Management*, Vol. 1, 2000.

Sycqquin, M. , H. Chenery, *Three Decades of Industrialization*, The World Bank Economic Reviews, 1989.

tic Stagnancy and New Evidence, *The American Economic Review*, Vol. 75 (4) 1985.

Townroe, P. M. , *The Changing Structure of the City Economy*, Cities and Structural Adjustment, London: UCL Press, 1996.

Vandermerwe , S. , M. Chadwich, The Internationalization of Services, *The Services Industries Journal*, Vol. 1, 1989.

Vandermerwe, S. , J. Rada, Servitization of Business: Adding Value by Adding Services, *European Management Journal*, Vol. 6 (4), 1988.

Walker, R. A. , Is There a Service Economy? The Changing Capitalist Division of Labor, *Science and Society*, Vol. 1, 1985.

Walter, Hoffman, Stadien und Typen der Industrialisierung, *Jena*, 1931.

White, A. L. , M. Stoughton, L. Feng, *Servicizing*, *the Quiet Transition to Extended Product Responsibility*, Tellus Institute, Boston, 1999.

附　录

附录 1　中国后工业化阶段城市服务业内部就业结构

单位：%

年份	北京市			上海市			广州市			深圳市		
	生产性服务业比重	生活性服务业比重	公共服务业比重	生产性服务业比重	生活性服务业比重	公共服务业比重	生产性服务业比重	生活性服务业比重	公共服务业比重	生产性服务业比重	生活性服务业比重	公共服务业比重
2003	37.9	42.2	19.9	40.9	27.1	32.0	35.8	29.5	34.8	34.7	34.7	30.7
2004	33.2	44.1	17.3	40.5	26.8	32.7	37.1	28.5	34.4	34.0	37.6	28.4
2005	35.9	47.7	16.4	36.9	38.7	24.4	37.3	27.8	34.9	38.8	35.9	25.4
2006	45.1	29.5	25.4	43.6	23.4	33.0	37.4	27.8	34.7	39.2	35.7	25.0
2007	47.0	28.5	24.5	44.3	23.7	32.0	37.1	27.8	35.1	39.8	36.2	24.1
2008	48.4	28.1	23.6	44.8	24.5	30.7	38.1	26.9	35.0	40.1	34.9	25.0
2009	48.5	28.0	23.5	45.3	24.8	29.9	38.7	26.5	34.8	41.3	34.1	24.6
2010	49.5	28.0	22.6	46.5	24.6	28.9	38.2	27.2	34.6	44.0	32.6	23.4
2011	48.0	29.3	22.6	40.5	32.8	26.7	35.6	33.1	31.3	44.3	32.1	23.6
2012	48.1	29.8	22.2	35.7	34.4	25.6	34.6	33.5	32.0	45.4	32.5	22.1
2013	49.0	29.1	21.9	57.4	21.4	21.2	43.7	32.1	24.2	46.0	34.9	19.1
2014	49.8	28.7	21.6	44.4	34.8	20.8	42.7	30.2	27.1	47.1	34.4	18.4
平均值	45.0	32.8	21.8	43.4	28.1	28.2	38.0	29.2	32.7	41.2	34.6	24.2

附录 2　中国工业化后期阶段城市服务业内部就业结构

单位：%

年份	天津市			杭州市			南京市			厦门市		
	生产性服务业比重	生活性服务业比重	公共服务业比重	生产性服务业比重	生活性服务业比重	公共服务业比重	生产性服务业比重	生活性服务业比重	公共服务业比重	生产性服务业比重	生活性服务业比重	公共服务业比重
2003	31.9	24.5	40.3	31.4	22.2	46.4	34.4	21.5	44.0	35.7	30.1	34.1
2004	31.7	25.3	41.3	31.7	22.0	46.4	33.9	19.8	46.3	33.8	28.3	37.9
2005	32.6	24.0	41.6	33.4	21.8	44.8	35.2	19.4	45.4	31.2	33.5	35.3
2006	32.2	24.5	41.5	35.2	21.7	43.1	35.3	19.4	45.3	31.8	33.7	34.5
2007	32.6	26.1	41.4	35.9	22.5	41.6	34.9	20.0	45.1	32.4	35.0	32.7
2008	33.0	26.9	42.5	35.8	26.4	37.8	34.3	22.4	43.4	35.7	25.2	31.0
2009	33.1	26.6	42.2	36.3	27.3	36.4	32.8	25.5	41.7	31.1	36.1	32.8
2010	32.8	27.5	42.7	36.3	28.0	35.7	34.7	25.4	39.9	31.3	37.9	30.8
2011	30.0	31.0	42.8	35.6	30.4	33.9	34.4	26.0	39.5	29.3	40.1	30.6
2012	30.9	33.9	44.3	36.1	29.1	33.7	34.7	25.7	39.6	29.7	40.6	29.7
2013	33.0	35.9	47.9	37.7	28.7	33.5	42.2	32.2	25.5	33.7	38.4	27.8
2014	33.3	32.2	34.5	37.7	28.9	33.5	43.0	29.7	27.3	35.9	36.9	27.2
平均值	32.3	28.2	41.9	35.3	25.8	38.9	35.8	23.9	40.3	32.6	34.7	32.0

附录 3 中国工业化中期阶段城市第三产业结构

单位：%

年份	武汉市 增加值	武汉市 就业	沈阳市 增加值	沈阳市 就业	大连市 增加值	大连市 就业	长春市 增加值	长春市 就业	济南市 增加值	济南市 就业	青岛市 增加值	青岛市 就业	郑州市 增加值	郑州市 就业	长沙市 增加值	长沙市 就业
1994	—	44.0	—	43.1	—	43.8	—	42.2	—	38.3	—	39.5	—	38.7	—	55.3
1995	44.2	42.2	50.6	36.4	48.9	50.0	41.3	41.2	45.1	40.2	42.8	41.2	53.3	41.5	53.4	56.1
1996	46.9	44.1	52.7	42.1	50.8	51.3	42.3	43.0	44.3	42.6	42.3	43.3	53.1	39.5	54.0	57.3
1997	47.7	46.5	52.1	44.5	50.7	53.4	44.6	44.2	47.4	42.2	43.9	43.3	56.2	43.0	53.9	57.8
1998	50.3	47.7	52.6	44.7	52.1	48.4	44.6	46.9	48.5	42.9	45.4	39.9	57.3	49.1	55.1	55.3
1999	48.7	52.7	52.8	47.6	51.6	52.4	46.8	46.3	50.7	54.4	45.0	45.0	60.7	50.4	55.7	55.2
2000	49.1	54.4	52.3	51.1	51.4	49.6	47.1	47.6	53.2	56.1	45.0	45.2	63.5	50.9	59.3	57.2
2001	49.6	54.2	52.1	50.9	51.4	49.7	45.9	48.5	55.3	55.0	45.9	44.6	64.2	47.2	58.8	61.3
2002	49.8	53.9	52.5	53.9	51.2	50.8	45.0	49.0	54.9	54.5	46.0	43.1	63.1	49.1	58.3	60.9
2003	49.6	51.8	48.8	57.2	49.4	50.2	43.5	50.2	54.0	53.2	38.4	42.5	59.4	48.7	60.2	61.2
2004	48.6	52.4	46.9	57.5	48.1	49.2	40.2	51.9	52.3	52.4	43.3	41.5	57.7	49.4	57.4	61.9
2005	49.6	55.0	54.1	57.2	52.5	47.5	44.0	50.0	52.9	56.0	44.8	41.0	62.5	50.4	65.6	61.7
2006	52.1	57.6	51.7	59.4	49.9	47.5	42.2	54.1	53.4	53.3	45.5	39.5	63.5	54.2	65.5	62.8
2007	53.1	53.0	49.3	59.8	47.4	47.2	40.5	55.3	54.7	55.3	46.1	41.4	67.1	54.5	65.1	62.3
2008	53.6	55.4	48.4	58.4	46.6	47.9	40.5	55.5	56.8	56.8	48.9	42.7	63.6	57.0	54.8	64.1
2009	53.1	55.6	49.2	58.6	51.0	47.1	41.3	56.2	58.1	59.7	49.9	44.4	66.2	55.9	58.1	63.1
2010	55.0	56.2	48.9	60.5	50.1	48.2	40.6	55.7	60.8	56.5	50.6	45.3	65.1	55.4	57.5	65.4
2011	53.3	51.8	48.6	61.6	50.4	49.2	40.3	56.1	61.5	58.7	52.0	44.3	58.3	47.4	52.1	62.3
2012	52.8	53.1	49.3	60.6	50.7	48.8	41.4	56.6	62.5	55.2	50.6	45.7	55.1	41.8	52.0	63.2
2013	53.1	52.8	48.4	53.1	52.6	48.4	40.0	46.1	64.1	54.9	51.4	46.1	53.5	42.3	53.0	62.9
2014	54.5	53.7	50.8	53.1	44.1	51.7	41.0	46.1	64.6	55.8	58.0	50.1	55.5	43.5	54.7	62.2
平均值	50.7	51.8	50.6	52.9	50.0	49.2	42.7	49.7	54.8	52.1	46.8	43.3	59.9	48.1	57.2	60.5

附录4　中国工业化中期阶段城市服务业内部就业结构

单位：%

年份	武汉市			沈阳市			大连市			长春市		
	生产性服务业比重	生活性服务业比重	公共服务业比重	生产性服务业比重	生活性服务业比重	公共服务业比重	生产性服务业比重	生活性服务业比重	公共服务业比重	生产性服务业比重	生活性服务业比重	公共服务业比重
2003	30.4	24.9	44.7	34.9	19.3	45.8	36.0	22.6	41.4	28.6	21.1	50.3
2004	28.8	25.3	45.9	34.8	19.0	46.2	35.8	22.7	41.6	28.9	20.8	50.3
2005	31.7	24.3	44.0	34.6	18.4	47.0	34.8	22.7	42.5	27.1	32.4	40.4
2006	36.1	21.3	42.6	37.4	17.9	44.7	35.9	21.2	42.9	26.7	19.6	53.7
2007	34.8	20.2	45.1	38.6	16.7	44.7	33.7	20.6	45.7	27.1	20.4	52.5
2008	34.7	23.4	41.9	38.7	16.4	44.9	35.7	22.5	41.9	28.6	18.9	52.5
2009	35.2	24.1	40.8	38.7	16.4	45.0	33.8	22.4	43.8	29.1	19.2	51.6
2010	34.4	25.6	40.0	37.7	19.1	43.2	35.6	21.9	42.5	29.7	19.6	50.7
2011	34.7	26.2	39.1	37.7	19.6	42.7	34.9	26.6	38.5	29.5	20.3	50.3
2012	33.5	27.5	39.0	36.1	17.4	46.5	35.2	26.0	38.8	31.9	19.4	48.7
2013	29.4	30.7	39.9	36.6	23.1	48.2	38.6	24.9	36.5	32.0	20.9	47.1
2014	30.6	29.4	40.0	34.1	21.0	44.9	40.1	23.2	36.7	32.5	21.1	46.4
平均值	32.9	25.2	41.9	36.7	18.7	45.3	35.8	23.1	41.1	29.3	21.1	49.5

附录 5　中国工业化中期阶段城市服务业内部就业结构

单位：%

年份	济南市			青岛市			郑州市			长沙市		
	生产性服务业比重	生活性服务业比重	公共服务业比重	生产性服务业比重	生活性服务业比重	公共服务业比重	生产性服务业比重	生活性服务业比重	公共服务业比重	生产性服务业比重	生活性服务业比重	公共服务业比重
2003	27.6	21.1	51.3	29.1	21.5	49.4	25.2	25.2	49.6	26.8	24.2	48.9
2004	28.5	18.9	52.6	28.9	19.9	51.2	25.1	24.3	50.6	26.4	25.8	47.8
2005	25.6	27.6	46.9	28.9	20.1	51.0	25.0	23.1	51.9	25.2	28.4	46.4
2006	26.2	26.5	47.3	28.4	19.8	51.8	24.2	25.0	50.8	24.9	29.2	45.9
2007	28.3	26.7	44.9	29.4	19.7	50.9	23.3	24.8	51.9	24.0	29.6	46.3
2008	29.3	26.3	44.3	29.9	19.6	50.6	24.0	23.2	52.8	23.8	29.2	47.1
2009	30.9	27.3	41.8	30.4	18.7	50.9	24.0	22.3	53.7	25.4	28.7	45.9
2010	33.3	23.2	43.5	29.6	19.0	51.4	22.9	22.2	54.9	26.1	29.2	44.7
2011	31.6	27.5	40.9	27.6	22.1	50.3	23.2	24.4	52.5	28.4	30.2	41.4
2012	31.6	28.2	37.8	26.5	23.8	49.8	23.8	24.5	51.8	29.6	29.8	40.6
2013	34.8	27.6	37.6	30.4	24.9	44.8	27.0	27.1	46.0	30.5	30.0	39.5
2014	36.0	26.9	37.2	29.4	25.9	44.7	28.8	25.3	46.0	31.7	28.2	40.1
平均值	30.3	25.7	43.8	29.0	21.3	49.7	24.7	24.3	51.0	26.9	28.5	44.6

后　记

随着工业化进程的不断深入推进，服务业在城市经济体系中的地位日显突出和重要。服务业集聚发展、服务业融合发展（服务业和制造业融合发展、服务业内部融合发展）、服务业升级发展等成为城市服务业经济发展实践的热点话题。处于不同工业化阶段的城市、不同等级规模的城市，其服务业发展水平、效率、趋势存在显著的差异性。探讨城市服务业发展的路径模式、内在规律等问题，一直是城市经济领域的理论前沿论题。

武汉大学区域经济研究中心长期致力于"区域产业经济分析与规划"硕士学位课程建设、"区域产业经济理论与分析方法"博士学位课程建设以及相关科研、咨询服务，一直将"地方服务业发展"列为重点关注领域。已完成了一批相关咨询研究报告、规划文本成果，发表了一批相关研究论文，完成了一批相关的硕士、博士学位论文。

本书系相关研究成果的集合。"上篇"主要是根据陈矗的博士学位论文整理修订成稿。"下篇"主要是根据龚晨的博士学位论文整理修订成稿。吴传清参与学术指导、讨论、统稿核校工作。陈矗、邓明亮负责全书技术处理工作。

本书出版得到了江汉大学武汉研究院的资助。本书系江汉大学武汉研究院开放性招标课题"武汉市经济转型升级与经济总量倍增战略研究"（jhunwyy2015101）的中期研究成果。谨此鸣谢！

2018 年 1 月 15 日

图书在版编目（CIP）数据

中国城市服务业经济研究／陈矗，龚晨，吴传清著
．－－北京：社会科学文献出版社，2018.5
（武汉大学区域经济研究中心系列成果）
ISBN 978－7－5201－2475－1

Ⅰ．①中…　Ⅱ．①陈…　②龚…　③吴…　Ⅲ．①城市经
济－服务业－产业结构升级－研究－中国　Ⅳ.
①F726.9

中国版本图书馆 CIP 数据核字（2018）第 052625 号

武汉大学区域经济研究中心系列成果
中国城市服务业经济研究

著　　者／陈　矗　龚　晨　吴传清

出 版 人／谢寿光
项目统筹／陈凤玲
责任编辑／宋淑洁　王红平

出　　版／社会科学文献出版社·经济与管理分社（010）59367226
　　　　　　地址：北京市北三环中路甲 29 号院华龙大厦　邮编：100029
　　　　　　网址：www.ssap.com.cn
发　　行／市场营销中心（010）59367081　59367018
印　　装／三河市尚艺印装有限公司

规　　格／开　本：787mm×1092mm　1/16
　　　　　　印　张：18　字　数：265 千字
版　　次／2018 年 5 月第 1 版　2018 年 5 月第 1 次印刷
书　　号／ISBN 978－7－5201－2475－1
定　　价／79.00 元

本书如有印装质量问题，请与读者服务中心（010－59367028）联系